Charles Clark

Münchhausen in Amerika

1. Band

Charles Clark

Münchhausen in Amerika
1. Band

ISBN/EAN: 9783743466555

Hergestellt in Europa, USA, Kanada, Australien, Japan

Cover: Foto ©ninafisch / pixelio.de

Weitere Bücher finden Sie auf **www.hansebooks.com**

Münchhausen in Amerika.

Ein Potpourri schnurriger Geschichten

nebst

einer philosophischen Abhandlung

über

„Ellbogen-Raum.“

Nach dem Amerikanischen des Max Adeler

von

Heichen-Abenheim.

Stuttgart.

Verlag von Aug. Berth. Auerbach.

Mitte April empfingen wir das nachstehende Schreiben, d. d. Blechlingen, 1. April 1877.

„Hochzuverehrende Herren!

Zu dem Buche, welches ich Ihnen im Laufe des vergangenen Monats durch meinen Freund, Herrn Max Adeler, in täglich zwölf Druckseiten per Kabel habe telegraphiren lassen, möchte ich Ihnen im Gegenwärtigen noch eine kleine Vorrede senden, damit Ihre Leser meinen Beitrag zur Geschichte der Gegenwart nach jeder Richtung hin zu würdigen vermögen.

Zuvörderst mag es angezeigt sein zu bemerken, daß ich in directer Linie von dem Ihren Lesern ohne Zweifel bekannten Historiker Hieronymus Karl Friedrich von Münchhausen abstamme, welcher mein Urgroßvater gewesen ist. Die Einzelheiten meines Stammbaums aufzuführen unterlasse ich, da dies von keiner historischen Bedeutung ist. Nur soviel will ich bemerken, daß schon mein Vater Wunibald Gustav von Münchhausen, welcher verschiedene Ehrenämter in Amerika bekleidet hat und wegen seiner Verdienste auf dem Gebiete der vergleichenden Statistik von mehreren Universitäten zum Doctor horroris causa ernannt worden ist, das „von“ vor seinem Namen als eines amerikanischen Bürgers nicht würdig abgelegt und uns Kindern immer eingeprägt hat, daß der angestammte Wahrheitssinn der Münchhausen und die große Naturanlage für Geschichtschreibung, welche die Abkömmlinge dieses Geschlechts auszeichnet, ihre kostbarste Mitgabe bilde.

Mein Vater starb früh in Folge einer Anekdote, welche er durch widrige Umstände verhindert wurde zu erzählen und die ihm nun in der Kehle stecken blieb, von da weiter zurück= schlug und seinem Leben durch einen Lungenkrampf ein Ende machte. An seinem Sterbebette gelobte ich, sein Andenken und den alten Ruhm der Münchhausen neu zu verherrlichen, sobald mir die Umstände eine günstige Gelegenheit dazu ver= statten würden.

Diese meine Absicht frühzeitig auszuführen, wurde ich durch die Stürme des amerikanischen Bürgerkriegs verhindert, an welchem ich in allen seinen wechselvollen Stadien einen hervorragenden Antheil nahm. Der kühne Reitermarsch, welchen ich nach Verabredung mit meinem Freunde Sheridan im Rücken der Lee'schen Armee ausführte, entschied das Schicksal des Schlachttags bei Five Forks und damit den Ausgang des Secessions=Krieges. Ich allein machte an jenem denk= würdigen Tage nahe an 5000 Gefangene. Leider mußte ich auch Zeuge des unglückseligen Vorfalles sein, welcher die Union ihres unvergeßlichen Präsidenten Lincoln, der ein persönlicher Bekannter von mir war, beraubte. Zum Unglück — wer weiß, wie es sonst anders gegangen wäre — hatte ich mich an jenem Abend etwas verspätet, und die Vor= stellung hatte schon seit einiger Zeit begonnen, als ich durch die Seitenthür, deren ich mich gewöhnlich bediente, in's Schauspielhaus trat. In dem Augenblick da ich die Thüre öffnete, stürzte ein Mann auf mich nieder, indem er mich durch die Wucht seines Falles mit sich zu Boden riß. Er= grimmt fuhr ich auf und faßte halb bewußtlos vor Schmerz einen schwarzen Gegenstand, welcher über mir lag. Im nächsten Augenblick fühlte ich einen heftigen Ruck, der Gegen=

stand, welchen ich in der Hand hielt, gab nach und ich fand
mich im Besitze eines Rockschooßes, in dessen Tasche das
Manuscript der Rolle des Verrina im „Fiesco" und drei
Pfandleih=Billete staken. Noch ehe ich recht wußte, was nur
das Alles bedeuten sollte, (denn ich hatte starke Quetschungen
erlitten) kam es brüllend und tosend die Treppe herunter und
von allen Seiten umgab mich eine wüthende Menschenmenge,
die unter den Zeichen der schrecklichsten Erregung auf mich
eindrang. ‚Packt ihn!' ‚Der ist es!' ‚Hängt ihn!' ‚Lyncht
ihn!' so tobte es rings um mich und ich wundere mich heute
noch, wie ich der Volkswuth an jenem Abend entgangen bin.
Ich wurde verhaftet und es dauerte geraume Zeit, ehe ich
meine Unschuld documentiren und meine Freiheit wieder=
erlangen konnte.

Eine nicht minder große Gefahr, welcher ich aber gleich=
falls glücklich entging, bestand ich, als ich in einer Special=
Mission der Vereinigten Staaten die Vermessungen leitete,
welche aus Veranlassung der damals bestehenden Absicht, den
Isthmus von Panama zu durchstechen, ausgeführt wurden.
Es gab nämlich zu jener Zeit eine Partei=Gruppe in den
Vereinigten Staaten (zu derselben gehörten namentlich die
gegen England in Folge der damals gerade anhängigen
Alabama=Streitsache unversöhnlich Gestimmten), welche den
Plan unterhielt, mittelst Durchbohrung der genannten Land=
enge und der hieraus nach dem Ausspruch von Fachmännern
resultirenden Veränderung der Richtung des Golf=Stromes das
europäische Klima mit einem Schlag zu ändern und dadurch an
England sowohl als an Frankreich die empfindlichste Rache zu
üben. Jene Vermessungen machten es unter Anderem nöthig,
daß ich eine sehr beträchtliche Strecke des caraibischen Meeres
durchschwimmen mußte, und hiebei ich in eine sehr gefähr=
liche Collision mit einem Haifisch gerieth, welcher es augen=
scheinlich darauf abgesehen hatte, meine Beine an sich zu

bringen. Glücklicherweise hatte ich mich nicht nur mit dem
Schwimm=Apparat versehen, zu welchem ich kurze Zeit zuvor
dem Capitän Boyton die Anleitung gegeben hatte und wel=
chen dieser inzwischen durch einige nebensächliche Zuthaten
vervollkommnet hat, sondern ich hatte auch die neueste Sorte
von Torpedos, wie sie in Blechlingen unter meiner persönlichen
Inspection fabricirt werden, in ziemlich beträchtlicher Anzahl
mitgenommen. Dies kam mir jetzt gut zu Statten, denn es
gelang mir im entscheidenden Momente, wenn gleich erst nach
einigen qualvollen Augenblicken, da mir in letzter Minute
mehrere naß gewordene Zündhölzchen versagten — das
gefräßige Ungethüm zu erlegen. Da ich die Interessen der
präcisen Wissenschaft bei Allem was ich thue immer zu för=
dern suche und mir kein Fall bekannt war, daß ein Haifisch
— wegen der damit verbundenen Schwierigkeiten — scientifisch
secirt worden, so entschloß ich mich, nachdem der erste Schreck
vorübergegangen war, das Thier regelrecht zu seciren. Die
dabei gewonnenen Resultate schrieb ich beim Nachhause=
schwimmen auf und sandte sie später an meinen Freund
Agassiz, welcher daraus eines der lehrreichsten Capitel seines
berühmten naturgeschichtlichen Werkes gebildet hat.

Seitdem bin ich nur einmal wieder in allgemein natio-
nalen Angelegenheiten in die Oeffentlichkeit getreten, nämlich
bei der Sprengung des Ihnen ohne Zweifel bekannten Hell=
Gate zu New=York im November 1876.

Man hatte mich, da meine Gewandtheit in der Schil=
derung historischer Episoden bekannt ist, ersucht, bei dieser
hochwichtigen Veranlassung als Berichterstatter anwesend zu
sein, eine Aufforderung welcher ich mich nicht entziehen konnte.
Um die Sprengung der Minen genau beobachten zu können,
hatte ich mir einen kleinen Spiegel mitgenommen und auf
mechanischem Wege eine künstliche Armverlängerung construirt,
womit ich denselben weit genug weghalten konnte. Unglück=

licherweise traf ein Felsblock diesen Apparat und riß ihn mit
sich fort, so daß ich den weiteren Verlauf des Vorgangs nur
unvollkommen beobachten konnte. Wie ich aus den Zeitungen
ersehe, ist Arm und Spiegel in Europa auf der Insel Milo
an's Land gespült worden, und es mag gut sein, die öffentliche
Meinung in dieser Hinsicht richtig zu stellen, da, wie es
scheint, mein Apparat irrigerweise für das fehlende Glied der
Venus von Milo gehalten wird.

Im Ganzen aber lebe ich schon seit einer Reihe von
Jahren still und zurückgezogen in dem deutsch=amerikanischen
Städtchen Blechlingen, auf dessen Entwicklungsgeschichte ich
von wesentlichem Einfluß gewesen bin. Der Geist, welcher
dieses zukunftsreiche Gemeinwesen erfüllt, ist zum große Theile
mein Werk, indem ich keine Gelegenheit versäume, der Be=
völkerung klar zu machen, daß unsere Zeit Neues verlangt
und daß es Amerika vorbehalten ist, durch hervorragende Er=
findungen die Probleme der menschlichen Gesellschaft zu lösen.
Der Wunsch, meinem geliebten Blechlingen auch außerhalb
Amerika's denjenigen Ruf zu verschaffen, welchen die That=
kraft seiner Bürger verdient, ist es, was mich veranlaßt hat,
eine Chronik unseres Blechlinger Gemeinwesens zu verfassen
und durch Herrn Max Adeler, meinen langjährigen Freund
und Mitarbeiter, in Buchform bringen zu lassen. Um dem
europäischen Verleger seine Aufgabe zu erleichtern, habe ich
mich verbindlich gemacht, die erste Auflage des Werkes für
Blechlingen zu übernehmen, so daß Sie für das jenseitige
Publicum eine zweite unveränderte Auflage zu drucken haben
werden.

Es soll mich freuen, wenn meine Schilderungen auch
in Europa Anklang finden, obwohl ich die Möglichkeit nicht
leugnen will, daß die ernste Auffassung, welche wir hier vom
Leben haben, in Ihrem Lande nicht voll nach Verdienst ge=
würdigt werden könnte. Beifügen muß ich noch, daß der

Prolog, den Herr Abeler aus eigener Initiative beizufügen für gut befunden hat und welcher in einem „Ellbogen=Raum" betitelten philosophischen Beitrag zur Sociologie besteht, nicht mein Werk ist und daß ich die Verantwortlichkeit hiefür genanntem Herrn überlasse, da Betrachtungen philosophischer Natur niemals eine Schwäche der Münchhausen gewesen sind.

Ich hoffe, hochzuverehrende Herren, daß Sie es verstehen werden, durch jene kleine Zuthaten, welche Sache des Herausgebers sind, meinem Werke die gebührende Anerkennung Seitens des deutschen Publicums zu verschaffen, und bin nicht abgeneigt, Ihnen in diesem Falle später weitere Erzeugnisse meiner ernsten Muse auf dem gleichen Wege zukommen zu lassen.

In Hochachtung

Ihr

Hans Hieronymus Munchhousen."

Wir übergeben unsererseits die nachfolgenden Aufzeichnungen dem verehrlichen Publicum mit der freundlichen Bitte, dieselben als Vorbereitung für die nicht minder wahrheitsgetreuen Berichte, welche vom russisch=türkischen Kriegsschauplatz demnächst zu gewärtigen sind, gütig aufnehmen zu wollen.

Stuttgart, am 10. Mai 1877.

Leopold Abenheim.
Paul Heichen.

Hans Hieronymus Munchhousen's

Chronik von Blechlingen.

~~~~~~~

Zweite unveränderte Auflage.

———⚬———

Stuttgart.

Verlag von Aug. Berth. Auerbach.

Inhalts-Uebersicht.

~~~~~~~~

Erstes Capitel.

Prolog.

Was „Ellbogen-Raum" ist und werth ist.

Die Professoren der Sociologie haben sich bei Er-
forschung der Mysterien der Wissenschaft vom menschlichen Zusammenleben nicht darüber geeinigt, daß das,
was der Engländer und Amerikaner „Ellbogen-Raum"
nennt, eines der hauptsächlichsten Bedürfnisse der modernen civilisirten Gesellschaft ist; aber das mag daher
kommen, weil sie den Dingen, welche die Geschicke dieser
Welt regieren, noch nicht auf den Grund gekommen
und die Ur- und Original-Wahrheit noch nicht entdeckt
haben. In eng zusammengezwängten Gemeinschaften sind
den Menschen allerdings Gelegenheiten zur Entwickelung
nach gewissen Richtungen geboten; nach anderen aber
ist ihrem Wachsthum nicht minder sicher ein Riegel vor-
geschoben. Ein Mensch, welcher in einer großen Stadt
wohnt, pflegt gemeinhin mit der Zeit ein Schlaukopf
zu werden, denn Schleifung von Geistern schafft ebenso,
wie Schleifung von Kieseln, Politur und Glanz; vielleicht

1

aber hindert gerade dieser Proceß die freie Entfaltung
anderer Theile seines Charakters. Wenn seine Indivi=
dualität nicht theilweise inmitten des Gedränges verloren
geht, so ist es wahrscheinlich, daß erstens die ihm inne
wohnende Nachahmungs=Fähigkeit ihn bestimmen wird,
sich einem anderen als seinem eignen Muster gemäß zu
formen; und daß zweitens die Furcht vor dem Aufsehen=
Erregen, welches die gewisse Folge der Abweichung vom
Gewöhnlichen ist, ihn bestimmen wird, jedes ihm innewohnende Streben, das ihn seinen Nebenmenschen in
beträchtlicherem Grade ungleich machen könnte, zu
unterdrücken.

Das Haus, in welchem er wohnt, ist fest eingezwängt
in eine Reihe von Gebäuden, die nach genau dem
gleichen Plane errichtet sind, so daß der Einfluß, der
durch die Behausung auf ihn ausgeübt wird, bis zu
einem gewissen Grade demjenigen ähnlich ist, welcher auf
seine Mitmenschen einwirkt. Von beiden Seiten wird
ein Druck auf ihn in seinem Hause ausgeübt; und stürzt
er sich in den geschäftlichen Strudel, so findet er dort
einen noch viel empfindlicheren Druck in Gestalt einer
scharfen Concurrenz, die ihn in beständige Collision mit
anderen Menschen bringt, und ihn entweder selbst in's
Pech bringen oder ihn nöthigen wird, seinen schwächern
Nachbar in's Pech zu bringen.

Der Großstädtler hängt sich gern ein Mäntelchen
von Reserve und Verstellung um. Hat er eigentlich auch
von Natur aus die Neigung, auf unbetretenen und abseits=
liegenden Pfaden zu wandeln, so entschließt er sich doch
rasch, seine geheimen Wünsche zu unterdrücken und auf
dem gebahnten Wege zu schreiten. Wenn Schulze im
uncultivirten Zustand sich zweifellos in einer durchaus
ursprünglichen Weise aufführen würde: so fügt er sich

im cultivirten socialen Zustande einer unvermeidlichen
Besorgniß, daß Müller sonderbar von seinem Verhalten
denken wird, und er modelt seine Handlungen dem
Plane gemäß, welchen Müller, obgleich ihm lebhafte
Triebe zu ungewöhnlicher und individueller Aufführung
innewohnen, adoptirt hat, weil er sich davor fürchtet,
daß er, wenn er anders handelte, von Schulze für sonderbar
gehalten werden würde. Und dieweil kommt Meier, der vor
Verlangen brennt, muthwillig in einer von seinen Con-
sorten durchaus verschiedenen Richtung vorzugehen, zu
der Erkenntniß, daß den Theorien, die augenscheinlich
Schulze'n und Müller'n zu Verfechtern haben, Trotz bieten zu wollen sich herber Kritik aussetzen hieße; demgemäß
bringt Meier dem Schrecken vor Schulze's und Müller's
Meinung sich zum Opfer und fügt sich der Macht
ihres Beispiels.

In kleineren und weniger dicht bevölkerten Gemeinschaften ist das Gewicht der öffentlichen Meinung nur un-
erheblich vermindert, der Druck aber ist nicht so unmittelbar. Da ist schon mehr „Ellbogen-Raum." Ein
Mensch, der Jedermann um sich herum kennt, mißt mit
einem vernünftigen Grade von Genauigkeit die Charaktere
Jener, welche ihn beurtheilen werden, und ist im Stande
eine ziemlich zutreffende Schätzung des Werthes ihrer
Meinungen sich zu bilden. Wer dies zu thun im Stande
ist, fühlt bereits einen größern Grad von Freiheit in der
Befolgung seiner natürlichen Impulse. Wenn die Menschen
die Tiefen alles Wissens erforschen und mit Leichtigkeit
die Geheimnisse des Universums lesen könnten, so würden
sie viel von ihrer Ehrfurcht verlieren. Wenn sie den genauen
Werth des Urtheils ihrer Nebenmenschen kennen, so fangen
sie an, dasselbe vergleichungsweise mit Gleichgültigkeit zu
betrachten. Daher kann der Einwohner in einem kleinen

Städtchen, wenn er den betretenen Pfad verlassen will, den
Muth dazu mit größerer Leichtigkeit aufbringen als der
Großstädtler. Wenn er hin und wieder einmal jenen Hang
verspürt, sich zum Narren zu machen, — der von Zeit zu
Zeit jeden Menschen befällt, — so darf er sich diesem gefähr=
lichen Luxus ohne große Besorgniß für die Folgen über=
lassen. Schulze's gewöhnliche Aufführung findet, so lange
sie sich in den allgemeinen Schranken bewegt, Müller's
Bewunderung; läßt aber Schulze irgend einer Excentricität
Lauf, zu welcher Müller keine Neigung besitzt, so ist es nur
selbstverständlich, daß Müller seinerseits gewisse kleine
Sonderbarkeiten, an denen er Gefallen findet, sich gestattet,
ohne sich darum zu kümmern, ob Schulze damit einver=
standen ist oder nicht.

In Gemeinschaften dieser Art also finden sich für
denjenigen, welcher auf die Suche darnach ausgeht, die
lohnendsten Exemplare jener rohen Menschennatur, die
Raum gehabt hat, nach allen Seiten hin mit wenig Hinderniß
oder Beschränkung zu wachsen. Wer sich die nöthige
Mühe giebt, mag an solchen Orten Original=Charaktere,
sonderbare Verknüpfungen von Ereignissen, überraschende
Enthüllungen von individuellen und Familien=Erfahrungen
und einen unbegrenzten Fond von Amüsement finden,
insonderheit wenn er dazu neigt, oftmals im gleichen
Augenblick, wo er der überwältigenden Ueberzeugung sich
ergibt, daß alles Leben tragisch ist, jene humoristischen
Phasen socialer Existenz zu erfassen und in ihrer ganzen
Seltsamkeit zu beleuchten, welche im wirklichen Leben wie
in den besten unserer Bühnen=Tragödien, als Folie des
wahrhaft Traurigen erscheinen dürfen.

Begebenheiten zu schildern, welche einfach unterhaltend
sind, mag nicht die erhabenste und die beste Thätigkeit
eines Schriftstellers sein; wenn er aber einen lebhaften

Impuls fühlt, eine solche Aufgabe in den Zwischen=
räumen ernsterer Arbeit zu unternehmen, so ist die An=
sicht gestattet, daß er hierdurch eine Pflicht erfüllt, die
einleuchtender erscheint, weil Jene welche die Geschichte
des menschlichen Lebens erzählen, gemeinhin das wieder=
zugeben geneigt sind, was traurig und schrecklich ist, und
so den Leser, dessen Seele schon in sich selbst Bitterkeit
genug hat, zur Betrachtung der wahren oder erdichteten
Angst und Qual Anderer zu veranlassen.

Auf jeden Fall ist der Versuch, gewisse Menschen
und ihre Handlungen von einem rein humoristischen Ge=
sichtspunkte aus vorzuführen, durch die Thatumstände des
menschlichen Lebens gerechtfertigt; und wenn der größte
Theil der Romanliteratur tragischer Natur ist, so ist das
allein schon Grund genug, weßhalb von dem Verblei=
benden möglichst viel der scherzhaften Muse gewidmet
werden sollte. Lachen ist eine ebenso göttliche Function als
Weinen. Der Mensch, welcher nur um ein Geringes niedriger
als die Engel erschaffen wurde, ist das einzige Geschöpf,
welchem zu lachen vergönnt ist. Er ist der einzige irdische
Erbe der Unsterblichkeit: und er lacht. Zu alledem ist
der physische Proceß des Lachens für Körper und Geist
gesund, denn der Mann, welcher mit Vernunft und Ueber=
legung lacht, ist immer auch der freundliche, lautere, froh=
sinnige und glückliche Mensch. —

In einem Landstädtchen, welches dem Menschen noch
„Ellbogen=Raum" zu körperlicher und geistiger Entfaltung
bietet, ist es, wo der Leser sich die Scene dieses Buches und
den Schauplatz der Leiden und Freuden der darin vorge=
führten Personen denken mag. Es wäre zu viel gesagt,
wollten wir behaupten, daß der Leser den Ort besuchen
und alle jene Leute, welche in den darin geschilderten Be=
gebenheiten eine Rolle spielen, von Angesicht zu Angesicht

gegenübertreten könne; und ebenso ungeziemend wäre es,
wollten wir glauben machen, daß hier nichts als die reine
Wahrheit über sie geschrieben steht. Aber man könnte viel=
leicht geltend machen, daß die Einzelfiguren in Wirklichkeit
in weniger bestimmten und grotesken Formen existiren, und
daß die ihnen zugeschobenen Thaten und Worte nicht geradezu
ganz und gar unwahrscheinlich sind. Sollte es übrigens
Jemand der Mühe werth erachten, noch weiter über diesen
Gegenstand nachzuforschen, so mag er forschen und Umschau
halten, wo sich wohl eine Gemeinschaft findet, welche in einer
Localität existirt wie diejenige welche ich jetzt beschreiben will.

Ein Weiler, auf einem Hügelabhang gelegen. Oben eine
luftige Erhöhung, die mit Laubwerk gekrönt ist und eine
Aussicht von unvergleichlicher Schönheit bietet. Gen Westen
zu, an ihrem Fuße, ein Meer von Grün, das in mächtigen
Wogen dahinrollt, und hier auf seinen Kämmen ein winziges
Wäldchen, ein zierliches Häuschen, eine Heerde Schafe oder
Rinder trägt, und dort sich scheinbar über ein schattiges
Städtchen hinwälzt, das zwischen zwei der smaragdenen
Wellen eingenistet liegt. Weit, weit jenseits der Kirch=
thürme, welche in unbestimmten Umrissen aus der fernen
Stadt emporragen, eine Hügelkette; über dieser eine
leichte, duftige Bläue, die unbestimmte und nebelige An=
deutung gen Himmel strebenden Gebirges.

Gen Norden zu eine liebliche Ebene, die einige
Meilen entfernt zu einem langen, niedrigen Höhenzuge
anwächst, der den klaren scharfbegrenzten Horizont ab=
schließt. Gen Süden und Osten ein schmales Thal, welches
wenig mehr als eine tiefe Kluft ist; die Seiten der steil
ansteigenden Hügel mit Wald bedeckt bis hernieder zum
Saume des Stromes, der sich in scharfen Biegungen
krümmt und windet gleich einer verwundeten Schlange,
und wie polirtes Silber erglänzt, wenn man seiner durch

die grünen Bäume hindurch ansichtig wird, überhaupt
eine wichtige Rolle spielt in einer Landschaft, die auf
kurze Entfernung so wild und menschlicher Gegenwart
so unbewußt erscheint, wie wenn sie viel eher ein Theil der
Wildniß von Oregon wäre, als die nächste Nachbarin eines
gewerbsthätigen Städtchens, welches fortwährend den Lärm
und das Treiben der nur ein Dutzend Meilen entfernten
mächtigen Großstadt fühlt.

Derjenige, welcher von dem Hügel, auf dessen Höhe
der Weiler liegt, herniedersteigt, geht an hübschen Wohn=
gebäuden vorüber, die, abgesondert von ihren Nachbarn,
in laubreicher, blumiger Abgeschiedenheit dastehen, in
welcher sogar der ungeselligste Einsiedler „Ellbogen=Raum"
genug finden würde; er wird kleine Landhäuser sehen,
die näher an die Wegstraße herangebaut stehen, als ob
sie die Isolirung haßten und den Wunsch empfänden,
sich an dem Leben und Treiben, das die Straße vor
ihnen erfüllt, zu betheiligen. Je weiter vom Berge hinab,
um desto gesellschaftlicher werden die Häuser; sie kleben
gruppenweise an einander und nur eine äußerst dürftige
Möglichkeit bleibt ihnen, ihre Individualität zu wahren,
bis endlich der Weg zu einer compacten, auf beiden
Seiten dicht bestandenen Straße wird, in welcher kleine
Läden überaus regsam ihren Handel treiben.

Ganz unten am Fuße des Berges, am Ufer des
lieblichen und ruhigen Flusses, stehen Walzwerke und
Factoreien und Schmelzöfen, deren Schornsteine zur Tages=
zeit riesige Säulen schwarzen Rauches ausspeien, wäh=
rend zur Nachtzeit lange, tiefrothe und bläuliche Flammen=
zungen gegen die pechschwarze Finsterniß am Himmel
emporlecken. Hier eilen an den Augen des bei nächtlicher
Weile im Bahnzuge Vorübersausenden rußige Männer=
gestalten vorüber, die, nackt bis zu den Hüften, das

geschmolzene Eisen mit ihren langen Stangen rühren, oder
inmitten eines Flammenregens stehen, während das gluth=
strahlende Metall zwischen den Walzen, die es in die
auf dem Handelsmarkte üblichen Formen bringen, auf und
nieder läuft. Wer an einem Sommer=Abend in der milden,
lieblichen Luft unter den rauschenden Kronen der Bäume
auf der Bergeskuppe ruht, wird aus dieser düstern
rußigen Schwärze der Fabriken und der Eisenbahn das
Pfeifen und Seufzen der Blasbälge in den Hammer=
werken, den scharfen Knall der explodirenden Gase im
weißglühheißen Eisen, den schrillen Laut der Locomotiven=
Dampfpfeife und die ganze Nacht hindurch das Brausen
und Rattern der vorüberjagenden Bahnzüge wahrnehmen,
so gedämpft jedoch durch die Entfernung, daß die rauhen
Töne beinahe melodisch, beinahe so angenehm und leicht
erträglich klingen wie die Stimmen der Natur.

Und wer in früher Morgenstunde aus dem Fenster
seines Schlafstübchens einen Blick über die Landschaft
wirft, sieht vielleicht eine Locomotive das Thal hinab
um die scharfen Krümmungen sausen, die ihren weißen
Dampf gleich einem langen schmalen Wimpel an den
grünen Hügellehnen entlang zieht und einem schneeigen
Bande gleich, das von der riesigen, über dem Stromes=
spiegel lagernden Nebelmasse losgeschnitten ist, sich schlän=
gelt und windet.

Der Name dieses Städtchens inmitten der grünen
Hügel lautet — nun, es hat einen allerliebsten india=
nischen Namen, den zu enthüllen wir aus dem Grunde
unterlassen, weil man sonst meinen könnte, es solle mit
zu großer Deutlichkeit auf die ehrenwerthen Leute hin=
gewiesen werden, die auf die eine oder andere Weise
in den hier folgenden Skizzen eine Rolle spielen. Das
Städtchen mag in diesen Blättern „Blechlingen" heißen, und

seine Bewohner sollen unter dem Schutze dieses zu keinen
Muthmaßungen berechtigenden Namens ihre Geschichten
erzählen und ihre Rollen spielen; so daß der neugierige
Leser, der dem hier Erzählten nicht recht Glauben schenken
mag, wenn er sich entschließen sollte, die Lage des Städt=
chens zu entdecken und sich über die Glaubwürdigkeit des
Autors als Historikers zu erkundigen, etwelche Schwierig=
keiten haben wird.

Zweites Capitel,

in welchem der erschreckliche Unfall berichtet wird, so des Herrn
Schmalz zartem Säugling zustieß.

Herr und Frau Schmalz haben einen zarten Säug=
ling, der, als er seine Zähnchen bekommen sollte, zur Nacht=
zeit ungeheuer viel Unruhe und Schererei verursachte.
Herr Schmalz nun, der — wie aller Welt im Städtchen
bekannt — ein hingebungsvoller und pflichttreuer Vater
ist, pflegte einen weit größern Theil der Wartung des
Kindes auf seine Schultern zu nehmen, als naturgemäß
ihm zugekommen wäre; und oftmals, wenn er zum fünf=
zehnten oder sechzehnten Male aus dem Bette sprang und
im flatternden Nachtgewande mit unbekleideten Füßen das
Kindlein hin und her trug, und mit zartem Gesange in
ruhigen Schlaf zu lullen bemüht war, dachte er energisch
an die Wahrheit der Worte, die einst Napoleon gesprochen,
daß „der einzig wirkliche Muth der Zwei=Uhr=Morgens=
Muth sei." Herr Schmalz war der bescheidenen Ansicht,

er besäße einen ganz erklecklichen Theil von unverfälschtem
Heldenmuthe, und — nach den obigen Worten des großen
Feldherrn — mit vollem Rechte, denn er erfüllte die
Functionen des Kindermädchens mit unübertrefflicher Ge=
duld und guter Laune.

Eines Nachts jedoch war der kleine Bursche ganz
ausnahmsweise unruhig, und nachdem sich der Herr Papa
ein paar Stunden lang mit ihm herumgequält hatte, rief
er seine ehrsame Ehehälfte und gab ihr in zarten Worten
die Ansicht kund, daß es wohl gerathen sein möchte, dem
Kind ein pulvis Doveri zu geben, um ihm Erleichte=
rung von den unsäglichen Qualen, die es offenbar er=
leide, zu verschaffen. Die Pulver standen auf der Com=
mode; Frau Schmalz mußte jedoch nach der einen Treppe
tiefer gelegenen Speisekammer hinuntergehen, um etwas
Zuckerwasser zu holen. — Während sie nun in dem
dunkeln Gange umhertappte, kam Herrn Schmalz der Ge=
danke, daß er schon von Personen gehört habe, die durch
Magnetisiren ihre Schmerzen los geworden seien. Er
hatte keine Ahnung davon, daß er selbst eine derartige
magnetische Kraft auszuüben vermöge. Während er
indessen über den Gegenstand sann, passirte es ihm, daß
er in Gedanken die Augenbrauen des Säuglings leicht
mit den Fingern rieb und dann ein paar Mal mit den
Händen über die kleine Stirn strich. Als Frau Schmalz
sich dann endlich wieder die Treppe hinauftastete, bemerkte
sie zu ihrer Verwunderung und Freude, daß das Kindlein
ruhig geworden und in sanften friedlichen Schlummer
gesunken war. Frau Schmalz stellte die Tasse mit dem
Zuckerwasser beiseite, während ihr Gatte das Kind wieder
in die Wiege legte und sorglich zudeckte. Darauf begab
sich das holde Paar gleichfalls wieder zur Ruhe.

Sie wurden während dieser Nacht nicht wieder gestört,

und am nächsten Morgen schlief das Kind noch immer
fest. Frau Schmalz meinte, dem armen kleinen Liebling
müßte ein Zähnchen durchgebrochen sein, was ihm Linde=
rung und Ruhe verschafft habe. Papa Schmalz versetzte:
„Mag' sein, Schatz."

Eine schwache, doch finstere Ahnung stieg aber in
ihm auf, daß hier etwas nicht ganz in Ordnung sei.

Nach eingenommenem Frühmahl verfügte er sich hinauf
in das eheliche Schlafgemach, um nachzusehen, ob das
Kindchen vielleicht erwacht sei. Es schlief noch immer
und Herr Schmalz, nachdem er sich über dasselbe gebeugt
und dem Athemholen seines Sprößlings gelauscht hatte,
schüttelte es nicht eben sanft drei bis viermal und räusperte
sich in ziemlich geräuschvoller Weise. Aber der kleine
Schmalz wachte nicht auf; und der große stieg, von fürchter=
licher Angst befallen, die Treppe wieder hinunter, um
nach seinem Hute zu greifen und sich zum Gang in's
Bureau anzuschicken.

Frau Schmalz rief ihm noch nach:

„Schlag' die Hausthür nicht zu, damit das Kind nicht
aufwacht!"

Herr Schmalz aber schlug die Thür mit so gewaltiger
Heftigkeit zu, wie er es noch nie gethan, und pilgerte
hierauf mit gramumdüsterter Seele und in der lebhaften
Besorgniß, daß der zarte Liebling nie wieder aufwachen
möchte, die Straße hinauf.

„Was um's Himmelswillen," sprach er unterwegs zu
sich, „würden wir anfangen, wenn das Kind Jahre lang
fortschlafen sollte? Angenommen, es schliefe ein halbes
Jahrhundert lang in Einem fort, und wüchse heran zu
einem alten Manne, ohne seinen Papa und seine Mama zu
kennen, und ohne je etwas zu sehen oder zu lernen!"

Der Gedanke machte ihn rasend. Er erinnerte sich

an Rip van Winkle*); die Sieben Schläfer von Ephesus
fielen ihm ein; er gedachte jener unglücklichen Frau, die
er einst in einer Menagerie-Bude in einem Zustande von
Verzückung gesehen, in welchem sie seit zwei Jahrzehnten
in Einem fortgelegen hatte — die wenigen Augenblicke ausgenommen, wo sie aufgewacht war, um etwas Speise oder
Trank zu fordern. Am Ende würde gar sein zartes Söhnchen,
wenn er und Mama Schmalz das Zeitliche gesegnet,
an eine Menagerie-Bude vermiethet und als Sehens-
würdigkeit durch das ganze Land geschleppt! Dieser Gedanke verfolgte ihn wie ein Gespenst. Er versetzte ihn
in einen jammervollen Zustand. Ein paar Stunden lang
strengte er sich an mit dem Versuche, seinen Geist auf
seine Comptoir-Arbeiten zu concentriren; es war ihm aber
beim besten Willen nicht möglich. Endlich entschloß er
sich wieder nach Hause zu gehen, um sich Gewißheit
darüber zu verschaffen, ob das Kindlein zum Bewußtsein
gekommen sei. Als er dort anlangte, hatte auch Frau
Schmalz schon sich allerhand ängstliche Gedanken gemacht. Sie begrüßte den eintretenden Eheherrn mit der
folgenden Anrede:

„Sag' mal, Leberecht, ist's nicht sonderbar, daß das
Kind noch immerfort schläft? Es ist nicht ein einziges
Mal bis jetzt wach geworden. Ich denke mir, es hat
sich zu sehr abgeschrien, — der liebe, kleine Bengel! —
aber es macht mich etwas unruhig."

Herrn Schmalz ward's grün und gelb vor den Augen.

***

*) Rip van Winkle ist eine in Washington Irving's Le-
genden vorkommende sagenhafte Persönlichkeit, die hundert Jahr
im Schlafe gelegen und als alter Mann wieder erwacht ist. In
den Vereinigten Staaten und auch in England des öftern dra-
matisirt, bildet er die Hauptrolle des bekannten Schauspielers
Joe Jefferson, der sich in ihr die größten Erfolge errang.
H.-A.

Er ging hinauf und stach dem Kinde behutsam, so daß seine Gattin es nicht bemerkte, mit einer Stecknadel in das Beinchen. Immerfort aber blieb es von festem Schlummer umfangen; und nachdem er das Experiment ohne auch nur den leisesten Erfolg wiederholt hatte, überließ er sich der schrankenlosesten Verzweiflung und ging nach seinem Bureau zurück, mit sich selbst nicht einig, ob er das Weite suchen oder wieder nach Hause gehen und seiner Frau die schreckliche Wahrheit bekennen sollte.

Nach Verlauf von ein paar Stunden erschien die wohledle Dame in seinem Comptoir. Sie war in tausend Aengsten und völlig außer Athem.

„Höre, Leberecht, das Kind schläft noch immer, und ich kann es nicht wach kriegen. Ich hab' es geschüttelt, ich hab' es gerufen, und hab' alles Mögliche gethan, — aber es regt und rührt sich nicht. — Was um Alles in der Welt kann denn mit ihm los sein? Ich hab' große Angst, daß ihm 'was Schreckliches passirt ist."

„Vielleicht schläft's eine Portion in Vorrath, um zur Nachtzeit wieder desto munterer zu sein," entgegnete Herr Schmalz und wagte es, über diesen Versuch zu einem Scherze schwach zu lächeln.

„Aber — Leberecht! Du solltest dich schämen, mit einer solchen Sache Scherz zu treiben! Denk' dir einmal, das Kind würde sterben, während es in diesem Zustande ist? — Mir sieht es wahrhaftig ganz so aus, als ob es sterben würde; und du mußt augenblicklich zum Doctor!"

Herr Schmalz stürzte ohne Zögern davon und kehrte nach Verlauf von einer halben Stunde in Begleitung des Doctor Roth wieder in seine Wohnung zurück. Der Arzt untersuchte das Kind sorgfältig und äußerte sich dahin, daß das ein höchst sonderbarer Fall sei, daß jedoch, nach seiner Meinung, das Kind Opium bekommen haben müsse.

„Hast du ihm etwa letzte Nacht, während ich geschlafen, ein paar Tropfen gegeben, Leberecht?" fragte argwöhnisch und unter Thränen Frau Schmalz den gestrengen Eheherrn.

„O nein! auf mein Ehrenwort nicht!" antwortete Schmalz, dem der kalte Schweiß auf der Stirne stand.

„Bist du auch ganz sicher, daß du ihm gar nichts gegeben hast?" fragte die Mutter, der es plötzlich einfiel, daß das Kind während der wenigen Minuten, die sie in der vergangenen Nacht unten im Küchenraum gewesen, plötzlich ruhig geworden war.

„Aber — Trine, glaubst du denn, daß ich dich hintergehen würde?" fragte Schmalz voll Herzensangst. „Ich will den heiligsten Eid darauf schwören, daß ich ihm nicht einen Tropfen von irgend welcher Medicin gegeben."

„Es ist sehr auffallend — sehr auffallend," meinte der Arzt kopfschüttelnd. „Ich wüßte nicht, daß mir je der gleiche Fall in meiner Praxis vorgekommen wäre. Ich denk', ich werde Doctor Braun rufen und ihn über den Fall consultiren."

Nun fing Frau Schmalz an zu schluchzen; und während sie das Kind streichelte, ging ihr Gatte, der sich schon ganz als Mörder fühlte, mit dem Arzte die Treppe hinab. Als sie auf dem Hausflur angelangt waren, zog Schmalz den Doctor auf die Seite und flüsterte ihm vertraulich zu:

„Herr Doctor, ich — ich muß Ihnen ein Geständniß machen; aber Sie müssen mir feierlich versprechen, nichts davon verlauten zu lassen."

„Sehr wohl; — was ist's?"

„Sie versprechen mir, daß Sie's meiner Frau nicht sagen?"

„Sie können sich darauf verlassen."

„Doctor, ich — ich — ich — weiß, was mit dem Jungen los ist."

„Ah! so! Sie wissen's! Nun, warum haben Sie denn nicht — So sprechen Sie, was ist's mit dem Kinde?"

„Ich — ich hab's magnetisirt."

„Magnetisirt? — Sie? — Und warum wecken Sie's nicht wieder auf?"

„Ja, wenn ich nur wüßte, wie man das macht; das ist eben das Fatale dabei. Ich hab' es ganz zufällig gethan. Ich hab' dem Kind so ganz ohne Absicht auf der Stirne herumgestrichen, und mit einem Male hörte es auf zu schreien und fing an zu schlafen. Können Sie mir nicht einen Magnetiseur von Profession nachweisen, der das Kind wieder zum Bewußtsein bringt?"

„Ich weiß im Augenblick keinen — oder doch, warten Sie — ja, ich weiß einen, aber der wohnt in San Francisco, und könnte früher als in einer Woche nicht hier sein, selbst wenn wir ihn telegraphisch kommen ließen."

„Bis dorthin," stöhnte Schmalz, „ist das Kind im Sarge — und Trine im Narrenhaus! Was um's Himmels Willen sollen wir anfangen?"

„Lassen Sie uns Braun aufsuchen; vielleicht weiß der 'was."

So begaben sie sich zu Doctor Braun und entdeckten ihm das Geheimniß. Braun überlegte und meinte, daß er vielleicht etwas zu thun im Stande sei, um die Situation ihres schrecklichen Charakters zu entkleiden. Er begab sich daher mit Schmalz und Doctor Roth nach des Erstern Hause. Als sie dahin kamen, war Frau Schmalz eben damit beschäftigt, von einer Ohnmacht in die andere zu fallen. Doctor Braun legte das Kind auf das Bett, klappste dessen kleine Händchen, rieb seine Stirne und spritzte ihm kaltes Wasser in das Gesicht. In wenigen Augenblicken schlug das Kind die Augen auf, setzte sich dann plötzlich empor und fing an zu schreien. Herr

Schmalz war sonst kein Freund von diesem Geräusche, aber jetzt klang es ihm lieblicher als Musik in den Ohren. Frau Schmalz war ganz außer sich vor Freude. Sie nahm das Kind in ihre Arme und herzte und küßte es; und dann fragte sie:

„Was mag dem Kinde wohl gefehlt haben, Herr Doctor?"

„Ei, der Herr Gemahl sagt ja, er habe es magne= tisirt," erwiderte der Doctor, indem er damit unvor= sichtigerweise das Geheimniß bloßgab.

Da blickte Frau Schmalz den Missethäter mit Augen an, als wolle sie ihn meuchelmorden, stieß aber nur das Wort „Ungeheuer!" hervor und stürzte aus dem Zimmer. Dies hatte zur Folge, daß Herr Schmalz, als er mit den beiden Aerzten das Haus verließ, eine Miene gekränkter Unschuld annahm und zur Thür hineinrief:

„Wenn das Kind jetzt plärren will, so laß ich's plärren, und wenn sich's meinetwegen den Kopf herunterplärrt."

*   *   *

Diese Missethat des Papa Schmalz war es, — dem öffentlichen Gerüchte zufolge, — welche die Verhältnisse in der Familie Schmalz auf die Spitze trieb und eine bedenkliche Krisis herbeiführte. Frau Schmalz nämlich fühlte sich hierdurch veranlaßt, eine Abschüttelung der mächtigen Bürde von Leid und Kummer, die ihr durch ihren Eheherrn auferlegt worden, allen Ernstes anzu= streben. Nur wenige Tage waren seit der verhängniß= vollen Magnetisirung des kleinen Wesens verflossen, als das Schmalz'sche Ehepaar an der Advocatur=Kanzlei des Notar Klauber Einlaß begehrte. Als die Thüre geöffnet war, spazierten die Beiden herein, voran Frau Schmalz.

Papa Schmalz war — es dürfte Interesse für den

geneigten Leser haben, von diesem Umstande Kenntniß
zu erhalten — ein unterwürfiges, schwachsichtiges und
schüchternes Männchen. Er sah aus wie das Opfer fort=
dauernder Thyrannei — wie Jemand, der ohne Gnade
und Barmherzigkeit gequält und gedrückt worden war,
bis er alle Widerstandskraft verloren hatte. Und Mama
Schmalz sah ganz so aus, als ob sie der Despot ge=
wesen. Sie eröffnete die Unterredung, indem sie sich
wie folgt an Doctor Klauber wandte:

„Herr Doctor! ich komme mit der Bitte zu Ihnen,
mich in einer Scheidungsklage gegen Herrn Schmalz ver=
treten zu wollen. Ich habe den Entschluß gefaßt, mich
von ihm zu trennen — die uns vereinigenden Bande
zu lösen und in Zukunft gesondert zu leben!"

„Ah! was Sie sagen!" antwortete Doctor Klauber.
„Es thut mir leid, das zu vernehmen. Was ist denn
vorgefallen? Hat er Sie geschlagen oder schlecht behandelt?"

„Geschlagen!!" rief Frau Schmalz, mit lebhafter Ent=
rüstung; „das wollen wir denn doch nicht sagen! Er
sollte 's nur einmal versuchen!"

„Aber Trine! erlaube mir —" schaltete Papa Schmalz
mit milder Stimme ein.

„Leberecht!" brauste sie auf, ihm das Wort abschneidend,
„du bist jetzt still; ich werde dem Doctor Klauber den
Sachverhalt schon auseinandersetzen. — Sehen Sie, Herr
Doctor, mein Schmalz ist über alle Maßen absonderlich,
rein als wär' er besessen — es ist gar nicht zum Aus=
halten mit ihm! Er geberdet sich in Einem fort auf eine
Weise, die mich entschieden mit der Zeit verrückt machen
wird. Ich ertrag' es nicht länger! Wir müssen aus=
einander. Seit Jahr und Tag, Herr Doctor, quält er
sich und mich mit dem Versuch, die Flöte blasen zu
lernen. Er versteht nicht mehr von Musik, als eine

2

Krähe; dennoch aber will er von seinen Blasestudien nicht lassen. Seit 1862 schon übt er sich auf der Flöte, und in dieser ganzen langen Zeit hat **er** weiter nichts gelernt, als ein kleines Stückchen von dem einzigen Liede: ‚Lott’ is todt.‘ Er kann kaum noch blasen: ‚Lotte liegt im —‘, da bleibt er schon stecken. Diese sieben Noten hat er nun schon zehn Jahre lang geübt! Er spielt sie des Abends auf der Veranda; er bläst sie zum Giebel= fenster heraus; er stellt sich in den Hof und pustet sie; ja, er ist schon oft des Nachts aus seinem Bette auf= gestanden, hat nach seiner Flöte gegriffen und Stunden lang ‚Lott’ ist todt, Lott’ ist todt, Lotte liegt im —‘ geflötet, bis ich endlich laut aufgeschrien habe, um mir Erleichterung zu schaffen.“

„Aber, Trine —“ wagte Papa Schmalz wiederum gel= tend zu machen — „du weißt doch recht gut, daß ich bis zu — ‚wer wird denn, wer wird denn‘ — spielen kann, im Ganzen also zehn Noten! Ich hab’ sie in der ersten Hälfte des vergangnen Juni gelernt.“

„Laß das nur gut sein; das ist jetzt von keinem Belang. Unterbrich mich nicht! — Es ist jammervoll genug. Ich hab’ das bisher ertragen, Herr Doctor, weil ich ihn liebte. Aber am letztvergangnen Dienstag, während ich ihn durch die Spalte in der Thür zur guten Stube im Auge behielt, hab’ ich gesehen, wie er zweimal mit dem Dienstmädchen geblinzelt hat. Ich hab’ es ganz deutlich gesehen.“

„Trine,“ ächzte Papa Schmalz, „das ist doch wirklich großartig. Du weißt recht gut, daß ich an nervöser Affection der Augenlider leide.“

„Wirst du wohl ruhig sein, Leberecht?! — Als ob es mit dieser Schändlichkeit noch nicht genug wäre, Herr Doctor! wird Herr Schmalz jetzt so geistesabwesend, daß

er mir das Leben zur gräßlichen Qual macht; er macht
mich vollständig kopfverdreht. So hat er nun schon zum
vierten Male seinen Regenschirm mit in's Bett genommen
und mich damit gekratzt, indem er, die scharfen Spitzen
nach mir gerichtet, im Bette damit herum manövrirte.
Was um Alles in der Welt er damit gewollt hat, kann
ich mir nicht erklären. Er sagt, er habe in Gedanken den
Schirm für unser Jüngstes gehalten; aber das ist so ab-
geschmackt und albern, daß ich's ihm kaum glauben kann."

„Warum denn nicht, Trine? Erinnerst du dich denn
nicht ganz genau, daß ich schon zweimal eine Flasche Milch
in den Regenschirm geschüttet habe? Hätt' ich das wohl
gethan, wenn ich nicht der Meinung gewesen wäre, das
Kind vor mir zu haben?"

„Von dir haben wir jetzt aber genug gehört, Leberecht! Nun laß mich auch einmal zu Worte kommen! —
Und, Herr Doctor, mit unserem kleinen Pusserl — mit
dem richtigen Kind, Sie verstehen doch, Doctor? —
geht er in der gottvergessensten Weise um. Vor ein paar
Tagen hat er es ganz im Geheimen magnetisirt! — und
mir dadurch einen solchen Schrecken eingejagt, daß ich
noch jetzt ganz krank davon bin. Ich glaubte schon, das
liebe gute Kind würde in alle Ewigkeit weiter schlafen.
Und zu alledem noch muß ich, als ich am Donnerstag
in die Kinderstube trete, zu meinem Entsetzen sehen, daß
er dem armen Wurm das große Conversations-Lexikon
(Schopenhauer bis Tintenfisch) auf den Bauch gelegt hat!
Das arme Kind, es war schon nahe am Ersticken! Ich glaubte
wirklich, es würde gar nicht wieder zu sich kommen."

„Trine, hab' ich dir denn nicht gesagt, daß ich dem
Kinde das Buch zum Spielen in die Hand gegeben, damit
es hübsch ruhig bleiben sollte?"

„Herr Leberecht Schmalz! darf ich jetzt wohl auch

einmal um's Wort bitten? Unsere größeren Kinder
verdirbt er ebenfalls ganz und gar. Er lehrt ihnen die
verderblichsten und anstößigsten Dinge. Vor ein paar
Tagen hat er unserm Hinz vorgeredt', daß Madagascar
eine Insel im peruanischen Ocean an der Küste von Meso=
potamien sei, und daß das Walroß eine Art Rennpferd
sei, dessen sich die Hottentotten bedienen. Und unser
ältestes Mädchen hat mir erst gestern erzählt, er habe
ihr gesagt, daß Polykarp die Schlacht von Waterloo ge=
schlagen, um die Sarazenen zu vernichten."

„Nicht die Sarazenen, Trine; das Kind hat mich
miß—"

„Leberecht, ich wünschte, du hieltest deinen Mund! —
Die ganze Art wie er mich behandelt, ist geradezu un=
erhört. Er hat z. B. regelmäßig mein Zahngebiß ge=
nommen und damit auf dem Nacht=Tisch herumgeklopft,
um unser Kind zu schrecken, wenn es des Nachts un=
ruhig war; — und erst in der letztvergangnen Woche
hat er das obere und untere Gebiß genommen, nachdem
ich zu Bette gegangen, und hat eine Mäusefalle daraus
gemacht. An dem Stückchen Käse, das er zwischen die
auseinandergehaltenen Zahnreihen gesteckt hat, hatten bis
zum nächsten Morgen zwei eklige Mäuse angebissen, und
der als Tödtungsmaschine gebrauchte „Hausfreund für
gebildete Stände' hat die Beester ganz breitgedrückt gehabt.
Ich war so tief in meinen heiligsten Gefühlen durch
dieses sein Betragen verletzt, daß ich ein paar Tropfen
Laudanum genommen habe, um mich selber umzubringen;
worauf der Unmensch in der Amos'schen Apotheke an der
Ecke eine Magenpumpe geliehen und mich zweimal in
einer so rohen Manier ausgepumpt hat, daß mir's in
meinem Innern seitdem noch immer ganz hohl und leer ist."

„Ich that's aus reiner Liebe, Trine!"

„Sprich nicht von Liebe zu mir, Leberecht, nach dem, wie du dich gegen mich betragen. — Und noch Eins, Herr Doctor! An einem Abend in der letztvergangnen Woche, nachdem ich schon zu Bett gegangen war, setzte sich dieser Lümmel von einem Schmalz in das Zimmer unter unserm Schlafgemache, und läßt sich einfallen zu probiren, ob's wohl wahr sei, daß ein Licht aus einer Flinte heraus durch ein Brett geschossen werden könnte! Er steckt, mir nichts dir nichts, ein brennendes Licht in den Lauf, und natürlich explodirt die ganze Pastete! Das Licht kam durch den Fußboden hindurch und hat einen großen Fettfleck in die Decke gemacht, worüber ich mich beinah des Todes er= schreckt habe, während meine Beine eine hübsche Portion Vogeldunst wegkriegten."

„Trine, ich hab' dich doch gebeten, mir zu glauben, daß ich mit keinem Athemzug daran gedacht, daß das Licht angezündet war. 's ist einzig und allein in einem Anfall von Geistesabwesenheit geschehen."

„Geh' entweder in's Nebenzimmer, Leberecht, oder halte den Schnabel! — Also, Herr Doctor, um dessent= willen will ich `mich von meinem Schmalz scheiden lassen. Mit diesem Mann zu existiren bin ich nicht länger mehr im Stande. Das Leben meiner Kinder ist in Gefahr. Ich kann in solcher Sklaverei nicht länger fortleben. Können Sie mich davon erlösen?"

Doctor Klauber meinte, er wolle sich die Sache über= legen und ihr in einer Woche Bescheid sagen lassen. Seine Absicht dabei war, ihr Zeit zu geben sich eines Bessern zu besinnen.

Hierauf rief Frau Schmalz ihrem Eheherrn zu, er solle sich den Hut aufsetzen; und sobald er dieser Weisung nachgekommen, folgte er der voranschreitenden Gattin aus dem Zimmer, und Beide machten sich auf den Heimweg.

Man will übrigens im Städtchen wissen, Frau Trine
habe sich schließlich doch entschlossen, es mit ihrem Schmalz
noch einmal eine Weile zu versuchen.

~~~~~~~

Drittes Capitel,

so von Binnen-Schifffahrt handelt und den Leser mit gar vielen
lehrreichen Erfindungen bekannt macht.

———

Blechlingen hat nicht nur seine Eisenbahn, die dicht
an den Mauern des Städtchens vorüber braust, sondern
auch seinen Schifffahrts-Canal, der von Booten und Kähnen
aller Art, zu privaten und Handels-Zwecken, lebhaft befahren wird.

In jüngster Zeit nun ist in den nautischen Kreisen
Blechlingen's sehr viel über die Möglichkeit, die Schifffahrt
auf dem Canal zu verbessern, agitirt und debattirt worden.
Die „Erste Blechlinger Canal-Navigations-Actien-Gesell-
schaft" hat ein Preisausschreiben erlassen und eine hohe
Prämie für den besten, ihr diesbezüglich übermittelten
Plan bewilligt. Eine Commission wurde eingesetzt, welche
die zahlreich eingegangnen Pläne zu prüfen und über die
gewonnenen Resultate zu berichten hatte.

Während die Verhandlungen über den Gegenstand
noch im lebhaften Gange waren, machte einer der Boots-
Eigenthümer, Capitän Rohrdommel, ein Experiment auf
eigne Faust.

Die zwei Maulesel, deren er zum „Pomätschen"
seines Kahnes sich bediente, waren überaus störrische

Thiere. Eines Tages nun kam ihm der Gedanke, daß sich vielleicht eine wissenschaftliche Methode ergründen lasse, durch welche die Maulesel, sobald es ihnen einfallen sollte, störrisch zu sein, zum Vorwärtsgehen angetrieben werden könnten. Beide Thiere waren von phlegmatischem Temperament; und wenn sie sich's in den Kopf gesetzt hatten, stehen zu bleiben, so blieben sie eben stehen wie festgenagelt, mochte der Treiberjunge ihnen die Peitsche auch noch so derb auf das Fell niedersausen lassen.

Capitän Rohrdommel kaufte sich also eine Zugleine, die aus drei Strängen galvanisirten Drahtes gedreht war; sodann legte er seinen zwei Mauleseln eiserne Kummte um den Nacken und befestigte das eine Ende der Kupferdraht-Leine an denselben. Hierauf verschaffte er sich eine starke galvanische Batterie, stellte sie in seiner Boot-Cajüte auf und brachte das andere Ende des Kupferdrahtes mit ihr in Verbindung. Die galvanische Kette war also hergestellt.

Das erste Mal nun, als das Maulesel-Paar wieder in tiefem Sinnen stehen blieb, entsandte Capitän Rohrdommel einen starken Strom durch den Draht. Der Leitesel, ob des ihm Widerfahrenen verwundert, zuckt leicht zusammen; dann blickt er sich nach dem am Leinpfade sitzenden Treiberjungen mit einem stillbetrübten Lächeln um, das auszudrücken scheint: „Ei du kleiner Hans-Caspar! ich möchte gerne wissen, wie du das eigentlich gemacht hast?" Still aber, ohne nur ein Glied zu rühren, blieben die Esel stehen. Darauf entsandte Capitän Rohrdommel einen noch kräftigeren Strom durch die Leitung. Jetzt scheut der Esel leicht und sieht sich den kleinen Caspar, der unbewußt am Wege sitzt und Holz schnitzelt, mit scharfem Blicke an. Capitän Rohrdommel, nun selbst verwundert, daß die Ströme seiner

Batterie gar keine Wirkung auf die Esel äußern, ent=
sendet einen dritten, mächtigen Stoß durch das Draht=
seil. Mein Esel, nun fest überzeugt, daß Caspar in
irgend welcher Weise für dies geheimnißvolle Vorkommniß
verantwortlich zu machen sei, beugt sich zu ihm her=
nieder, packt den armen Jungen mit den Zähnen an
der Jacke, schüttelt ihn derb und wirft ihn dann dem
hinter ihm stehenden Maulesel Nummer 2 zu, der ihn
sorgfältiglich die Böschung entlang in das Canalwasser
spedirt.

Die Esel waren eben dabei, sich den wunderlichen
Vorfall in ihrem Maulesel=Verstand zurecht zu legen,
als Capitän Rohrdommel die ganze Macht der Batterie
entfaltete und Stoß um Stoß auf das Eselpaar nieder=
donnern ließ. Was Wunder, daß die Thiere von pa=
nischem Schrecken ergriffen wurden! Sie bäumten sich
und schlugen aus; sie machten Kehrt und rannten in
tollem Laufe den Leinpfad hinab dem Kahn entgegen.
Nicht lange, so wurde das Drahtseil straff; dann riß
es plötzlich den Kahn mit solcher Wucht herum, daß
dessen Hintertheil eine schwache Stelle in der Eindämmung
durchbrach, und ehe noch Capitän Rohrdommel Zeit fand,
seine elektrische Batterie abzustellen, war das Maulesel=
Paar schon um die vordere Ecke des Zolleinnehmer=
Häuschens herumgejagt und dann, nach einer ebenso
plötzlichen Schwenkung um das leichte Holzgebäude herum,
die Böschung hinab in den Canal gestürzt; das Zoll=
haus, der Einnehmer, drei Kinderchen und ein Neger=
Diener folgten ihnen: die starke Drahtleine, welche das
Eselpaar in seinem wilden Laufe um das Haus geschlungen,
hatte dieses mit allen seinen Insassen vom Erdboden rein
weggefegt. Bis das Drahtseil durchschnitten worden und
die Verunglückten gerettet werden konnten, waren die

Mauleſel ertrunken und das ganze Waſſer des Canals
war durch den in die Eindämmung gerannten Bruch
hinausgelaufen. Der Spaß koſtete dem Capitän Rohr=
dommel dreihundert Dollars Schadenerſatz; und als er
die Rechnung beglichen hatte, kam er zu dem Schluſſe:
doch erſt, bevor er ſich an weitere Experimente wagen
würde, den Bericht der von der „Blechlinger Canal=
Navigations=Actien=Geſellſchaft" eingeſetzten Commiſſion
über „Verbeſſerung der Schifffahrt auf dem Blechlinger
Binnen=Canal" abzuwarten.

Dieſer Bericht wurde der Geſellſchafts=Direction im
Laufe des auf das Rohrdommel'ſche Mauleſel=Experi=
ment folgenden Sommers vorgelegt. Es war ein
umfangreiches und außerordentlich unterhaltendes Docu=
ment. Die hier abgedruckten Auszüge aus demſelben
dürften vielleicht von einigem Intereſſe für den geneigten
Leſer ſein:

Enquête=Bericht.

1. Unter Bezugnahme auf den von Heinrich
Maßelgruber eingereichten Plan, in welchem vor=
geſchlagen wird, die Boote mittelſt des ‚Maßel=
gruber'ſchen Patent=Propeller' fortzubewegen, ge=
ſtatten wir uns die Bemerkung, daß die Dampf=
maſchine, die zur Ingangſetzung beſagten Pro=
pellers erforderlich iſt, das Boot ſinken machen
würde; angenommen aber auch, dieſer äußerſte
Fall träte nicht ein, ſo würden die Flügel der
‚Propeller' getauften Schraube, welche länger ſind
als das Canalwaſſer tief iſt, bei jeder Umdrehung
etwa fünfhundert Cubikfuß Schlamm aus dem
Grunde heraufwirbeln. Als Schlammhebemaſchine
wird Maßelgruber's Patent=Propeller unſtreitig
eine Errungenſchaft der Technik genannt werden
dürfen; als bewegende Kraft iſt er aber ent=
ſchieden ein Mißgriff. Desgleichen dürfte Heinrich
Maßelgruber's fernerer Vorſchlag, den Treidel=

(Randnoten:) Heinrich Maßel=
gruber's Patent=
Propeller.

Heinrich Maßel=
gruber's Treidel=
pfad=Zerthei=
lung.

pfad in gleiche Längenstücke zu zertheilen und,
Stück neben Stück zusammengelegt, als Farm-
Grundstück zu verkaufen, nach Maßgabe der Unaus=
führlichkeit des ersten Vorschlags als nicht prakti=
kabel fallen zu lassen sein.

2. Der Gedanke des Peter Piepenbrink geht
dahin, Löcher in den Boden des Kahnes zu
bohren, durch welche man die Beine des Maul=
esels stecken solle, so daß dieser auf dem Canal=
bett entlang laufen könne, während sein Körper
sicher und trocken im Innern des Kahnes ruhe.
Diese Idee ist das Erzeugniß eines fruchtbaren
und erfinderischen Geistes; und wenn sich das
Wasser am Eindringen durch die für die Esels=
füße gebohrten Löcher verhindern läßt, so kann
man sie als werthvoll in Betrachtung ziehen, voraus=
gesetzt daß ein Umstand nicht wäre: es müßte
nämlich erst eine neue Art von Eseln mit Beinen
von über sieben Fuß Länge erfunden werden.
Herrn Piepenbrink's Scharfsinn ist es bis dato
nicht gelungen, eine Methode zur Erlangung
eines derartig ausgestatteten Esels zu ersinnen;
und so lange er nicht unsere gewöhnliche Sorte
Esel dazu bringen kann, auf Stelzen zu laufen,
so lange — fürchten wir annehmen zu müssen
— werden die Hindernisse, welche sich einem erfolg=
reichen Vorgehen in dieser Richtung entgegen=
stellen, unüberwindlich sein.

3. Herr Habakuk Purzpichler macht nachdrück=
lich geltend, daß sich wichtige Resultate dadurch
erzielen lassen würden, wenn man den Canal zu
einer schiefen Ebene gestalte, so daß, wenn ein
Kahn auf dieselbe gestellt würde, er einfach, kraft
des Gesetzes der Schwerkraft, bergabwärts gleite.
Dies scheint uns eine herrliche Methode, den Be=
dürfnissen des Menschen eins der merkwürdigsten
Naturgesetze anzupassen; und wir fühlten uns
beinahe geneigt, Herrn Purzpichler den ersten
Preis zuzuerkennen, — wenn wir nicht nach ge=
nauen Untersuchungen entdeckt hätten, daß das
Wasser im Canale ebenfalls den Berg hinunter=

laufen würde, und daß etwa fünfzehn Flüsse von
der Größe des Mississippi zur Deckung des Wasser=
bedarfes nothwendig wären. Herr Purzpichler
beliebt nicht anzugeben, wo wir jene Flüsse her=
nehmen sollen. Er meint indessen, daß wenn
es nicht gerathen erscheine, den Canal abschüssig
anzulegen, man die Kähne selbst in Form von
schiefen Ebenen construiren könne: so daß die=
selben also auch auf einem geradflächigen Canale
bergabwärts laufen würden. In diesem letztern
Vorschlage liegt etwas so Tiefes, so Staunen=Er=
regendes, daß die von einer löblichen Direction ein=
gesetzte Commission mehr Zeit bedarf als ihr gegen=
wärtig zur Verfügung steht, um ihn in seinem
ganzen Wesen zu ermessen und zu überdenken.

Habakuk Purz=
pichler's schiefe
Kahn=Ebenen.

4. Herr Fritz Wunderlich will das Wasser aus
dem Canalbett leiten, Schienen über das letztere
legen, sodann die Kähne auf Räder stellen und
mittelst einer Locomotive translociren. Die von
einer löblichen Direction eingesetzte Commission hat
bei Lesung dieses Vorschlages ein lebhaftes Er=
staunen gefühlt, ist aber nach sorgfältiger Ueber=
legung zu dem Schlusse gekommen, daß derselbe
denn doch allzu revolutionär ist. Wenn die Canal=
schifffahrt in dieser Weise begonnen werden würde,
so dürften wir wahrscheinlich in nicht zu langer
Zeit sehen, daß die Eisenbahn=Gesellschaften ihre
Züge mit Hilfe von Segeln auf dem Wasser laufen
lassen würden, und Postkutschen mittelst Luft=
ballons sich durch die Luft bewegten. Derartige
Neuerungen würden die Grundvesten der mensch=
lichen Gesellschaft unterwühlen und anarchische
und chaotische Zustände heraufbeschwören. Ein
Canal, der kein Wasser in seinem Bette führt,
ist ein ungebundner und aufwieglerischer Canal;
und wir erachten, daß es in gleicher Weise un=
schicklich und abstoßend ist für jeden Menschen
mit conservativer Gesinnung, wenn, wie Herr
Fritz Wunderlich vorschlägt, die Kähne in Wannen
gesetzt und diese Wannen auf Schienen fortbewegt
würden.

Fritz Wunder=
lich's Räder=
kähne.

5. Die von einer löblichen Direction eingeſetzte
Commiſſion hat der Prüfung der Vorſchläge des
Herrn Hans Linſenmeier mit großer Aufmerkſamkeit
und ausdauernder Hingabe obgelegen. Herr Hans
Linſenmeier ſchlägt vor, die Maulesel in Taucher=
Ausrüſtung zu ſtecken und auf dem Grunde des
Canals entlang traben zu laſſen; die nothwendige
Luft ſolle ihnen vermittelſt einer Luftpumpe zu=
geführt werden. In ſofern die ſämmtlichen Mit=
glieder der von einer löblichen Direction einge=
ſetzten Commiſſion noch nie in ihrem Leben Gelegen=
heit gehabt haben, einen in Taucher=Ausrüſtung
befindlichen Maulesel zu ſehen, geſchweige denn
in Thätigkeit zu ſehen: ſo ſind dieſelben nicht in
der Lage, mit poſitiver Gewißheit ſagen zu können,
welcher Art die Aufführung eines ſolchen Thieres
unter ſo bewandten Umſtänden ſein würde. Aber
die Einwendungen gegen dieſen Plan ſind überaus
gewichtiger Natur:

a) Würde der Eſel jedweder Gelegenheit, die
Landſchafts=Scenerie entlang dem Treidelpfade
in Augenſchein zu nehmen, entrückt ſein — und
die Commiſſion hegt die Befürchtung, daß dieſer Um=
ſtand ſehr dazu angethan ſein würde, dem Thiere
den Muth zu benehmen.

b) Sintemalen der Eſel ſich zu gedachten
Zwecken unter Waſſer befindet, möchte er ſich leicht
verſucht fühlen, des öftern ſtehen zu bleiben, um
die auf ſeinem Wege angetroffenen Quappen und
andern Fiſche zu benagen; — die Commiſſion er=
achtet, daß hierdurch die Aufmerkſamkeit des Eſels in
hohem Grade von ſeiner Arbeit abgelenkt würde.

c) Es würde immer Jemand zugegen ſein
müſſen, der, ſobald der Eſel einmal den Hinterfuß
über die Zugleine hinüberſetzte, auf den Grund des
Canals niederzutauchen hätte, um denſelben wieder
in die richtige Lage zu bringen.

d) Bei trübem Waſſer könnte der Eſel leicht
den Weg verlieren und den Kahn entweder in
falſcher Richtung fortziehen, oder in Einem weg
gegen das Ufer anrennen.

Von den verschiedenen anderen Plänen, die
des Fernern noch unterbreitet worden sind, bleibt
der von einer löblichen Direction eingesetzten
Commission zu bemerken: daß

a) Hieronymus Schwänzlein's Vorschlag, die
Boote vermittelst Segel fortzubewegen und diese
Segel mit künstlichem Winde zu füllen, der
durch ein auf dem Schiffe aufgestelltes Dampf=
Blasewerk zu erzeugen wäre; *(Hieronymus Schwänzlein's Dampf=Segel.)*

b) Aristides Schummler's Plan, Capitän und
Mannschaft mit kleinen Fährbooten auszurüsten,
welche sie sich unter die Füße zu schnallen hätten,
so daß sie über Bord hinausstehen und das Schiff
von hinten schieben könnten; *(Aristides Schummler's Schiebemanier.)*

c) Kosmos Abele's Theorie, daß eine bewe=
gende Kraft sich gewinnen lasse dadurch, daß man
Störe zum Kahn=Ziehen dressire; und *(Kosmos Abele's Zug=Störe.)*

d) Martin Specht's Ansicht, daß eine vorwärts=
treibende Kraft geschaffen werden könne, wenn
man eine Kanone auf dem Hinterdeck aufpflanze
und diese über das Hintertheil des Schiffes
hinaus losschieße, so daß der Rückschlag des Ge=
schützes das Boot vorwärtsschiebe. — *(Martin Specht's Rückschlag=Theorie.)*

Von allen diesen Vorschlägen und Plänen hat die
Commission zu bemerken, daß sie wunderbare Be=
weise dafür sind, was der menschliche Geist Alles zu
erreichen vermag, wenn er seine Kräfte anstrengt,
— daß dieselben aber nicht so sehr durch praktische
Verwendbarkeit, als vielmehr durch Merkwürdig=
keit hervorragend sind."

Der ausgesetzte Preis ist bis jetzt noch keinem der
Concurrenten zuerkannt worden. Im Städtchen cursirt
diesbezüglich die Meinung, daß wenn die „Erste Blech=
linger Canal=Navigations=Actien=Gesellschaft" wirklich
genau das erlangen will, was sie zu erlangen wünscht,
sie den als Prämie festgesetzten Preis wird entsprechend
höher normiren müssen.

* * *

Zwischen Binnen=Canälen und Bratwürsten besteht eigentlich nichts Gemeinsames; die Erwähnung aber von Peter Piepenbrink's Namen in dem oben citirten Bericht ruft mir einen andern Bericht, in welchem dieser Name gleichfalls figurirte, in's Gedächtniß zurück. Piepenbrink ist ein mit überaus fruchtbarem Geiste ausgestatteter Erfinder, der indessen nur selten etwas zu Tage fördert, was Jedermann brauchen kann. Eine von Herrn Piepenbrink's Erfindungen, die während der letzten Kriegs=Epoche das Licht der Welt erblickte, führte den vielversprechenden Namen: „Unverderbliche Armee = Patent= Wurst." Die Idee, welche dieser Wurst zu Grunde lag, war: die Bewegungen von Truppenkörpern dadurch zu vereinfachen, daß man die schweren Proviant=Züge überflüssig mache und den Soldaten eine nahrhafte Speise in condensirter Form liefere. Die „Armee=Patent=Wurst" wurde nach streng wissenschaftlichen Principien fabricirt. Sie bestand aus Erbsen und Rindfleisch, Salz und Pfeffer, Stärke und Gummi Arabicum, welche Composition vermittelst einer Maschine in die Därme gestopft wurde, die gleichzeitig alle Luft herausdrängte, so daß die so erzeugten Würste luftdicht sein mußten. Piepenbrink behauptete, daß seine „Armee = Patent = Wurst" sich in jedem Klima trefflich conservire. Man dürfe sie auf den Aequator legen und die Tropen=Sonne auf sie niedersengen lassen, und sie würde auch dort so angenehm und frisch bleiben, wie man sie hier vor sich sehe. In Betreff der Nahrhaftigkeit behauptete Piepenbrink, daß in einem einzigen Cubikzoll seiner „Armee=Patent=Wurst" mehr Fleisch= und Muskel=bildende Stoffe enthalten seien, als in einem ganzen Mittagsmahle, das aus gebratenem Truthahn und dergleichen anderem Firlefanz bestehe.

Nachdem nun Piepenbrink eine gehörige Menge seiner

„Unverderblichen" fabricirt hatte, packte er den ganzen
Kram in seine Dachkammer; dann steckte er sich eine
Anzahl Probe=Würste in die Rocktasche und reiste nach
der Bundeshauptstadt, um daselbst den Kriegsminister
aufzusuchen und zur Einführung der „Armee = Patent=
Wurst" beim Heere zu veranlassen.

Dort angekommen, begab er sich ohne Verzug nach
dem Kriegs=Ministerial=Gebäude und gelangte glücklich
bis in das Bureau des Ministers. Nachdem er an
den Tisch, vor welchem Jener mit Schreiben beschäftigt
saß, herangetreten war, langte er eine seiner „Armee=
Patent=Würste" aus den Tiefen seines Rockschoßes herauf.
Er schickte sich soeben an, dem hohen Staatsbeamten,
während er sie ihm wie ein Pistol entgegenstreckte, die
vorzüglichen Bestandtheile und Eigenschaften seiner Wurst
auseinanderzusetzen, als dieser plötzlich aufblickte und sich
im nämlichen Momente mit rascher Bewegung unter den
Tisch duckte. Die Sache dünkte Peter Piepenbrink höchst
eigenthümlich: er schritt um den Tisch herum, um nach
dem Minister zu schauen, wobei er das Muster=Exemplar
seiner „Unverderblichen" noch immer grade vor sich hinge=
streckt hielt. Jetzt machte der Minister einen kühnen Sprung
nach der Thüre und stürzte hinaus. Wenige Augen=
blicke nachher erschienen ein paar Unter = Beamte mit
Schrotflinten; Alle legten sie auf Piepenbrink an und for=
derten ihn auf, seine Waffe zu senken, andernfalls sie
feuern würden. Dieser legte kaltlächelnd seine Patent=
Wurst auf den Tisch nieder und fragte, was denn los
wäre? Jetzt trat auch der Minister wieder ein und
erklärte, er müsse Herrn Piepenbrink um Entschuldigung
bitten, er habe nämlich seine Wurst irrthümlicherweise für
einen — Revolver angesehen.

Nachdem sodann Piepenbrink den Beweggrund seines

Besuches auseinandergesetzt hatte, theilte ihm der Mi=
nister mit, daß ohne die Genehmigung des Congresses
nichts zu machen sei, gab aber dem Erfinder den Rath,
sich nach dem Capitol zu verfügen und dort seine Patent=
Wurst in eigener Person zu lanciren.

So stellte sich denn Piepenbrink am folgenden Tage
in aller Frühe, noch ehe die Sitzung des Repräsentanten=
Hauses eröffnet worden, ein und legte auf eines jeden
Abgeordneten Pult ein Exemplar seiner „Armee=Patent=
Wurst." Als das Haus zusammengetreten war, erhob
sich eine große Meinungsverschiedenheit bezüglich der Be=
deutung dieser außergewöhnlichen Erscheinung. Einige
Mitglieder waren geneigt, den Gegenstand für eine durch
irgend welchen modernen Verschwörer eingeschmuggelte
Höllenmaschine zu betrachten, während andere der Ansicht
waren, eine neue, vom Ackerbau=Ministerium erzielte
Bananen=Varietät vor Augen zu haben.

Nach einiger Zeit trat Piepenbrink vor die Ver=
sammlung und setzte auseinander, welch' unverderbliches
Wurst=Fabrikat seinem Geiste zu ersinnen gelungen sei.
Den ganzen Winter verblieb er nun in der Bundeshaupt=
stadt zu dem Behufe, sein geliebtes Vaterland mit der
„Patent=Wurst" zu beglücken. Am äußersten Schlusse
der Session wurde denn auch ein Paragraph noch durch=
geschmuggelt, nach welchem das Staats = Proviant= und
Verpflegungs = Amt angewiesen wurde, eine Commission
zur Prüfung der Piepenbrink'schen Armee=Patent=Wurst
einzusetzen und an das Kriegs=Ministerium Bericht über
die gewonnenen Resultate zu erstatten.

Sobald sich die Commission gebildet hatte, begab sich
dieselbe in Begleitung Piepenbrink's nach dessen Heimath,
um dort auf der Piepenbrink'schen Farm die neue Er=
findung in Augenschein und Untersuchung zu nehmen.

Als die Gesellschaft sich dem Farmhause näherte, ward sie von einem pestilentialischen Gestanke begrüßt, der beim Eintritt in die Hausthüre nahezu unerträglich wurde. Frau Philomele Piepenbrink meinte, daß hinter der Zimmerverkleidung irgend ein thierisches Geschöpf crepirt sein müsse. Beim Hinaufgehen aber nach der Dachkammer ward die Ursache dieses Geruches offenbar. Ungefähr 10 Centner der „Unverderblichen Armee-Patent-Wurst" lagen in einem entsetzlichen Zustand von Fäulniß auf dem Boden umher. Darauf hielten sich die Herren Commissionsmitglieder die Nasen zu und entfernten sich schleunigst von dieser Stätte der Verwesung. Der Obmann der Commission aber setzte sich in sein Zimmer im Hôtel des Städtchens und berichtete, wie folgt, an das hohe Kriegsministerium:

„Nach einer sorgfältigen Prüfung von ‚Piepenbrink's Unverderblicher Armee-Patent-Wurst' sind wir zu der Erkenntniß gekommen, daß dieselbe für gewisse wohldefinirte Zwecke in ganz eminenter Weise geeignet ist. Wenn sie zum Beispiel in unserem Geschützwesen als Bombenfüllung oder als RaketenGeschoß adoptirt würde, so dürfte mit unfehlbarer Gewißheit angenommen werden, daß eine solche Piepenbrink'sche PatentWurst, aus einer Kanone nach einer belagerten Stadt hineingeschleudert, die Besatzung derselben im Augenblick zur sofortigen Räumung des Platzes und zum eiligen Abzug veranlassen würde; — die Unmenschlichkeit jedoch, die darin läge, sogar einen Feind in directe Berührung mit einer Piepenbrink-Wurst zu setzen, ist so grausenhaft, daß wir davon Abstand nehmen, sie — ausgenommen höchstens in allerdringendsten Nothlagen — zu derartiger Verwendung zu empfehlen. Der Geruch, welcher dem von den Chinesen im Kriege verwendeten Stinktopfe entquillt, ist balsamisch zu nennen im Vergleich mit dem diesem Artikel anhaftenden Parfüm. Als Düngemittel für mageres Ackerland ließe sich die Piepenbrink'sche Patent-Wurst sicher auch mit großem Nutzen in Verwendung nehmen; in sehr kaltem Klima, wo die Würste immer in gefrorenem Zustande sich befinden würden, könnte man sie auch als Zeltpflock benützen.

3

„Als Nahrungsmittel aber lassen sich gegen die ‚Armee-Patent-
Wurst‘ Einwendungen verschiedener Art geltend machen. Piepenbrink's Mischungsverfahren ist unter anderm so mangelhaft,
daß er die eine Wurst ganz mit Erbsen, die andere ganz mit
Gummi arabicum, eine dritte mit Pfeffer und eine vierte mit
Rindfleisch füllt. Die Rindfleisch-Würste bringen unfehlbar
Jedermann den Tod, der einen Mundvoll davon genießt —
ausgenommen sie würden, von der Stunde ihrer Fertigstellung
an, beständig auf Eis gehalten. Die Gummi-Arabicum-Würste
dagegen sind nicht nahrhaft genug, um eine Armee zum Ueber-
stehen aufreibender Feldzüge zu befähigen.

„Wir sind in Ansehung dieser Resultate nicht in der Lage,
dem Kriegs-Departement die Adoptirung der Piepenbrink'schen
‚Patent-Wurst‘ anzuempfehlen: es erscheint uns vielmehr gerathen, den genialen Herrn Erfinder in eine gewisse Anstalt
zu bringen, in der man seinem geistigen Zustand eine entsprechend
aufmerksame Behandlung zu Theil werden lassen kann.“

Als Piepenbrink von diesem Berichte Kenntniß erhielt, fühlte er lebhafte Entrüstung; und nachdem er sich
klar geworden, daß Republiken allezeit undankbar sind,
sandte er je eine Kiste seiner Armee-Patent-Würste an
die obersten Militär-Behörden mehrerer europäischer
Staaten, unter anderen auch der Türkei, um sich Gewißheit zu verschaffen, ob die Einführung derselben nicht
vielleicht dort möglich wäre.

Drei Monate nach Abgang dieser Sendungen wurde
bei nächtlicher Weile von einer mysteriösen Person auf
Piepenbrink geschossen, — welch' dunkles Ereigniß von
den Bewohnern Blechlingen's dahin erklärt wird, „daß
von der einen oder der anderen der Europäischen Mi-
litär-Genie-Corps-Ober-Intendantur-Verwaltungen
eigens ein Meuchelmörder gedungen und nach den Vereinigten Staaten gesandt worden sei, um den Erfinder
der ‚Unverderblichen Armee-Patent-Wurst‘ aus dem
Wege zu räumen.“ Welche strategischen Motive bei dieser
Special-Mission maßgebend gewesen, darüber waren die

Ansichten in Blechlingen getheilt, indessen neigte sich die öffentliche Meinung dahin, daß in Europa die Befürch= tung bestanden haben mochte, es liege der Erfindung ein heimtückisch republikanischer Gedanke zu Grunde, auf diesem scheinbar harmlosen Wege eine allgemeine „Ab= rüstung" zu veranlassen.

Seither hat Piepenbrink seine Wurstmache=Gedanken aufgegeben, und ist jetzt mit der Construction einer Wasch= maschine beschäftigt, die zur Zeit so weit gediehen sein soll, daß sie beim ersten Versuch vier Hemden und einen Bett=Ueberzug in Fetzen riß.

Viertes Capitel,

berichtet gar mancherlei schlimme Erfahrungen, so Herr Baldamus Bohnenstengel als Pferdebesitzer gemacht hat.

Herr Baldamus Bohnenstengel ist kein sonderlicher Pferdekenner. Vor nicht langer Zeit aber kam ihm der Gedanke, daß es doch eine hübsche Sache sei, ein gutes Pferd zu besitzen. So begab er sich denn auf den nächsten Pferdemarkt, der in der Umgegend abgehalten wurde, und bot dort aus bis jetzt noch nicht aufgeklärten Gründen auf die baufälligste Ruine von Pferd, die jemals auf vier Beinen zu gehen versucht hat. Die Mähre wurde ihm zugeschlagen, bevor er noch Zeit fand, sich zu besinnen, und mit einem Gefühle sonderbarer Be= klemmung geleitete er sie ihrer neuen Heimath zu. Diese Ankaufsgeschichte wurde in wenig Tagen der Scherz und Spott des ganzen Städtchens, und alle Welt hänselte den armen Bohnenstengel in der unbarmherzigsten Weise.

Bohnenstengel aber war geneigt, den Gegenstand von einem philosophischen Gesichtspunkte aus zu betrachten und in einem neuen und interessanten Lichte darzustellen. Als ich eines Tags der unschönen Dinge, die man sich von seinem Pferde erzählte, ihm gegenüber Erwähnung that, meinte er gelassen:

„O! ich weiß wohl, daß die Leute sagen, es hätte das Keuchen, es sei eben ein ‚Lungenpfeifer‘; aber eine der Ursachen, die mich bestimmten, es anzukaufen, war gerade die, daß es so laut Athem holt. Das ist ein sichres Zeichen, daß es Luft genug hat. Nehmen Sie irgend welches gewöhnliche Pferd, und Sie können nicht einen einzigen Athemzug hören; es hat schwache Lungen und darf sie nicht vollziehen. Mein Amyntor aber füllt seine Lungen gehörig voll und bläst sie kräftiglich wieder aus. So können's die Leute denn hören, wie es die frische Luft genießt. Und jetzt will ich Ihnen ein Geheimniß mittheilen, Sie dürfen's aber nicht gleich weiter erzählen. Wenn Sie 'mal ein Pferd kaufen wollen, so stellen Sie sich eine Viertelmeile von dem Thiere entfernt auf und horchen Sie, ob Sie es sozusagen seufzen hören können. Wenn Sie es hören können, nun, dann kaufen Sie das Thier; es ist sein Gewicht in Gold werth. Aber das bleibt ganz unter uns! verstehen Sie wohl?

„Und Sie wissen ja, daß der alte Einfaltspinsel, der Kandelsieder, mich damit hat aufziehen wollen, daß das Pferd in den Knieen versprengt sei. Als ob nicht eben dies gerade die eigentliche Ursache gewesen wäre, weßhalb ich mich entschlossen, das Thier zu erwerben, selbst wenn ich hätte bis zu fünfhundert Dollars hinauf= bieten müssen! Sie sind ein junger Mann, der noch keine Erfahrung in der Welt besitzt. Darum will ich Ihnen sagen, weßhalb ich solche Beine so besonders gern habe:

sie geben dem Pferde mehr Hebekraft! Verstehen Sie,
was ich meine? Wenn so ein Pferdsbein gerade ist, so
ist es, je mehr das Thier sich darauf stützt, desto leichter
möglich, daß der Knochen gebrochen wird. Biegen Sie
aber so ein Pferdsbein ein wenig nach vorn, derart
daß der obere Knochen im schiefen Winkel auf dem unteren
aufliegt, so ist die Drucklast vertheilt, und das Pferd
hat reichlich Stützpunkt. Es ist das wohlbekannte Princip
des Bogenbaues; verstehen Sie? Wenn das beim Haus=
bau gut ist, warum sollte es dann nicht auch bei der
Construction eines Pferdes gut sein? In den Knieen
versprengt! Mein Gott, Mann! ein Pferd, das nicht
in den Knieen versprengt ist, ist eigentlich gar kein Pferd,
sondern taugt gewissermaßen nur zu Seifenfett und
Leim. Und das ist wahr, so wahr ich Baldamus Bohnen=
stengel heiße!

„Und was seinen Schweif anbetrifft, von dem die
Leute so viel Wesens machen, so bitt' ich Sie um Alles
in der Welt, wer in's Dreiteufelsnamen wird denn an
einem Pferde einen langen Schwanz haben wollen! Ich
habe recht wohl gewußt, daß meines Amyntor Schweif
kurz ist und daß bloß sechs bis sieben Haare d'ransitzen.
Aber schon die alten Römer und die alten Aegypter
haben ihren Pferden die Schweife gestutzt — und weß=
halb? Na, Sie sind vielleicht in der Alterthums=Ge=
schichte nicht bewandert? So lassen Sie sich's sagen: diese
alten Römer — die ein gar großes Kriegsvolk waren
— haben's recht gut gewußt, daß ein Pferd mit fünfzehn=
zölligem Schweife mehr Fleisch an sich hat, als eins mit
vierzölligem, und folge dessen auch mehr Fütterung ge=
braucht; — sie haben fernerhin recht gut gewußt, daß
beim Wedeln eines langen Schweifes ein weit bedeu=
tenderes Quantum von Muskelkraft in Thätigkeit tritt,

als beim Wedeln eines kurzen Stutzes, und daß Muskel=
kraft wieder nur durch Futter erzeugt werden kann.
Darum also waren sie so weise und verschnitten ihren
Rossen die Schweife, um sie auf diese Weise weniger
futterbedürftig zu machen. Zu jenen Zeiten hatten die
Menschen noch Gribbs im Kopfe! in dergleichen wissen=
schaftlichen Fragen war man sattelfest. Was wissen aber
unsere Schafsköpfe hier am Orte von solchen Dingen?
Mögen sie lachen! Ich für mein Theil laß' mir recht
gern einen Schweif, der keiner ist, gefallen, wenn er
mir im Jahr ein paar Scheffel Hafer spart! Ich gehe
jede Wette mit Ihnen ein, daß hier in diesem heillosen
Lande jährlich Millionen über Millionen Dollars weg=
geworfen — geradezu weggeschleudert werden, bloß um
Pferdeschweife groß zu ziehen, die den Pferden selbst,
nachdem besagte Schweife ausgewachsen, nicht den ge=
ringsten irdischen Nutzen gewähren. Darauf können Sie
sich verlassen! Ich habe die statistischen Berichte unserer
Staatsverwaltung verfolgt, und die sind wahrhaftig hin=
reichend, um einen vernünftigen Kerl weinen zu machen,
wenn man mit ansehen muß, wie die Leute hier in
Amerika ihr gutes Geld verschwenden!

„Und wenn die Maulaffen darüber die Nasen rümpfen,
daß man bei meinem Amyntor die Rippen auf beiden
Seiten so scharf und deutlich sieht, so beweisen sie da=
durch nur, daß sie an einer höchst eigenthümlichen Ge=
schmacklosigkeit leiden. Was ist denn hübscher: eine
flache kahle Wand — oder eine Wand, die durch Säulen
und Träger geziert ist? Nun also! wenn man ein Pferd
kauft, so wird doch Niemand, der Kunstsinn besitzt, haben
wollen, daß es vom Kopfe bis zum Schweife hin ganz
glatt sei! Im Gegentheil — was man zu haben begehrt,
ist eine hie und da Abwechselungen bietende Fläche —

ein bischen Hügel hier, ein bischen Thal dort; und
darum eben wird sich jeder vernünftige Mensch ein solches
Pferd kaufen, wie mein Amyntor ist. — Die meisten Pferde
haben ein monotones Aussehen; man wird ihrer leicht
überdrüssig. Aber — man lasse nur hübsch sein die
Rippen heraustreten, und man hat ein Pferd, das
immerdar dem Auge wohlthut und an die edleren Empfindungen des Geistes appellirt. Nebenbei gesagt, ist
man auch dann erst vollständig sicher, daß das erworbene
Pferd die richtige, ihm zugehörige Anzahl Rippen hat,
und daß der Mann, von dem man es erworben, nicht
einen einzigen losen Knochen für sich zurückbehält. Man
weiß dann eben, daß man ein ganzes Pferd hat — und
legt sich in diesem Bewußtsein Abends ruhig und befriedigt zu
Bette. Aus diesem Gesichtspunkte betrachte ich die Sache;
und glauben Sie mir, ich bin nicht der Einzige, der
solche Ansicht hat.

„Im Vertrauen — ich wünsche nicht, daß davon weiter
gesprochen wird — will ich Ihnen mittheilen, daß ich
einen Mann kennen lernte, der den ganzen weiten Weg
vom Staate Georgia bis hierher gekommen war, um den
jetzt in meinem Besitze befindlichen Amyntor für sich zu
erstehen, einzig und allein aus dem Grunde, weil ihm
zu Ohren gekommen war, daß an dem Gaul jede Rippe
sichtbar ist. Ich aber kam ihm mit meinem Gebote
zuvor, und der Aermste machte sich wieder auf die Heimreise mit einem Gesicht — mit einem Gesicht, sag' ich
Ihnen, so lang wie das eines Actionärs nach der Divi-
denden-Erklärung.

„Und was das betrifft, daß es die Druse und Drehkrankheit und die Bremsenwürmer und aufgeschundene Schultern haben soll, so kann ich Ihnen sagen, daß bloß echte
Racepferde von dergleichen Dingen befallen werden; und

ich für meine Person habe mir schon in jungen Jahren vor=
genommen, daß wenn mir 'mal Jemand ein Pferd anbieten
sollte, das nicht die Drehkrankheit hätte, ich's nicht geschenkt an=
nehmen möchte! Das ist so sicher wie zweimal zwei vier ist!
Der große Naturforscher, Professor Owen, sagt's auch, daß
er Drusen, weit entfernt, sie als eine Krankheit anzusehen,
vielmehr für das magnum bonum eines richtigen Pferdes
halte und daß er die Regierung nöthigen wolle, ein Gesetz
zu erlassen, nach welchem jedem Pferde Drusen eingeimpft
werden sollten. Schreiben Sie 'mal an Professor Owen
und fragen Sie an, ob dem nicht so ist, wie ich sage."

Und so stellte denn Baldamus Bohnenstengel sein
Pferde=Phänomen „Amyntor" in den im Hintergebäude
befindlichen Stall, miethete einen wackern Sohn Irlands
zur Pflege und Wartung desselbigen und war fröhlich
und guter Dinge. Bevor ihm aber noch Gelegenheit
geworden, sich seines neu erworbenen Besitzthums nun
auch in der Praxis zu erfreuen, rief ihn die Erledigung
einiger geschäftlichen Angelegenheiten nach St.=Louis
und hielt ihn dort etwa sechs Wochen zurück. In der
Zeit seiner Abwesenheit nahm seine Gattin, Frau Eulalia
Bohnenstengel, geborene Schnakenwurz, die Last der
Verantwortlichkeit für die Obsorge Amyntor's auf ihre
Schultern. Da nun aber die gute Dame von der Pferde=
pflege genau eben so viel verstand wie von der Berech=
nung der Himmelskörper, so war die unausbleibliche
Folge, daß Herrn Bohnenstengel's Amyntor, ohne sich
im Geringsten einer böswilligen Absicht bewußt zu sein,
unzähliges Mißgeschick verursachte.

Als Herr Baldamus Bohnenstengel nach Abwickelung
seiner Geschäfte nach Blechlingen heimgekehrt war, sein
Weib Eulalia geküßt und die Geschichte der Reise, so
er gethan, zum Besten gegeben hatte, entspann sich der

folgende Dialog zwischen Schön-Baldamus und Süß-Eulalia.

Frau Eulalia Bohnenstengel, geborene Schnakenwurz, hub an:

„Mein bestes Baldamuschen! über unser Pferd, den Amyntor, müssen wir nun auch ein paar Worte reden!"

„Gewiß, mein süßes Eulalchen! — was ist's mit ihm? wie geht's mit ihm?"

„Gar nicht zum Besten, Liebster, denn seit du fort gewesen, hat er 'ne ganze Masse Geld gekostet!"

„Wirklich?"

„Ja! außer dem, was er ordnungsmäßig gefressen, und was der Jokel als Lohn gekriegt hat, hab' ich seinetwegen acht bis neun unbezahlte Rechnungen im Betrage von 2000 Dollars in Händen!"

„Zwei-tau-send Dollars? — Aber, Eulalia! mach' keinen Unsinn! — Was um Alles in der Welt soll denn das heißen?"

„Mein bester Schatz! ich will dir die ganze Geschichte erzählen. Du warst kaum abgereist, als sich Amyntor schwer erkältete und infolgedessen einen fürchterlichen Husten bekam, der ihm nicht eine Minute Ruhe ließ. Man konnte das arme Thier meilenweit husten hören. Die ganze Nachbarschaft beklagte sich darüber, und Herr Kandelfieber nebenan wurde so aufgebracht, daß er viermal — ich sage: viermal! — auf unsern Amyntor geschossen hat! Jokel meinte, es sei Keuchhusten!"

„Keuchhusten, mein süßes Mätzchen? Unmöglich! ein Pferd kriegt niemals Keuchhusten."

„Der Jokel aber meinte, es wäre so. Und da ich unsern Kindern immer Dover'sche Pulver gebe, wenn sie den Husten haben, so hab' ich mir gedacht, sie möchten auch Amyntor gut thun, hab' darum einen ganzen Kübel

voll Dover'sche Pulver gekauft und sie ihm mit Zucker=
wasser angerührt."

„Einen Kübel voll Dover'sche Pulver? — Aber,
liebe Eulalia! Das war ja genug, um das Pferd um=
zubringen!"

„Der Jokel meinte, das wär' so die gewöhnliche
Dosis für ein Pferd, welches wenig Bewegung hat.
Und 's hat auch den Amyntor nicht umgebracht: es hat
ihn bloß in Schlaf versetzt. Du wirst erstaunt sein,
Liebster, wenn ich dir sage, daß unser Amyntor in Einem
fort vier Wochen lang fortgeschlafen hat. Nicht ein
einziges Mal ist er in der ganzen Zeit aufgewacht. Ich
war schon in tausend Aengsten, — der Jokel aber
meinte: daran könne man erkennen, daß Amyntor ein
gutes Pferd sei. Der Original = Araber Bonifacius
hätte, sagte er, sechs Monate lang in einer Tour fort=
geschlafen, und Terpsichore, die englische Halbblutstute,
hätte einst an einem Wettrennen theilgenommen, während
sie geschlafen, und sei, ohne aufzuwachen, die Meile in
2 Minuten 15 Secunden getrabt."

„Der Jokel hat das gesagt, wie?"

„Ja; das war gegen Ende der zweiten Woche. Da
aber das Pferd gar nicht munter werden wollte, kam
der Jokel zu mir und sagte, daß die Dover'schen Pulver
unmöglich Ursache seines so langen Schlafes sein könnten;
er wolle mir etwas im Vertrauen mittheilen, aber ich
solle es nicht weiter sagen; er hätte schon lange den
Argwohn, daß unser Nachbar, der Leberecht Schmalz,
das Pferd magnetisirt habe, denn seit der mit seiner
Frau nicht mehr gut lebe, magnetisire er Alles was ihm
unter die Hände komme."

„Ich habe nie in meinem Leben von einem magne=
tisirten Pferd gehört, mein Engel!"

„Ich auch nicht, aber der Jokel meinte, das sei bei Pferden besserer Art durchaus keine Seltenheit. Und als nun Amyntor fort und fort schlief und mir immer ängstlicher um das gute Thier wurde, da ist der Jokel zum Pferdedoctor gelaufen, und der ist dann mit einer galvanischen Batterie gekommen und hat gesagt, daß er das Thier schon aus dem Schlafe aufrütteln wolle. Und dann haben sie kupferne Drähte an seine Beine gelegt, und der Doctor hat geleiert und geleiert, bis es einen erschrecklichen Ruck gegeben hat. Davon ist der Amyntor auch richtig aufgewacht, ist in die Höhe gesprungen wie das Donnerwetter, hat vierzehn Planken aus der Stall= wand geschlagen, ist dann über die Einzäunung in Herrn Kandelsieder’s Garten hinübergesetzt, hat dort ein halbes Dutzend junger Ferkel todtgetreten, zwei trächtigen Kühen so heftig auf dem Bauch herumgestampft, daß ihnen Hören und Sehen vergangen, und schließlich von acht Apfelbäumen die Kronen abgebissen. Jokel sagt noch, er hätte sogar Kandelsieder’s jüngstes Kind verschlucken wollen, aber das hab’ ich nicht mit angesehen. Der Jokel mag wohl aufgeschnitten haben. Ich weiß das nicht; ’s läßt sich doch kaum denken — nicht wahr? — daß ein Pferd versuchen sollte, ein Kind zu fressen?“

„Der Mann, der mir den Amyntor verkauft hat, hat nichts davon gesagt, daß das Pferd ‚Liebe zu Kindern‘ habe.“

„Aber das Thier hat den Anfall überstanden. Die einzige Folge war, daß die Dover’schen Pulver, oder die Elektricität, oder Gott weiß was! seine Haare alle nach der verkehrten Richtung gedreht haben. Der Amyntor sieht dir jetzt wunderlicher aus als ein Mode=Journal, Baldamus lieb. O! aber noch Eins! auf seinen Appetit scheint die Geschichte einen riesigen Einfluß gehabt zu haben. Der Racker schien jetzt in Einem fort hungrig zu sein. Er hat die Futter-Raufe und zwei ganze Geschirre mit Haut und Haar aufgefressen. Und in der vorigen Woche ist er bei nachtschlafender Zeit aus dem Stalle ausgebrochen und hat am ganzen Haus hinten die Thür-klinken abgenagt."

„Thürklinken — Eulalia? Hat sich denn in Amyntor eine Neigung für Thürklinken entwickelt?"

„Ja! und der Lisette Gesangbuch hat er auch auf-gefressen. Das dumme Ding hat's auf dem Tisch in der Veranda liegen lassen. Der Jokel meinte, er hab' in Irland einen Mann gekannt, der hab' ein Pferd gehabt, und das wäre unzählige Male Hungers gestorben, wenn man's nicht mit Büchern gefüttert hätte. Wenn es nicht ganze Bücher kriegen konnte, hat sich's mit Lieferungen oder Heften begnügt. Aber gedruckte Bücher irgend welcher Sorte hätte es bekommen müssen — sonst sei es nicht zu regieren gewesen."

„Das Pferd hätt' ich gern sehen mögen, mein Engel!"

„Da haben wir also den Pferdedoctor wiederum geholt, und der hat gemeint, daß dem armen Vieh nichts weiter fehle, als eine Morphium-Einspritzung unter die Haut, um seine Nerven zur Ruhe zu bringen. Er hat den Jokel nach seiner Wohnung geschickt, um eine Ma-schinerie von dort zu holen, mit der er das Morphium unter die Haut spritzen könne. Aber der Jokel hat gemeint, er könne das auch ohne die Maschine thun. Und so hat er denn eines Tags Morphium geholt, und angefangen, mit einem Zwickbohrer ein Loch in den Leib des Thieres zu bohren."

„Mit einem Zwickbohrer — Eulalia?"

„Mit einem ganz gewöhnlichen Zwickbohrer, Bal-damus. Aber das schien dem Amyntor unbehaglich zu werden, und — schwuppedipupp! — packt er den Jokel, wirft ihn zu Boden und stößt ihn mit den Füßen durch die Scheidewand hindurch, so daß dem armen Kerl drei Rippen zerbrechen. Da hab' ich denn schließlich noch selber den Pferdedoctor holen müssen und der hat dann die Einspritzung vorgenommen, wie sich's gehört; und Amyntor schien sich darnach auch ganz wohl zu befinden — ausgenommen allein, daß er, wie Jokel meinte, seit jener Zeit eine ganz merkwürdige Vorliebe an den Tag legt, auf dem Kopfe zu stehen."

„Amyntor wäre das erste Pferd, das zu so etwas Lust bezeigte, mein Schatz!"

„Jokel meinte, das sei schon öfter vorgekommen. Er hat mir von einem Mann in Großschnettern erzählt, für den er gearbeitet; der soll ein Maulesel=Gespann gehabt haben, die immer auf dem Kopfe gestanden sind, wenn sie nicht bei der Arbeit waren. Er meinte, in Großschnettern hätten das alle Maulesel so gemacht. Was also thut unser Jokel, um dem Amyntor das Kopf=stehen zu vertreiben? Er bindet ihm 'en schweren Stein an den Schweif, um ihn im Gleichgewicht und auf den Füßen zu halten. Und diese Vorrichtung bewährte sich so vortrefflich, daß es eine wahre Lust war. Als ich aber den Sonntag drauf mit Amyntor zur Kirche fahre, beginnt er plötzlich, während eine ganze Menge Leute um ihn herumsteht und ihn angafft, als wär' er das achte Weltwunder, — beginnt er plötzlich, seinen kurzen Schwanzsturzel heftig auf und ab zu peitschen — und rennt mit dem Steine, den der Jokel ihm nicht hatte abbinden wollen, sechs Jungens — denk' dir, Baldamus! — die Hirnschale ein!"

„Was du nicht sagst, Eulalia!"

„Ja, weißt du, Baldamus! — selber geseh'n hab'

ich's nicht; aber der Jokel kam mir mit der Mittheilung
entgegengestürzt, daß sie alle sechse todt wären, sowie ich
aus der Kirche heraustrat. Und er erzählte mir dann
auf dem Heimwege, daß der Mann in Großschnettern
seine Maulesel immer dadurch bestimmt hätte, sich auf
die Beine zu stellen, daß er ihnen Musik zu hören gab.
Das mache sie kirre, meinte Jokel. Und so hat denn
der Jokel einen von seinen Bekannten kommen lassen,
der hat sich in den Pferdestall setzen und dem Amyntor
auf der Harmonica vorspielen müssen."

„Und hat das unser Pferd ruhiger gemacht?"

„Anfänglich schien es so. Dann hat sich aber der
Jokel eines Tags einfallen lassen, Amyntor seiner Dreh=
krankheit wegen zu schröpfen, und dabei muß er das arme
Thier an der falschen Stelle geschnitten haben, denn mit
einem Male ist es zusammengebrochen und auf den Har=
monica=Spieler niedergestürzt und war crepirt, während
der Musicus beinahe erstickt ist."

„Amyntor ist also todt? Hm, hm, hm! Und wo ist
die Rechnung? Zeige sie mir, Eulalia!"

„Hier, mein Baldamus! — Ich will sie dir vor=
lesen, Herzensmännchen!"

Nota für Herrn Baldamus Bohnenstengel,
wohnhaft in Blechlingen, Ochsengasse 7.

	Doll3.	Cts.
An ärztlichen Honorarien dem Thierarzt Dagobert Flederwisch	125.	50
Dover'sche Pulver gegen Husten	80.	—
Galvanische Batterie	10.	—
Reparaturen am Pferdestall	12.	25
	227.	75

Transport 227. 75

An Herren Florian Kiesewetter als Entschädi-
gung gezahlt für:

    a) zwei todtgestoßene Kühe . .⎫
    b) fünf niedergetretene Ferkel .⎪
    c) acht der Kronen beraubte ⎬ in Summa 251. —
       Apfelbäume . . . . .⎪
    d) ein beinah verschlungnes Kind-⎭
       lein . . . .

An Schlosser Beisele und Schreiner Zeisele für
   Instandsetzung abgenagter Thürklinken 2c. . . . . 175. —
Lisettens Gesangbuch (neue Auflage) . . . . — 25
1 Zwickbohrer und 3 Düten Morphium zu Haut-
   Einspritzungen . . . . 15. —
Dem Jokel an Schmerzensgeld für gebrochne Rippen 120. —
Dem Doctor Flederwisch für Curirung von Jokel's
   gebrochnen Rippen. . . . . 25. —
Dem Harmonica = Musicus Florentin Pumper
   an Spielhonorar . . . . 21. —
Schmerzensgeld an Florentin Pumper für zu-
   gefügten Leibesschaden . . . . 184. —
Beerdigungskosten für die sechs Knaben: Hans Weh-
   meier, Gottlieb Anton Traumichel, Max
   Nebenchari Stötterer, Phanes Ehrenfried
   Zuckerle, Albert Theodor Leckerle, und Nepo-
   muk Cincinnatus Hahnenkamm . . . . . 995. —

in Summa: Dollars 2014. —

„Und das ist Alles, mein Eulalchen?"

„Ja, du liebster, bester Baldamus!"

Hierauf faltete Herr Baldamus Bohnenstengel mit
erhabenem Lächeln die theure Rechnung zusammen und
spazierte mit ihr nach dem Hinterhofe hinaus, um den
mannigfachen, sein Hirn durchkreuzenden Gedanken freien
Spielraum zu gewähren. In der Folge erzählte er
mir, daß er sich darüber klar geworden sei, die noch
unbezahlten Theile dieser zum mindesten sonderbaren
Rechnung nicht anzuerkennen und binnen Kurzem den

Versuch zum Ankauf eines neuen bessern Pferdes zu
wagen. Er sagte, vor ein paar Tagen gehört zu haben,
daß Nehemias Lilienstengel, — ein Gutsbesitzer, dessen
Farm nicht sehr weit von Blechlingen's Marken entfernt
lag — ein Pferd habe, das er zu verkaufen wünschte,
und fragte mich, ob ich wohl mit ihm, um Genaues über
die Sache zu hören, auf Lilienstengel's Farm hinüber=
fahren wolle. Ich sagte zu; und nicht lange nachher
machten wir uns auf den Weg.

An Ort und Stelle angelangt, wurden wir von Herrn
Nehemias Lilienstengel ersucht, im guten Zimmer Platz
zu nehmen; und während wir dort saßen, hörten wir,
wie Frau Lilienstengel, mit der Zubereitung des Abend=
brots beschäftigt, im Eckzimmer nebenan eifrig herum=
hantierte. Lilienstengel hatte keine Lust, sein Pferd zu
verkaufen; aber er war sonst recht umgänglich, und
nachdem wir schon eine längere Zeit geplaudert hatten,
erzählte er uns:

„Meine Herren! Anno 47, da hab' ich Ihnen ein
Pferd gehabt, das hat im ganzen Lande nie wieder
Seinesgleichen gefeh'n. Und dieses Pferd hat Ihnen
eines schönen Tags den allernärrischsten Streich aus=
geführt, der je von einem Thier gethan worden. Es
war an einem Mittwoch — ich weiß es noch wie heute
— da nehm' ich den Gaul aus 'm Stalle und trolle
'nunter an den Bach mit ihm —"

In diesem Augenblicke öffnete Frau Lilienstengel
die Thür und schrie mit kreischender Stimme herein:
„Lilienstengel! wenn du 'was zu Abendbrot haben willst,
so geh' und spalte mir etwas Holz klein!" Worauf
Herr Nehemias sich zu uns wendete und sagte: „Sie
entschuldigen mich wohl für ein paar Augenblicke, meine
Herren!"

Und in der nächsten Minute hörten wir ihn im
Kellerraum unten Holz kleinschlagen und seinem bedrückten
Herzen mit nicht eben sanfter Stimme durch ein paar
kräftige Verwünschungen Luft machen, deren Ziel Frau
Artemisia Lilienstengel war. Nach einer Weile kehrte
Nehemias Lilienstengel in die gute Stube zurück, nahm
seinen Sitz wieder ein, wischte sich die Schweißtropfen
von der Stirne, legte sein Taschentuch in seinen Hut,
stellte letzteren auf den Fußboden und nahm den Faden
seiner Erzählung von Neuem auf:

„Also, meine Herren! wie ich schon gesagt habe, —
eines schönen Tags nehm' ich dies wundernärr'sche Pferd
und führe es 'nunter an den Bach; 's war Anno 47
oder 48 — ich hab' für Zahlen kein sonderlich Ge=
dächtniß. Mag dem aber sein, wie ihm wolle, ich nehm'
also das Pferd und führ' es zum Bache 'nunter — und
war gerade im Begriffe, um —"

Artemisia Lilienstengel (die Thür plötzlich
aufreißend): „Du, Lilienstengel! 's ist nicht ein Tropfen
Wasser in der Küche, und wenn nicht bald welches be=
sorgt wird, so giebt 's in diesem Hause heute kein
Abendbrot! Merk' dir das, Lilienstengel!"

Herr Nehemias Lilienstengel (mit einem Aus=
druck von schmerzlicher Pein auf seinem Gesichte): „Ja doch!
ja doch! — das ist zu arg! das ist zu arg! Meine
Herren, nur eine Minute noch! Ich bin gleich wieder
zurück. Die Alte ist heut wieder rein toll und will
nicht warten!"

Dann hörten wir Nehemias sich mit dem Brunnen=
schwengel zu schaffen machen; und als wir unsere Blicke
zum Hinterfenster hinaus richteten, sahen wir ihn mit
einem großen Eimer voll Wasser herangekeucht kommen.
Als er noch eine Strecke vom Hause entfernt war, trat

4

ihm ein Hund in den Weg; und Nehemias, um seinem
schwerbedrückten Herzen Luft zu machen, gab dem un=
glückseligen Thier einen so derben Tritt, daß es bis
über den nächsten Zaun hinüberflog. Kurz darauf kam
er wieder in die gute Stube herein, wischte sich wieder
den Schweiß von der Stirn, legte sein Taschentuch
wieder in den Hut, stellte den Hut wieder auf den Boden
und fing wieder von vorn an:

„Also, meine Herren! wie ich schon sagte, das Pferd war
geradezu staunenerregend! An dem Tage also, von welchem
ich spreche, reit' ich 'nunter zum Bache, dicht neben dem
Maisfelde hin, und war gerade im Begriffe, den Gaul in
die Schwemme zu reiten, als plötzlich mit einem Male —"

Frau Artemisia Lilienstengel (unter der Thür
und mit einer Stimme, deren hohe Tonlage nicht eben
den angenehmsten Eindruck machte): „Willst du dich
wohl gleich sputen, Nehemias, und den Schinken aus
dem Rauch=Kamin herunterholen!? Oder willst du dir's
etwa einfallen lassen, da sitzen zu bleiben und zu schwatzen?
Dann laß dir's aber auch gefallen, heut ohne Abend=
brot schlafen zu gehen! — Lilienstengel! wenn der
Schinken nicht in kürzester Zeit hier ist, so steig' ich
dir auf den Pelz und werde dich Mores lehren! Hörst
du, Lilienstengel?!"

Herr Nehemias Lilienstengel (mit purpurrothem
Gesicht und lebhaft erregtem Wesen): „Heiliges Donner=
wetter! daß dich das Mäuslein beiß'! — Wenn das
nicht zum — hol' mich der und jener! — wenn das
nicht geradezu — puh! — Pah! mein lieber Herr Bohnen=
stengel, Sie gedulden sich doch wohl noch einen kleinen
Augenblick — ich bin gleich wieder bei Ihnen! Ich bin
in einer Secunde wieder zurück."

Dann hörten wir Nehemias Lilienstengel, den wackern

Ehegespons, die Thür zum Rauch=Kamin aufreißen, und
kurz darauf kam er mit einem Schinken in der Hand zum
Vorschein, während er mit der andern eine Faust machte,
die er drohend gegen die Küchenthüre hin schüttelte, als
wolle er seiner gestrengen Hälfte, die ihn allerdings nicht
sehen konnte, Respect einflößen.

Zum dritten Mal nun trat er wieder, einen pene=
tranten Rauch= und Schinkengeruch verbreitend, in die
gute Stube, vergaß aber diesmal in seiner Aufregung,
sich den Schweiß von der Stirn zu wischen und den
Hut abzunehmen, warf sich auf einen Sessel, schlug die
Beine übereinander und nahm seine Erzählung wieder
auf, diesmal in schnellerem Redeflusse sprechend:

„Entschuldigen Sie diese kleinen Unterbrechungen,
meine werthen Herren. Meine Alte ist ein etwas eigen=
thümliches Käuzchen, und man muß sich halb und halb
nach ihren Launen richten, will man mit ihr in Ruh'
und Frieden leben. Also, meine Herren, wie ich schon
gesagt habe — ich reite dies wundernärr'sche Pferd
'nunter zum Bache, an jenem Tage, von dem ich spreche,
und nachdem ich am Maisfeld vorüber bin, steh' ich gerad'
im Begriffe, in die Schwemme mit ihm zu reiten. Da
plötzlich, mit einem Male — was glauben Sie, daß
das Pferd macht? — Es —“

Frau Artemisia Lilienstengel (wieder in der
Thür stehend und mit nicht weniger kreischender Stimme
wie vorhin): „Lilienstengel! du nichtsnutziger, fauler Tag=
dieb! warum gehst du denn nicht die Kühe melken?!
Nicht den kleinsten Bissen Abendbrot kriegst du in deinen
Mund, eh' du nicht die Kühe gemelkt hast, wie's deine
verfl— Pflicht und Schuldigkeit ist. Merk' dir's, Lilien=
stengel, du kriegst nicht eine Brodkruste früher, oder ich
will nicht mehr Artemisia Lilienstengel heißen!“

Da sprang Nehemias in einem wahrhaften Wuth-
Gerase auf seine Füße und schleuderte den Stuhl, auf
welchem er gesessen, mit kräftigem Stoße nach seiner
holden Gattin Artemisia; worauf sich diese mit dem
Schürhaken bewaffnete und mit wilder Entschlossenheit
auf ihren Eheherrn Nehemias losstürzte. Wir, Baldamus
Bohnenstengel und ich, machten uns bei dieser kritischen
Wendung der Dinge eilig auf die Strümpfe und reti-
rirten in den Hofraum vor dem Hause; und als dann
Herr Baldamus Bohnenstengel in seinem Wagen saß und
ich ihm eben dahin folgen wollte, trat Herr Nehemias
Lilienstengel aus der Thüre seines Hauses mit einem
de- und wehmüthigen Ausdruck auf seinem Antlitz und
verabschiedete sich von uns mit den Worten: „Meine
Herren! ich werd' Ihnen die Geschichte von dem Gaul
ein andermal zu Ende erzählen, sobald meine Alte zu
Verstand gekommen sein wird. Guten Tag für heute!
Heut ist Sturm im Kalender!"

Mein Freund und Nachbar Baldamus Bohnenstengel
kaufte sich später ein anderes Pferd von einem seiner
zahlreichen Blechlinger Bekannten; das Thier entwickelte
aber einen dermaßen ausgeprägten Hang zu Seltsam-
keiten und Verkehrtheiten aller Art, daß es seiner unliebsamen Charakter-Eigenschaften wegen binnen wenigen
Wochen höchst unpopulär bei den ehrsamen Bewohnern
Blechlingen's wurde. Baldamus gab mir an einem regne-
rischen Sonntags-Nachmittag, als wir im „Erzengel" bei
einem Pfeifchen Cuba II. gemüthlich beisammen saßen,
diesbezüglich die folgende Erklärung:

„Ich bin wie aus den Wolken gefallen, mein lieber
Freund, als ich's erste Mal mit meinem neuen Pferde
ausfahre — meine gute Eulalia hat's ‚Aghil Aga' ge-

tauft, das wissen Sie ja wohl — und als ich gewahr werden muß, daß es ganz versessen darauf ist, rückwärts statt vorwärts zu laufen. Mir kam's ganz so vor, als sei ‚Aghil Aga' von dem festen Glauben durchdrungen, daß unser Schöpfer ihm die Hinterbeine vorne hingesetzt hätte und daß es, statt mit den Augen, mit dem Schwanze zu sehen vermöge. Jedes Mal, sobald ich's versucht habe mit ihm zu fahren, ist's statt vorwärts rückwärts gerannt, bis mir endlich — 's mag beim dritten oder vierten Versuche gewesen sein — der Geduldsaden riß und ich dem ‚Aghil Aga' mit meinem Peitschenstiel weidlich sein Hinterviertel durchgegerbt habe. Da hat der Satan Raison ange= nommen und ist ein ganzes Stück lang in der regel= rechten Weise entlang getrabt, bis er plötzlich wieder die alten Mucken kriegt und ganz so als ob er der festen Meinung sei, daß in dem Gefährt hinter ihm ein Mond= süchtiger sitze, der nicht wisse was er wollte und was er sollte, beinah den ganzen Weg wieder zurückjagt. Eines Tages, als ich die Ochsengasse entlangfahre, hat sich ‚Aghil Aga' von dieser vorgefaßten Meinung so weit hinreißen lassen, daß er mit einem Male stehen blieb wie angewurzelt und dann ebenso plötzlich rückwärts jagend, den ganzen Wagen durch die Spiegelscheibe im Schaufenster der Amos'schen Apotheke hindurchrannte. Nach dieser Episode hab' ich den Racker immer mit dem Kopfe gegen den Wagen zu eingespannt, und das scheint ihm besser zu gefallen; nur wird er manchmal allzu vertraulich, steckt seinen Kopf über das Spritzleder hin= über und versucht dann, an meinen Beinen zu kauen oder die Schooßdecke anzufressen.

„Nebenbei hat diese sonderbare Einspann=Manier natürlich nicht verfehlt, allerhand unliebsame Bemerkungen hervorzurufen, sobald ich mich einmal mit ‚Aghil Aga'

in den Straßen vor unseren Blechlingern zeige. Und
wenn ich 'mal wo halten will und zu diesem Zwecke den
Racker mit dem Schwanz an einen Pfosten oder Laternen=
pfahl festgebunden habe, so fällt's ihm ein, in einer
mehr als häßlichen Weise mit den Hinterbeinen auszu=
schlagen und nach dem Trottoir hinüber zu fuchteln,
so bald er irgend wen gewahr wird, den er gern mit
seinen Hufen verarbeiten möchte.

„Als Reitpferd hat der ‚Aghil Aga‘ durchaus nicht
viel getaugt; nicht etwa, als ob er's versucht hätte, seinen
Reiter abzuwerfen, nein, — aber sobald man ihm einen
Sattel auflegte, war's als hätt' er's Jucken im Rücken,
und er ließ dann nicht ab, mit dem Sattel gegen den ersten
besten Baum oder Zaun oder gegen jede Hausecke zu
kratzen, die ihm in den Weg kam; und kann er bei
dieser Procedur seinem Reiter das Bein aufschinden, so
scheint ihm das desto größeres Vergnügen zu bereiten.
Zum letzten Male hab' ich den ‚Aghil Aga‘ geritten an
dem Tage, wo unser Nachbar Grüneberg seine Hochzeit
feierte. Ich hatt' meine Sonntags=Kleider an und auf
dem Wege zum Festplatze war ein kleiner Fluß zu
passiren. Als der Racker von einem ‚Aghil Aga‘ in der
Mitte des Flüßchens angelangt ist, bleibt er stehen, säuft
und säuft, und wie er endlich damit fertig ist, sieht er
sich die ihn umgebende Landschaft an; dann nimmt er
nochmals einen Schluck und glotzt sich wiederum die
Sträucher und Bäume, den Himmel und das Wasser an;
dann plötzlich kriegt er den Einfall, müde zu werden
und sich langen Wegs in's Wasser zu legen. Ich mußte
balanciren wie ein Seiltänzer, um meine neuen Kleider
nicht zu ruiniren, patschnaß wurde ich aber doch, und
natürlich konnte keine Rede mehr davon sein, daß ich

auf die Hochzeit hätte gehen können, ich hätte mich nur zum Gespötte gemacht.

„Am Tage darauf ist der ‚Aghil Aga‘ krank ge= worden. Mein Jokel war der Ansicht, die Seuche hab' das Thier befallen, und mischte ihm etwas Terpentin in einen Kübel voll Kleie. In der nämlichen Nacht kriegt das Pferd Krämpfe und schlägt vier der besten Bretter aus der Stallwand. Nachbar Schulze meinte, das Pferd hätte nicht die Seuche, sondern den Rotz und Terpentin sei ein Mittel, das nur äußerlich als Ein= reibung zu verwenden sei, aber nicht innerlich als Medicin gereicht werden dürfe. So haben wir denn den ‚Aghil Aga‘ fleißig mit Terpentin eingerieben — und was war's Ende vom Liede? — am nächstfolgenden Tage hat er nicht ein einziges Haar mehr auf dem ganzen Körper.

„Notar Klauber hat mir gesagt, daß wenn ich zu wissen begehrte, was dem Thiere wirklich fehlte, so wollte er mir's sagen. Das Pferd litte an weiter nichts als an der Druse, und wenn man ihm nicht zur Ader lasse, so müsse es ohne Gnade und Barmherzigkeit eines jämmerlichen Todes sterben. Darauf hin hat's denn der Klauber, der im Schröpfen eine ganz besondere Fertigkeit hat, geschröpft. Wir haben ihm eine ganze Badewanne voll Blut abgezapft, worauf der arme ‚Aghil Aga‘ so schmächtig geworden ist, daß alle Rippen sichtbar wurden. Das hätte nun allerdings nach meiner Ansicht nichts zu sagen gehabt, im Gegentheil; aber durch den Vorfall mit meinem ‚Amyntor‘ war ich etwas ängstlich geworden und so schickte ich denn zum Pferdedoctor. Dieser meinte, das Pferd habe weiter nichts als das Keuchen. Er hat etwas Medicin verschrieben, um durch sie ‚den Wind zu reguliren.‘ Die Folge davon war, daß der arme ‚Aghil Aga‘ zwei Tage lang gehustet hat, als befinde er sich im höheren Stadium der galoppirenden Schwindsucht, und zwischen zweien der heftigsten Husten-Anfälle hat er den Jokel gepackt und in die obersten Futterraufen hinauf spedirt, und dann unsern schwarz- und braungefleckten Dachsel, das arme Vieh, mitten entzwei gebissen.

„Ich meinerseits hab' nun gedacht, vielleicht möcht' ein wenig Bewegung dem kranken Thiere gut thun; und eines Tags bin ich denn mit ihm ausgefahren, und da hat sich's in einer so sonderbaren Weise fortbewegt, daß ich Himmel-Angst gehabt hab', der ganze ‚Aghil Aga' könne plötzlich aus dem Leime gehen und in einzelne Stücke zerfallen. Als wir auf der Spitze des ‚Weißen Kreuzbergs' angelangt waren, der sich sehr steil zur Seite der Fahrstraße erhebt, da ist der ‚Aghil Aga' mit einemmale stehen geblieben, hat ganz eigenthümlich zu- sammengezuckt, dann ein paarmal heftig gehustet, hat noch mit seinem Hinterfuß eine Fliege von seinem Bauche weggeschleudert und ist dann den Berg hinunter gekollert. Ich war aus dem Wagen gesprungen, bevor er um- stürzte, und hab' von oben zugesehen, wie der arme Kerl, den Wagen hinter sich herschleifend, bis in das Thal hinuntergerollt ist. Als ich an die Stelle kam, wo er liegen geblieben war, rührte er kein Glied mehr; er war todt, — mausetodt; und der Besitzer von dem Grund und Boden, wo der arme ‚Aghil Aga' verschieden ist, hat gemeint, er habe die Drehkrankheit gehabt.

„Ich hab' seinen Cadaver für acht Dollars an einen Chinesen verkauft, der Messerhefte und Hosenknöpfe aus ihm verfertigen wollte. Seit jener Zeit sind wir — meine Eulalia und ich — immer auf Schusters Rappen geritten, oder wie unser gelehrter Herr Schuldirector Dr. Buddäus sich auszudrücken belieben würde, haben uns per pedes apostolorum translocirt.

„Ich denke kaum, daß ich noch ein drittes Pferd kaufen werde. Mir scheint, ich hätte 's nun zur Genüge erfahren, daß mir das Glück bei Versuchen dieser Art nicht sonderlich zu lächeln pflegt."

Damit schloß mein biederer Freund Baldamus Bohnenstengel seine Pferde=Geschichte; wir tranken noch jeder ein Gläschen, und schweigend gingen wir heim.

Fünftes Capitel,

sothanes Capitel bemerkenswerth ist ob gewisser Vorgänge die auf Pädagogik Bezug haben.

Während eines der letztverflossenen Sommer=Halbjahre ist in Blechlingen das System des öffentlichen Unterrichts neuorganisirt worden. In Folge einer namhaften Vergrößerung des einzigen Schulgebäudes und in Rücksicht auf die große Zunahme der Schülerzahl wurde bei diesem Anlaß im weisen Rathe der Väter der Stadt der löbliche Beschluß gefaßt, eine weibliche Hülfslehrerin für die Mädchen=Abtheilung zu erwerben. In Ausführung dieses Beschlusses erließ das Blechlinger Schul=Directorium ein Concurs=Ausschreiben zur „Besetzung der neu creirten Hülfslehrerin=Stelle an der Lehranstalt Blechlingen," und wurden die Reflectantinnen angewiesen, sich persönlich beim erwählten Vorsitzenden der Schul=Commission, Herrn Gerichtsrath Amadeus Watschler, zu melden.

Zufällig nun traf es sich, daß am nämlichen oder am folgenden Tage die gnädige Frau Gerichtsräthin Watschler ein Bedürfniß nach einer neuen Köchin fühlte,

dem sie flugs durch ein in fetten Lettern gedrucktes Inserat im „Blechlinger Intelligenzblatt" gerecht zu werden
sich bemühte.

Auf dieses Köchin=Inserat nun meldete sich am nämlichen Nachmittage bereits, an welchem das Zeitungsblatt
publicirt worden, ein handfester Küchen=Dragoner im
Watschler'schen Hause, in der Absicht sich um den va-
canten Posten in der Küche der Frau Gerichtsräthin zu
bewerben.

Der Herr Gerichtsrath saß, in das Lesen einer politischen Zeitung aus der Großstadt in Blechlingen's
unmittelbarer Nähe vertieft, bei einem Täßchen Prima=
Mokka und einem Pfeifchen Orinoko=Lux=Kanaster, in
der Veranda vor seinem Wohngebäude. Herr Gerichtsrath Watschler war, abgesehen von seiner richterlichen
Thätigkeit, mit Leib und Seele Pädagog und als Vor-
sitzender der Blechlinger Schul=Commission hatte er zur
Zeit, wo der gegenwärtige Auftritt sich abspielte, kaum
für etwas Anderes Sinn, als darüber nachzudenken, wie
die der Commission zu Theil gewordenen Aufgaben am
zweckmäßigsten gelöst werden könnten. Was Wunder
also, daß der Herr Gerichtsrath, als er das große, dicke
Mädchen durch das Gartenthor nach der Veranda kommen
sah, in ihm die erste Lehramts=Candidatin zu erblicken
wähnte, die sich auf das soeben erlassene Concurs=Aus-
schreiben hin zu melden käme.

„Sind Sie der ausgeschriebenen Stelle wegen hierher
gekommen?" fragte Watschler nach stattgehabter Be-
grüßung die Eingetretene.

„Jo, mei gnädig's Herrle!" antworte diese in einem
stark ausgeprägten dörflerischen Dialekt.

„Schön. Nehmen Sie gefälligst Platz. Ich werde
mir erlauben, ein paar Fragen an Sie zu richten, um

über Ihr Lehrvermögen ein Urtheil zu gewinnen. Machen
wir mit Afrika den Anfang. Bitte, bezeichnen Sie mir
Afrika's Grenzen!"

„Wenn i bitten darf, mei gnädig's Herrle! i waiß
nöt, wovon Sie sprecha!"

„Ich bat Sie, mir die Grenzen von Afrika zu
bezeichnen."

„Grä — grä — Gränzen? Se meina wol Krainzen?
Dös is a g'flocht'ner Korb, den mer bei uns zu Land'
auf'm Buckel trag'n — meina Se dös? I waiß aber
nöt, was der hier z'thun hot?"

„Sonderbar, sehr sonderbar!" murmelte Watschler
vor sich hin. „Können Sie mir sagen," wandte er sich
dann wieder laut an sein Gegenüber, „können Sie mir
sagen, ob ,amphibisch' ein Adverbium ist oder eine Prä=
position? Was nennt man ein Adverbium?"

„No, waiß es Gott! Se machen mi do ganz kopf=
verdreht! Mit so 'was hob' i in mein' letzten Posten nix
z'schaffa g'hobt."

„Das muß ja ein ganz sonderbares Exemplar von
Institut gewesen sein," versetzte Watschler kopfschüttelnd.
„Wahrscheinlich aber können Sie mir das unregelmäßige
Hülfsverbum ,sein' durchconjugiren — und mir nebenher
auch sagen, was Sie von Herodot wissen?"

„Hm, Eu'r Gnaden belieben sich a' G'spaß mit mir
zu macha? No, wissa's, a Wail' loss' i mer dös schon
g'falla; nu hören's aber auf dermit!"

„Haben Sie nie den Namen Herodot gehört?"

„All mei' Lebtag nöt! Macht man dös mit Eigelb an?"

„Das ist das curioseste Wesen des sexus muliebris,
das mir jemals vor Augen gekommen," murmelte der
Gerichtsrath. „Wie Sie den alten Griechen Herodotos
und Eigelb in Verbindung bringen wollen, ist mir beim

besten Willen nicht erfindlich. Nun, vielleicht aber können Sie
mir sagen, was ein Tellurium und was ein Planiglob ist?"

„Ihren Krimskrams versteh' i nöt, mei' Herr. I
wasch' mei Tellern ah so und brauch' a Plahni bloß zum
Wäsch=Aufhängen!"

„Dumm! fürchterlich dumm! horribile dictu!"
brummte Amadeus. „So haben Sie wohl auch nie von
einem Riesengebirge etwas gehört?"

„Riesengebirg'? Dös wüßt' i nöt z'sagen. A Riesen=
dam' — jo, die hob' i schon g'sehen — nu is es aber
g'nug mit Ihrem G'frag' — dächt' i wen'gstens."

„Hm! hm! versteht nicht einmal Geographie von
einer Menagerie zu unterscheiden! Doch in Anbetracht
dessen, daß die Meldungen nicht eben stark einlaufen
werden, will ich nichts unversucht lassen," brummte
Watschler vor sich hin. „Das aber werden Sie mir
wohl sagen können, zwischen welchem Breitengrade die
tropische Zone beginnt, und wo die Wüste Sahara liegt?"

„Sara? dös is a Schwester von mir — und die
liegt bei meiner Tante in der Krautgaß', vier Treppen
hoch links — dös' is Alles, wos i Ihna saga kann —
und nu lassen's mi aus!"

„Eine — was?"

„Nu — a Schwester von mir! Hobn's mi denn nöt
eben nach mei' Schwester, nach de' wüschte Sara g'fragt?"

„Und solch' einem Frauenzimmer sollen wir — wir
Blechlinger die Erziehung unserer hoffnungsvollen Ju=
gend anvertrauen?" brauste Amadeus Watschler auf, der
am Ende seiner Geduld angelangt war. „Weib, um
Christi willen — was wissen Sie denn eigentlich? Sie
werden doch einen kleinen Wissensschatz bei sich führen?
In was für einer Schule haben Sie denn bisher Unter=
richt gegeben?"

„Schatz han i koin, koin kleinen und koin großen, dös dürfen's mer glauben! Aber was wollen's denn mit Unterricht geben? I hab' koin Unterricht geb'n. Dös wüßt' i nöt! Und wozu sollt' denn dös gut sein?"

„Ganz ohne Erfahrung — sine omni scientia!" sprach der Gerichtsrath.

„Frau Schwandenberger hatte eine — na, wie heißt mör denn die Dinger, die so bleich aussehen un nix schaffen — ja, jetzt fällt mer's ein, ä Guffernanten für ihre Kinder — und i war halt d' Köchin im Haus."

„Köchin!? Sind Sie nicht Lehrerin? Was fällt Ihnen denn dann ein, die Kocherei an den Nagel zu hängen und Schullehrerin werden zu wollen? Das ist ja geradezu erschrecklich!"

„I bin ja von wegen der Köchinstell' hierher 'komma, die im Blattl g'standa is — wissen's denn dös nit?"

„O beim heiligen Pestalozzi! Jetzt versteh' ich Sie erst. Sie sind also gar keine Bewerberin um die Hülfs=lehrerinstelle an unsrer Realschule? Sie wollen meine Gemahlin, Frau Irma Watschler, sprechen? He, Irma! komme doch einen Augenblick herunter! 's ist eine Köchin da, die zu dir will!"

Und der Herr Gerichtsrath nahm seine Zeitung wieder zur Hand und setzte, nach ein paar kräftigen Zügen aus seinem Orinoko=Pfeischen, die unterbrochene Lectüre des Leitartikels über die „civilisatorische Be=deutung der Thomas'schen Uhr für die Kriegsführung der Zukunft" fort.

*   *   *

Trotz dieses wenig versprechenden Anfanges gelang es der Blechlinger Schul=Commission dennoch, vornehm=

lich infolge der Bemühungen des Herrn Gerichtsrath
Watschler, eine tüchtige Lehrkraft für den neu creirten
Posten zu gewinnen. In der Mädchen-Abtheilung nahm
infolgedessen der Unterricht mit jedem Tage einen erfreu=
licheren Aufschwung. Nicht so in der Knaben-Abtheilung,
wo es gleich nach Ende der Sommer-Ferien zu ernst=
lichen Unruhen kam.

Herr Placidus Klopfer, der Schulmeister, hatte in
den monatlich erscheinenden „Blättern für Pädagogik
und Unterrichtswesen“ gelesen, daß man Knaben welt=
geschichtlichen Unterricht auf keine bessere Art beibringen
könne, als indem man jeden Angehörigen der Klasse
irgend eine historische Persönlichkeit darstellen und deren
Thaten von ihm genau so, als ob er sie selbst vollbracht
hätte, erzählen lasse. Dies dünkte unserem braven Klopfer
ein Einfall von ungeheurer Genialität, den er unver=
züglich aus dem Gebiet der Theorie in das der Praxis
zu verpflanzen sich entschied. Der Geschichtsunterricht
war damals gerade bis zu den punischen Kriegen vor=
geschritten, und Magister Klopfer, rasch entschlossen, theilt
seine Knabenschaar in zwei Haufen, deren einer die rö=
mischen Truppen, der andere die Carthager darzustellen
hat; gewisse bevorzugte Knaben (deren Eltern dem nicht
vermöglichen Placidus Klopfer hie und da ein paar
Würste oder ein Gänslein oder Havanna-Ausschuß-Ci=
garren zugehen lassen) werden zu den Anführern der
beiden sich feindlich gegenüberstehenden Heere — selbst=
verständlich unter Beibehaltung der berühmten geschicht=
lichen Namen — ernannt. Die gesammte männliche
Jugend von Blechlingen begrüßte den Gedanken ihres
Meisters und Vorbildes mit Jubel; und Placidus Klopfer
nahm bald zu seiner großen Freude wahr, daß der Ge=
schichtsstunde mit einer unbändigen Ungeduld, die den

übrigen Lectionsgegenständen kaum mit Aufmerksamkeit
zu folgen gestattete, entgegengesehen wurde.

Als die Geschichtsstunde herangenaht war, stellte
Klopfer die Römer auf der einen, die Carthaginienser
auf der anderen Seite des Schulzimmers auf. Die
Recitirung des Lehrstoffes geschah mit großer Erregtheit
und jede der beiden Parteien erzählte ihre Thaten mit
unendlicher Hingabe zur Sache. Nach Beendigung dieser
vorbereitenden Scene stellte Klopfer an einen römischen
Kriegsmann die Aufforderung, eine Schilderung von der
Schlacht bei Cannä zu geben. Kaum waren diese Worte
aus des wohlmeinenden Lehrers Munde erschallt, als
die Römer ihre Fibeln nach dem Feinde schleuderten,
worauf die carthaginiensischen Söldner eine Schulbank
zu einem Sturmbock gestalteten und damit auf den Römer=
haufen losrannten, der seinerseits die Attake mit einem
Hagel von Büchern, Heften, Schreibtafeln und gekauten
Papierkugeln zurückzuschlagen versuchte. Klopfer kam
nun zu dem Schlusse, daß die Schlacht bei Cannä hiermit
zur Genüge illustrirt sei, und versuchte das Auf= und
Niederwogen des Kampfes zu stauen. Die in Feuer
gerathenen Kämpfer aber erachteten die Gelegenheit für
viel zu günstig, um die begonnenen Feindseligkeiten so
plötzlich wieder abzubrechen; die punischen Söldner stürmten
von Neuem mit ihren improvisirten Mauerwiddern auf
die Römer los und richteten verschiedene dieser Tapferen
auf eine jämmerliche Weise zu; — die Römer führten
hierauf einen wuchtigen Stoß gegen die Carthaginienser,
und der bisher noch ziemlich regelrecht geführte Kampf
wurde zum wildesten Handgemenge. Ein Carthaginienser
packte einen Römerheld beim Haarschopf und schleuderte
ihn in einer Weise, die dem braven Placidus Klopfer
das Herz im Leibe umdrehte, über das Lehr=Katheder;

worauf ein Waffenbruder des also Gemißhandelten ein
teuflisches Kriegsgeschrei erschallen ließ und dem ersten
Carthager, den er in seinem Sturmeslauf ereilte, mit
„Adam Riese's Rechenknecht" über den Schädel hieb,
daß dem Aermsten Hören und Sehen verging. Hannibal
hielt den Kopf seines Todfeindes Scipio mit eisernem
Arme umklammert; und Scipio, der sich wand und
krümmte wie ein Wurm, um seinen Kopf der widrigen Um=
schlingung zu entziehen, strauchelte, die beiden Schlachten=
feldherren kollerten der eine über den andern zur Erde
und prügelten sich unter der Wandtafel in plan= und
regellosem Handgemenge so lange, bis ihnen die Arme
erlahmten. Cajus Gracchus hieb mit einem Kantel auf
Hamilcar ein, und letzterer fiel in seinem Bestreben, sich
rückwärts zu concentriren, gegen den Ofen und riß dabei
dreißig Fuß Ofenrohr herunter. Hierauf sammelten sich
die Römerschaaren zu einem Gesammt=Angriff und hatten
in weniger als fünf Minuten — wenngleich dies mit
dem geschichtlichen Sachverhalte im grellsten Widerspruche
stand — die gesammte Armee der Carthaginienser in
die Flucht und mitsammt dem würdigen Placidus Klopfer
aus dem Schulzimmer hinausgejagt. Sobald der Kampf=
platz vom Feinde gesäubert war, schlossen sie die Thüre
ab und machten sich an die Vertheilung ihrer sauer
erkämpften Beute — der Aepfel und Frühstücksbrote
ihrer geschlagenen Gegner.

Nach Vertilgung der sämmtlichen vorgefundenen Vor=
räthe stellten sie sich an die Fenster und hänselten und
zischelten die Carthaginienser aus, die zähneknirschend
draußen im Hofe herumstanden und trotzig den alten
braven Klopfer herausforderten, die Feindesschaaren noch
einmal in die Kampf=Arena zu führen. Als Placidus
Klopfer sich nicht mehr zu rathen und zu helfen wußte,

eilte er zur Stadtpolizei und kehrte mit einem Wächter
der öffentlichen Sicherheit zurück. Auf sein Pochen wurde
ihm die Thüre des Schulzimmers sogleich willig geöffnet;
und siehe da! die siegreichen Römer saßen, in das Lernen
ihrer Aufgaben vertieft, still und friedlich auf ihren
Schulbänken. Nachdem Klopfer mit den besiegten Truppen
seinen Einzug gehalten hatte, schritt er auf Scipio Africanus los, zog ihn am Ohrläppchen aus der Bank hervor
und gerbte dieses große militärische Genie mit seinem
Bakel so lange, bis Scipio jämmerlich zu heulen anfing;
dann ließ ihn der erzürnte Klopfer los und holte sich
den Cajus Gracchus, dessen wohlgepflegte Posteriora noch
lange sich jener unerwünschten Liebkosung erinnerten;
standhafter aber als Scipio, verzog er keine Miene und
ließ des Meisters Bakel so lange auf sich niedersausen,
bis dieser selbst ermattete. Und dann kam Alles wieder
in das alte Geleise; Placidus Klopfer verkündete seiner
Schülerschaar am nächstfolgenden Morgen, daß in Zukunft
der geschichtliche Unterricht wieder so gehandhabt werden
würde, wie es seither immer der Fall gewesen sei; und
der Redaction der „Blätter für Pädagogik und Unterrichtswesen" schrieb er ein Briefchen, in welchem er seiner
Meinung dahin Ausdruck gab, daß derjenige, welcher
dieses neue Unterrichtssystem auf's Tapet gebracht habe,
standrechtlich erschossen zu werden verdiente.

Seit dieser Zeit nimmt Blechlingen's männliche Jugend kein so lebhaftes Interesse mehr am Geschichts-
unterrichte, wie sie es an jenem Tage gethan.

Der junge Tragöde, welcher den Scipio Africanus
dargestellt hatte, war der kleine Schulze, der, wie überhaupt die ganze Familie Schulze, erst ein paar Wochen
vor der Wiedereröffnung der Schulanstalten nach Blech-

5

lingen gekommen war. Schulze-Scipio ist ein sehr unterneh-
mendes und aufgewecktes Bürschchen. Ich weiß das aus
bester Quelle, von Doctor Klauber's ältestem Sprößling
nämlich, der eines Tags über den nachbarlichen Gartenzaun hinüber mir ein so interessantes Bild von diesem
vierzehn Jahre alten, hoffnungsvollen Epigonen des viel-
bekannten Schulze entwarf, daß ich dem werthen Leser
ein paar heitere Augenblicke zu rauben fürchte, wenn
ich es ihm hier wiederzugeben unterlassen würde.

„Der kleine Schulze und ich, — plauderte Klauber
junior, — wir sind jetzt recht gute Bekannte geworden.
Er weiß mehr als ich, und hat auch mehr erlebt als
ich. Paul Schulze sagt, sein Vater sei früher Räuber
gewesen" — (Schulze Vater, muß ich hier bemerken, ist
in Blechlingen zur Zeit Vorstand einer Presbyterianer-
Kirche, wie auch ein vortrefflicher Advocat) „und — und
hielte in seinem Keller mehr als zehn Millionen Dollars
in Gold, mitsammt einer Riesenmasse menschlicher Knochen
und Gebeine von Leuten vergraben, denen er früher den
Garaus gemacht haben soll! Und das sagt er auch, daß
sein Vater ein Zauberer sei, der alle Erderschütterungen,
von denen die Welt heimgesucht würde, heraufbeschwöre.
Sobald ein Erdbeben stattgefunden, komme sein Vater
immer über und über in Schweiß gebadet und so erschöpft
nach Hause, daß er kaum auf den Füßen stehen könne;
's müsse ein gar schweres Stück Arbeit für ihn sein.

„Ein ander Mal hat mir Paul Schulze erzählt, daß
er einst einen Hund besessen habe — einen jener kleinen,
damals in der Mode gewesenen Löwenhündchen, — und
als er eines Nachmittags seinen Drachen habe steigen
lassen, da hab' er, des Spaßes halber, dem kleinen Hund
die Drachenschnur an den Zagel gebunden. Und dann
habe sich der Wind in den Drachen gesetzt und der Hund

sei, mit den Hinterbeinen in der Luft, etwa eine Meile
weit rückwärts die Straße hinunter gelaufen, als plötzlich
der Drache in die Höhe gestiegen sei und in Zeit von
einer Minute das Löwenhündchen fünfzehn Meilen hoch
in der Luft geschwebt und einen Ausblick über Cali=
fornien und Aegypten gehabt habe — so hat's mir der
Paul gesagt. Der Hund ist dann, das weiß ich gewiß,
in Brasilien wieder auf die Erde niedergekommen, und
Paul sagt, das sonderbare Vieh sei den ganzen Weg nach
Hause durch den Atlantischen Ocean zurückgeschwommen,
und als es dann an's Land hab' steigen wollen, da sei
es zu seinem Entsetzen gewahr geworden, daß ihm die
Haifische die Beinchen abgefressen hatten.

„Ich hab' oft den Wunsch, mein Vater möcht' mir
auch so'n Hündchen kaufen, damit ich's auch so steigen
lassen und auf dieselbe Reise schicken könnte. Aber ich
hab' nun einmal kein Glück. Dann hat mir der Paul
auch erzählt, daß er dort, wo sie zuletzt gewohnt hätten,
einmal, um seinen Drachen recht hoch steigen zu lassen,
auf's Dach hinaufgeklettert sei und sich, ohne an Arges
zu denken, auf die Schornsteinhaube gesetzt habe. Da
sei's plötzlich seinem Alten, um den Ruß aus dem Schorn=
stein zu brennen, in den Sinn gekommen, ein Fäßchen
Pulver darunter zu stellen und loszubrennen, und der
colossale Luftstoß habe den kleinen Schulze nach dem
Thurm der Baptistenkirche hinüber geworfen, wo er mit
aufgerissenen Hosen auf den Wetterhahn gefallen sei;
drei Tage lang hätte er, bevor man ihn habe herunter=
kriegen können, da oben baumeln müssen und sei von
dem heftigen Winde, der diese Zeit gerade geweht
habe, mit dem Hahne immer herum und herumgedreht
worden; genährt habe er sich diese drei Tage von den
Krähen, die in dem Wahne, er sei auch aus Blech

gemacht und mit Absicht in diese luftige Höhe versetzt
worden, auf seinem Gesäß sich niedergelassen hätten.

„Dieser Paul" — fuhr Klauber junior fort —
„hat wirklich mehr Spaß und Vergnügen, als ihm von
Rechtswegen gebührt. Vor ein paar Tagen erst hat er
mir wieder erzählt, sein ältester Bruder habe eine Leber=
käs=Maschine mit Tritt=Vorrichtung erfunden; und Paul
sagt, vergangnen Herbst hätten es seine Leute zuweg=
gebracht, daß sie die Leberkäs=Maschine dem Schweine,
das geschlachtet werden sollte, auf den Rücken gebunden
und das Trittbrett mit einer Schnur an sein linkes Bein
befestigt hätten. So hätte denn das Schwein die Ma=
schine selbst in Bewegung gesetzt und im Gange erhalten,
bis seine Schinken, welche die Schulze's allein zum Leberkäs
verwenden, ganz fein geschnitten und zerhackt gewesen und
zu breiiger Form gestampft worden seien. Paul Schulze
sagt, sein Bruder gedächte, diese neue Maschine ‚Selbst=
thätige Schwein=Umwandlungs=Leberkäs=Maschine' zu be=
namsen und ein Patent darauf zu nehmen, und da die Vor=
richtung sich ganz vorzüglich bewährte, so verspreche er
sich einen bedeutenden geschäftlichen Erfolg. Ich für
mein Theil glaub' freilich nicht sehr an die ganze Ge=
schichte. Mir will's scheinen, als könnte 's keine der=
artigen Maschinen geben. Immerhin aber, der Paul
Schulze hat's gesagt.

„Und einen Onkel hat er, der wohnt in Australien
und ist einmal von einer Riesenauster verschlungen worden;
und als er d'rin in ihrer Schale gewesen, da ist er so
lange in ihr sitzen geblieben, bis er die ganze Auster
von innen heraus aufgespeist hatte. Dann hat er die
Schale in zwei Theile zerbrochen, hat die eine Hälfte
als Boot benützt und ist davon gesegelt, bis er einer
Seeschlange begegnet, die er mit kräftiger Faust umge=

bracht und abgeledert hat. Als er schließlich, nach manchen Kreuz= und Querfahrten, wieder in seiner Heimath ange= langt ist, hat er die Haut des See=Ungethüms als Wasser= schlauch an die Orts = Feuerwehr verkauft und vierzig= tausend Dollars aus ihr gelöst. Ich wünschte, mein Vater ließe mich auch auf's Wasser gehen, damit ich solch' eine Seeschlange fangen und abledern könne; aber er gibt mir einmal nie eine Gelegenheit, mich hervorzuthun.

„Erst gestern hat mir der Schulze erzählt, daß er vor nicht gar langer Zeit einmal von Indianern ge= fangen worden sei, die ihm elf Hakennägel durch den Magen geschlagen und dann die Haut vom Kopfe ge= trennt hätten, was ihm, — ist das wohl zu glauben? — Alles nichts geschadet haben soll. Er sagt, er sei mit Hilfe der Tochter des Häuptlings davongekommen, die ihn des Nachts aus dem Wigwam hinausgeführt und ihm ein Pferd geliehen habe. Schulze sagt, sie sei ver= liebt in ihn gewesen; und als ich ihn dann aufforderte, mir die Löcher zu zeigen, die von den Hakennägeln in seinem Bauch hätten gebohrt sein müssen, da antwortete er hastig, daß er die Kleider nicht herunterziehen dürfe, weil er sich sonst zu Tode verbluten würde; er hätte seinem Vater noch gar nichts von dem Vorfall erzählt, weil er befürchte, daß der alte Mann sich sehr darüber grämen würde.

„Und erst heute früh hat mir der Paul Schulze gesagt, daß man ihn nicht dazu kriegen werde, in die Sonntagsschule zu gehen. Sein Vater habe einen mes= singnen Götzen, der in der Dachkammer stehe, und Paul Schulze sagt, er habe sich entschlossen, ein Heide zu werden und, sobald es warm würde, nackt umherzulaufen und Tomahawk und Pfeil und Bogen zu tragen. Und um mich von dem Ernst seines Wollens zu überzeugen, hat

er mir noch gesagt, daß sein Vater ganz Blechlingen
mit Dynamit unterminirt habe und, sobald er mit seinen
Vorbereitungen fertig sei, die ganze alte Pastete in die
Luft spediren und zu Mus zermalmen werde. Er hat
mir das ganz im Geheimen gesagt und mir eingeschärft,
auf keinen Fall etwas davon verlauten zu lassen; aber
ich hab' gedacht, daß es nichts schaden könnte, wenn ich
es Ihnen sagte.

„Aber jetzt muß ich fort. Ich meine, ich habe eben
Paul Schulze pfeifen hören, und das ist das Signal,
daß ich kommen soll. Vielleicht hat er mir noch etwas
mehr zu sagen.‟

Dieser jüngste Sprößling des Schulze'schen Ehepaars
scheint dazu ausersehen, die Phantasie der Söhne und
Töchter gebildeter Stände zu Blechlingen noch rascher
und nachdrücklicher zu befruchten, als es die Lectüre
der hervorragendsten „Zeitromane‟ zu thun im Stande
wäre.

*   *   *

Der Pädagog des Städtchens, Herr Placidus Klopfer,
ist ein höchst achtungswerther Mann, welcher der Schick=
salsschläge gar viele schon erlitten hat. Genau wußte
man niemals, welcher Art Klopfer's Kümmernisse ge=
wesen, was eigentlich die Ursache der vielen, sein Antlitz
durchziehenden Furchen und seiner ewig trübseligen Miene
sein mochte, — bis endlich Herr Lilienstengel eines Abends
in Hermann Mücke's Spezerei=Laden an der Kirchgassen=
Ecke die Geschichte von Placidus Klopfer's Leiden zum
Besten gab. Ob Lilienstengel's Geschichte vollständig auf
Wahrheit beruht oder nicht, konnte trotz energischer Nach=

forschungen, die wir im Interesse der Wahrhaftigkeit
gegenwärtiger Aufzeichnungen angestellt haben, mit Ge=
wißheit nicht festgestellt werden. Eine entfernte Mög=
lichkeit, daß Herr Lilienstengel seiner in Gegenwart seiner
zarten Ehehälfte gemeinhin etwas eingeschränkten Phan=
tasie bei solchen Anlässen etwas die Zügel schießen ließ,
ist, wie wir schon gestehen müssen, vorhanden.

„Niemand hat jemals genau gewußt," hub Herr
Nehemias Lilienstengel an, indem er die Beine über=
einander schlug, die Hände über das rechte Knie faltete
und ein paarmal kräftig nach dem Ofen hinüber spuckte,
„wie das Beest eigentlich in ihn gefahren ist; Manche
haben gedacht, er habe 'ne Kaulquappe verschluckt, als
er einst aus einer Quelle getrunken hat, und die sei mit
der Zeit in seinem Magen groß gewachsen; Andere
wollten wissen, er habe 'mal Froschlaich gegessen und
der sei in ihm durch die Magenwärme ausgebrütet
worden: — dem mag nun sein wie ihm wolle, Placidus
Klopfer hatte einen Frosch oder 'ne Kröte in seinem
Magen sitzen, und diese komische Bestie schien sich in jeder
Hinsicht wohlig da d'rin zu fühlen, — ganz leicht erklärlich,
saß sie doch warm und trocken unter Dach und Fach
und wußte sich vor Regen sicher. Natürlich beunruhigte
und belästigte die Geschichte den armen Klopfer nicht
wenig, und er versuchte allerhand Mittel, um den Racker
los zu werden. Die Aerzte gaben ihm Brechpulver über
Brechpulver und leerten ihn einmal um's andere gründlich
aus; einmal packten sie ihn auch an den Fersen und
schüttelten ihn über einem Waschbecken aus; ein andermal
steckten sie 'ne Fliege an eine Fischangel und fischten
dem armen Kerl damit ein paar Stunden lang im
Schlunde herum. Aber 's half Alles nichts; die Bestie
von Frosch war viel zu klug. Nicht ein einziges Mal

hat er angebissen; und wenn sie verfuchten, ihn mit
einem Brechmittel in die Schlundhöhe herauf zu kriegen,
so grub der Racker seine Borstenzähne in Klopfer's
Magenwände und hielt sich damit eisenfest, bis der Sturm
vorüber war.

„Nicht als ob sich Magister Klopfer über die bloße
Thatsache, daß ein Frosch in seinem Magen residirte,
gegrämt hätte: — aber daß die Bestie sich durchaus
nicht ruhig verhalten wollte, das drückte dem Braven
fast das Herz ab. 's ist — wie Klopfer mir selbst gesagt
hat — ein entsetzlich großmäuliges Vieh gewesen. Eines
schweigsamen Frosches halber würde sich Klopfer wenig
Kummer gemacht haben, — der hätte sitzen und sitzen
mögen, so lange es ihm gefiele. Wie möcht's Einem
aber angenehm sein können, wenn man in seinem innern
Innersten so einen Kerl hocken hat, der ab und zu
in der albernsten Weise sein Gequak ertönen läßt?
Nehmen Sie einmal den folgenden Fall an, der — wie
mir von glaubwürdiger Seite versichert worden — des
öftern sich zugetragen hat: Herr Placidus Klopfer ist
bei irgend einem Freunde zum Thee geladen, und gerade
wenn Alles recht still und ruhig um den Tisch herum
sitzt, fällt es Freund Frosch im Bauch plötzlich ein, sich
zu produciren; und in der nächsten Minute erschallt
zwei= bis dreimal, als ob es von unter dem Tische her
käme, ein dumpfes, langgezogenes ‚Qua-a-aa-k! Qua-a-
a-aa-a-a-aak! Qua-a-a-aa-k!' Natürlich steckte dann Alles
die Köpfe zusammen, und Jedermann fragte, ob denn
ein Aquarium hier im Hause sei, oder ob der Herr
Gastgeber einen Froschteich in seinem Keller halte? Und
mein armer Klopfer, so oft ihn sein Frosch in solch'
eine schiefe Lage gebracht hat, ist roth geworden wie
mit Carmin übertüncht, ist von seinem Stuhl aufge=

sprungen und mit seinem Kummer und seinem Frosch in sein einsames Stüblein heimgegangen.

„Oftmals auch, wenn er in der Kirche saß, vielleicht gerade bei dem feierlichsten Theile der Predigt, fühlte er etwas wie zwei, drei schnelle Zuckungen unter seiner Weste, und dann fing das abscheuliche Reptil mit einem Male laut und vernehmlich an, sein ‚Qua-aa-aa-aak! Quaa-aa-aa-aak!' hören zu lassen und so lange, bis der Meßner einhergeschritten kam und zwei, drei Jungens wegen Profanirung der heiligen Stätte an die Luft setzte. Zuletzt kam denn der Meßner dahinter, daß der alte Herr Magister Klopfer an dem Froschgequak die Schuld trage, und bedeutete den Unglücklichen, daß, wenn er sich in der Bauchredekunst zu üben wünsche, er damit besser bis nach Schluß des Gottesdienstes warten würde. Hierauf hat denn der Frosch noch weitere sechs bis siebenmal sein Quaken erschallen lassen, so daß der Herr Pfarrer in seiner Predigt inne gehalten und den armen Herrn Klopfer mit scharfem Blick gemustert hat, worauf dieser bedauernswertheste der Menschen aufgestanden ist, sich eiligst den Gang hinuntergequetscht und in der größten Wuth nach Haus begeben hat.

„Klopfer's Frosch im Bauch hatte für einen gewöhnlichen Frosch eine sehr tiefe Stimme — so ein Mittelding zwischen einer Clarinette und einer Lohmühle. Und Frau Irene Klopfer hat mir selber erzählt, daß oftmals, wenn ihr Placidus sich's im Bette bequem gemacht hatte und gerade im Begriffe stand, in süßen Schlummer zu sinken, dem Frosch dies als ein passender Zeitpunkt erschien, ein kleines Quak-Concert anzustimmen; und nachdem der Racker dann in ihres unglücklichen Mannes Bauche zwei-, dreimal in die Höhe gehüpft ist, hat er sein gräßliches ‚Quaa-aa-aak!' ungenirt ertönen lassen, und nicht bloß

ein einziges Mal, sondern eine ganze Weile lang, so
daß endlich Frau Klopfer aus ihrem Schlummer empor=
gefahren ist, durch ihr Gezeter den zarten Säugling
munter geschrien hat und Alles im ganzen Hause von
oben bis unten rebellisch geworden ist. Und — würden
Sie's glauben? — wenn der Frosch sich vielleicht einmal
in recht vergnüglicher Stimmung befand, oder ihm irgend
eine Melodie im Kopf herumspukte, da hat der Racker sein Ge=
quak Stunden lang fortgesetzt. Was Wunder, daß der arme
Ehren=Klopfer fast seinen Verstand darüber verloren hat?

„Ich weiß nicht, ob dieser Frosch die Ursache von
seiner Liebsten Tod gewesen, oder nicht; mag dem aber
sein wie ihm wolle, nach seiner Frau Ableben und nach
der pflichtschuldigen Trauerzeit kriegte Frosch = Placidus
wieder Heirathsgedanken, zog seinen grünen Leibrock, der
seit seiner ersten Brautfahrt müssig im Schrank gehangen
hatte, an und ging ein paar Wochen hindurch bei Fräulein
Clotilde Würgengel, die — wie Sie ja wissen — am
Canal=Treidelpfade draußen wohnt, auf die Freite. Er
machte ihr dann eine geraume Zeit fleißig und getreulich
den Hof, und wir Alle glaubten steif und fest, es würde
binnen Kurzem eine Verquickung der jetzt getrennten
Firmen Klopfer und Würgengel stattfinden. Aber, prosit
Mahlzeit! statt der Verquickung kam eine Ver—quakung!
Fräulein Würgengel hat's meiner Artemisia selber er=
zählt, daß eines Abends, als Placidus ihre Hand erfaßt
und ihr in süßen Worten und schmelzenden Accenten
seine Liebe gestanden habe, plötzlich wie aus heiterem
Himmel ein dumpfes ‚Quaa-aa-aa-aak! Quaa-aa-aak!‘
dazwischen erschallt sei.

„‚Was um Jesu Christi willen ist denn das?‘ hat da
Fräulein Clotilde erschreckt gefragt, und einen angsterfüllten
Blick auf das vor ihr knieende Gegenüber geheftet.

„‚Ich — ich weiß es nicht, mein — theuerstes
Fräulein!' hat Herr Placidus Klopfer in seiner Frosch-
Bekümmerniß hervorgestoßen; ‚'s klingt gerad' so, als
ob im Keller Jemand herumrumore!' — Freche Lüge
natürlich von diesem Klopfer; denn keiner hat's besser
gewußt wie er, woher diese Töne erschallten.

„‚Gewiß sitzt 'was unter'm Sofa!' hat Fräulein Clotilde in gesteigerter Herzensangst ausgerufen und ist unruhig hin und her gerückt.

„‚Am Ende ist's bloß blinder Lärm gewesen,' hat
hierauf Placidus, weil sein Frosch sich währenddem muckstill
verhalten, mit etwas zuversichtlicherem Tone gesagt, —
als plötzlich der Frosch, wahrscheinlich empört über dieses
modernen Petrus dreimaliges Verleugnen, wild in Klopfer's Bauche herumgesprungen ist und eine ganze Scala
von ‚Quaa-aa-aak! Quaa-aa-aak!' mit kräftiger Stimme
gebrüllt hat.

„‚Herr Placidus Klopfer!' hat da Fräulein Würgengel entrüstet ausgerufen und ist von ihrem Sitz auf
dem Sofa emporgesprungen; ‚ich muß bei Allem was
mir heilig ist glauben, Sie haben einen Frosch in der
Tasche! Sprechen Sie! tragen Sie solch' ein Ungethüm
bei sich?'

„Darauf ist denn Placidus auf den Knieen bis zu
seiner Herzenskönigin gerutscht und hat ihr die Wahrheit
gestanden unter den heiligsten Schwüren, daß er sein
Möglichstes thun werde, diesen Frosch aus seinem Bauche
zu entfernen. Aber während dieser ganzen Rede hat
der verwünschte Racker Uebungen und Scalen und Ora-
torien in des armen Placidus Innerem gesungen, geleiert
und getrillert, und weit lauter und unheimlicher als
sonst, denn Sie müssen wissen, meine Herren, Placidus
hatte am Morgen dieses verhängnißvollen Tages eine

riesige Portion Eiswasser geschlürft, einzig und allein,
um seinen Frosch heiser zu machen; darob ist aber die
Bestie, statt heiser zu werden, in Wuth gerathen
und hatte sich vorgenommen, ihr ganzes Repertoir
abzusingen.

„Fräulein Würgengel aber hat sich, trotz aller schönen
Redensarten des armen Placidus, auf Unterhandlungen
nicht einlassen mögen, — sie hat vielmehr Herrn Pla=
cidus Klopfer ohne Gnade einen Korb gegeben; denn,
hat sie gesagt, wenn sie ihm auch bei Vorwalten natür=
licher Verhältnisse Herz und Hand hätte schenken können,
so vermöge sie doch nimmermehr die Gattin und Ge=
fährtin eines Mannes zu werden, von welchem eine solch'
unberechenbare künstlerische Ansprache zu gewärtigen sei.

„Der arme Placidus war ob dieser traurigen Ka=
tastrophe der elendeste, lebensüberdrüssigste Mensch, den
Sie sich denken können. Er wurde wirklich ernstlich
krank. Und eines Tags als er, nach Luft schnappend,
mit offenem Munde auf seinem Bette lag, da ist's der
Bestie von einem Frosch ganz unvermuthet eingefallen,
in des Magisters Schlund heraufzukrabbeln, wahrscheinlich
um den kranken Mann zu bitten, doch künftighin in der
Wahl der Stoffe, die er seinem Magen zuführe, mehr
Geschmack und freundlichere Rücksicht auf seinen In=
wohner zu zeigen. So ist der Racker also hinaus aus
Klopfer's Halse auf die Bettdecke gesprungen, und nach=
dem er dort eine Weile gesessen und sich die Welt an=
gesehen hat, ist er wieder umgekehrt und hat drei=,
viermal den Versuch gemacht, den Sprung in Klopfer's
Hals zurück zu machen. Dieser aber hat seine Kinn=
laden fest aufeinander gepreßt und hat das Ungethüm
schließlich mit einem Zahnbürsten=Stiel erschlagen.

„Seitdem filtrirt Herr Placidus Klopfer sein Trink=

waſſer immer durch ein Seihetuch, und hat vor Fröſchen und dergleichen mehr Angſt, als Sie meine Herren, vor Gift.

„Das meine Herren, iſt die wahre Geſchichte der Leiden und Kümmerniſſe des Erziehers unſerer Jugend, des Herrn Placidus Klopfer. Wenn Sie nicht glauben wollen, was ich Ihnen geſagt, ſo fragen Sie den guten Mann nur ſelber.“

Hierauf kaufte ſich Herr Nehemias Lilienſtengel fünfzig Gramm Portorico II. mit Oldencott gemiſcht, und dampfte dann den heimathlichen Geſilden und ſeiner theuren Hälfte Artemiſia entgegen.

Sechstes Capitel.
Der Leser macht die Bekanntſchaft des Herrn Typophil Griesgram und lernt die mannigfachen Unannehmlichkeiten im Leben eines Redacteurs würdigen.

Der Redacteur des in Blechlingen erſcheinenden „Hochwächter für Intelligenz und Handel“ iſt Herr Typophil Griesgram, und ein geriebener Journaliſt iſt er — das muß ihm ſelbſt ſein bitterſter Gegner, der Redacteur der „Elektriſchen Abendpoſt“ in dem nächſt= gelegenen Städtchen oberhalb des Fluſſes, laſſen. Wäh= rend der letzten Wahlbewegungs=Periode unternahm es die „Abendpoſt,“ ihren Leſern zu erzählen, wie es denn eigentlich gekommen, daß der Herr Griesgram ſolch’ einen Hang zum Journalismus gewonnen habe. Die Ge= ſchichte lautete, daß kurz, nachdem der kleine Griesgram geboren, der Hausarzt der Familie verordnet habe, den neuen Weltbürger mit Ziegenmilch zu nähren. Dieſe

Ziegenmilch nun wurde von einer Ziege genommen, die einer im Hinterhause der Druckerei des „Wöchentlichen Beobachters" wohnenden Irländerin gehörte und von dieser vorzüglich mit Zeitungsblättern gefüttert ward, welche dieses Organ von anderen Redactionen im Tausch zugesandt erhielt. Die Folge hiervon war, wie aus dem Berichte der „Abendpost" hervorging, daß Typophil Griesgram ausschließlich einer Milch seine Entwickelung verdankte, die aus verdauten Zeitungen gebildet worden. Typophil gedieh dabei vortrefflich, obgleich es häufig vorkam, daß die Irländerin in sorgloser Weise die Blätter der verschiedenartigsten politischen Richtungen vermengte und diese dann im Ziegenbauche heftig zu revoltiren anfingen und eine Milch erzeugten, die dem kleinen Griesgram des öftern gefährliche Blähungen verursachte. Griesgram Vater wünschte, sein Junge sollte Pfarrer werden; kaum aber war Typophil alt genug, um Verständniß für die Außenwelt zu gewinnen, so schrie er heftig nach jedem Zeitungsblatt, das ihm zufällig vor Augen kam; und kaum hatte der Kleine schreiben gelernt, als er auch schon anfing, Leitartikel über die „Nothwendigkeit von Reformen" und dergleichen Themata niederzuschmieren. Viermal ging er aus der Schule durch, um in eine Zeitungsdruckerei zu treten, und endlich, als Griesgram Vater ihn in's Correctionshaus gesteckt hatte, gab er in dieser Anstalt eine Wochenschrift heraus, die er „Correctionshaus=Chronik" taufte. Eines Tages glitt er über die Mauer dieses Instituts und trat in die Druckerei des „Zeitgeist" ein, wandelte seinen Namen in „Meer= rettig" um und begann seine Carrière in jener Zeitung mit einem Artikel über „Unsere Besserungsanstalten für verwahrloste Jünglinge." Die erste Wirkung dieser Erstlingsarbeit war, daß Griesgram Vater sich mit Typo=

phil und seinen Neigungen, die ihm eine Combination
von amerikanischem Entwicklungsdrang*) und Ziegenmilch
zu sein dünkten, versöhnte und ihm seinen selbstgewählten
Beruf weiter zu verfolgen gestattete. Für diesen besitzt
Griesgram — so giebt die „Elektrische Abendpost" an —
einen so mächtigen Instinct, daß wenn er in den Krater des
Vesuv stürzen sollte, sein erster Gedanke, sobald er den
Boden erreicht hätte, sein würde, eine Kabel = Depesche
nach New=York zu senden und die Haupt=Eindrücke seiner
Niederfahrt zu beschreiben. „Aber," fährt die „Abendpost"
fort, „diese Geschichte würde man kaum glauben, wenn
man den „Hochwächter' liest. Wir argwöhnen oft, wenn
wir die Spalten desselben überlesen, daß die Wärterin
die Ziegenmilch mit einer unverzeihlichen Menge Wassers
gemischt habe."

Der „Hochwächter" hat eine Sonntagsbeilage, in welcher
längere Romane von fesselndem Inhalt veröffentlicht werden;
die Redaction ist darum nach guten Producten immer auf der
Suche. Kürzlich wurde eine Erzählung von einem gewissen
Herrn Schmachtlappen, einem jungen Manne, der viel Ehr=
geiz und wenig Erfahrung besitzt, eingereicht. Nachdem be=
sagter Schmachtlappen lange Zeit gewartet und nichts mehr
über seine Erzählung gehört hatte, entschloß er sich, Herrn
Redacteur Griesgram einen Besuch zu machen, um in Er=
fahrung zu bringen, warum denn seine Erzählung keiner
Beachtung gewürdigt worden sei. Als Schmachtlappen
sein Anliegen vorgebracht, langte Griesgram nach dem

---

*) Der hier im Original gebrauchte Ausdruck „Manifest
Destiny" (offenbare Bestimmung), bezeichnet eine Theorie, welcher
in den Vereinigten Staaten vielfach gehuldigt wird, daß nämlich
diese, zufolge geographischer ꝛc. Verhältnisse, „offenbar bestimmt"
seien, alles nördlich vom Isthmus von Panama liegende Land
Nord=Amerika's in der Union zu vereinigen.   H.=A.

Manuscripte, und eine sehr ernste, ehrwürdige Miene annehmend, sagte er:

„Herr Schmachtlappen, wir halten nicht dafür," (Herr Griesgram beliebt nämlich immer im pluralis majestatis von sich zu sprechen) „daß wir diese Erzählung zu acceptiren vermögen. In manchen Beziehungen ist sie geradezu wunderbar; aber wir befürchten, mein werther Herr Schmachtlappen, daß wenn wir sie veröffentlichen, sie beinah zu viel Aufsehen hervorrufen würde. Die Leute würden sich zu sehr darüber aufregen. Wir müssen darauf Rücksicht nehmen. Nehmen Sie zum Beispiel an: hier im ersten Capitel thun Sie des Absterbens der Frau Volta Subito Erwähnung; Frau Subito ist die Mutter des Helden. Sie stirbt; und Sie begraben Frau Subito auf dem Friedhofe. Folgt hier auf Seite 797 eine Rühr-Scene bei der Beerdigung, Errichtung eines Monuments und Anpflanzung von Trauerweiden und Cypressen auf ihrem Grabe. Sie erwecken also im Geiste des Lesers die feste Zuversicht, daß Frau Volta Subito wirklich todt ist. Und dennoch lassen Sie hier im 22. Capitel einen Mann, Namens Abur, sich in sie verlieben; sie heirathet ihn sodann und läuft durch den Rest der Geschichte so munter und vergnügt wie ein Grashüpfer; und die ganze Zeit hindurch sprechen Sie von Abur als von ihrem zweiten Manne. Sie sehen, dergleichen läßt sich nicht gut verantworten. Das verursacht unliebsame Bemerkungen. Die Leser beschweren sich darüber."

„Aber, verehrtester Signor Griesgram, Sie wollen doch nicht sagen, daß das mir passirt ist? Gerechter Himmel, und ich meinte beständig, daß es Herr Subito gewesen sei, den ich im ersten Capitel in's Grab gesenkt? Ich muß die Beiden irgendwie verwechselt haben!"

„Und fernerhin,“ fuhr Griesgram fort, „sagen Sie
bei der Einführung des Helden Marco, daß derselbe
bloß einen Arm habe; des andern soll er in der Schlacht
beraubt worden sein. Im zwölften Capitel aber lassen
Sie ihn durch eine Sägemühle laufen und per Zufall
in die Säge gerathen, wobei er wieder einen Arm ver=
liert. Trotz alledem aber sagen Sie im neunzehnten
Capitel, daß Marco auf Uglunde zugestürzt sei, ‚seine
Arme um sie geschlungen und sie an sein Herz gedrückt
habe‘; und dann fahren Sie fort und erzählen, wie er
sich im milden Mondeslicht an’s Piano gesetzt und eine
Beethoven’sche Sonate ‚mit zartem poetischem Feuer‘ ge=
spielt habe. Aber sehen Sie, das Ding klappt nicht.
Marco kann doch seine Arme nicht um Uglunde schlingen,
wenn der eine davon auf dem Schlachtfelde begraben,
der andere in einer Sägemühle kleingemahlen worden
ist, und aus demselben Grunde kann er sie auch nicht
an sein Herz ziehen, es müßte denn gerade sein, er
hätte mit seinen Zähnen einen Lasso über sie geworfen
und sie durch Verschlucken der Leine zu sich herange=
zogen. Was das Fortepiano anbelangt — nun, so
wissen Sie so gut wie ich, daß ein armloser Mensch
keine Beethoven’sche Sonate spielen kann, es müßte denn
gerade sein, er verstände das Instrument mit seiner
Nase zu spielen, und in diesem Falle beleidigen Sie die
öffentliche Intelligenz, wenn Sie von ‚zartem poetischem
Feuer‘ sprechen. Glauben Sie mir, wir“ — und Herr
Typophil Griesgram lehnte sich majestätisch in seinem
Rohrstuhl zurück — „wir, die wir unsere Finger an dem
Puls der Bevölkerung halten, wir wissen, daß sie sich der=
gleichen nicht gefallen lassen würde.“

„Ach! ach!“ stöhnte Schmachtlappen, „ich weiß nicht,
wie ich dazu gekommen bin, dies . . .“

6

„Erlauben Sie, daß wir Ihre Aufmerksamkeit auf eine andere historisch-ungenaue Sache lenken," unterbrach ihn Rédacteur Griesgram. „In der ersten Liebesscene zwischen Marco und — wie heißt doch das Frauenzimmer? — Uglunde — in dieser ersten Scene also sagen Sie, daß ‚ihr wogendes blaues Auge sanft auf ihm geruht habe, als er die Geschichte seiner Liebe in schwärmerischen Accenten vor ihr ergoß, und das tiefe Blau desselben durch eine sonnige Fluth wonniger Zähren getrübt wurde.‘ Und etwa zwanzig Seiten weiter hinten, mein Herr, wo der Schurke sie beleidigt, da machen Sie die Bemerkung, daß — ‚ihre schwarzen Augen Blitze auf ihn geschleudert, die ihn auf der Stelle, wo er eben stand, zu versengen schienen.‘ Jetzt erlauben Sie uns, Sie auf die Thatsache aufmerksam zu machen, daß wenn des Mädchens Augen blau waren, sie nicht schwarz werden konnten; und wenn Sie in dem Geiste des Lesers den Eindruck hervorrufen wollten, daß sie ein blaues und ein schwarzes Auge gehabt, und daß sie nur mit dem blauen wogenden sanft auf den Mann ihrer Liebe geblickt, sich dagegen vorbehalten habe, von dem schwarzen blitzenden Auge im Fall der Noth zu seiner Versengung Gebrauch zu machen, so können wir von unserm Standpunkte aus dagegen nur zur Erwägung geben, daß eine solche Uglunde mit zweierlei Augen bis jetzt für einen Roman eine allzu phänomenale Erscheinung ist, solange in unserer Geschmacks- und Literatur-Richtung nicht ein entschiedener Schritt weiter gethan wird, und nur in einer Menagerie neben anderen Curiositäten am Platze wäre. Vorerst läßt sich unser Publicum derartige Geschichten nicht gefallen."

„Ach! ach!" seufzte Schmachtlappen. „Es muß mir offenbar aus dem Sinne gekommen sein, was ich über ihre

Augen gesagt hatte, als ich jenen Auftritt mit dem Schurken schrieb . . . "

„Und hier im zwanzigsten Capitel sagen Sie, daß Marco durch eines Spaniers Hände mit einem Bowie= messer niedergestochen worden sei; in dem nächstfolgenden Capitel aber geben Sie eine post mortem-Untersuchung, und lassen die Doctoren nach der Kugel herumsuchen, die dann endlich in der Leber des Unglücklichen gefunden wird. Selbst langmüthige Leser können solchen In= consequenzen gegenüber nicht geduldig bleiben."

„Das ist sehr unglückselig," seufzte Schmachtlappen.

„Und wie Sie die Familie Stark in Ihrer Ge= schichte behandeln, ist ebenso unverantwortlich. Zuerst lassen Sie Frau Stark mit Zwillingen auf dem Wege zur Kirche erscheinen, um diese jungen Weltbürger durch die Taufe in den Schooß der christlichen Kirche zu legen. In der Mitte des Buches dagegen lassen Sie die Frau Stark sich darüber beklagen, daß sie niemals das Glück, Kinder zu haben, gekannt, und schließen sodann die Ge= schichte damit, daß sie Frau Stark mit ihrem Enkelsohne auf dem Arme auftreten lassen, nachdem Herr Stark gerade erst dem Pfarrer mitgetheilt hat, daß sein einziges Kind im vierten Jahre seines Lebens gestorben sei. Nun erwägen Sie, welchen Eindruck dergleichen auf die öffent= liche Meinung hervorrufen würde! Diese Geschichte müßte, meinen wir, sämmtliche Tollhäuser des ganzen Landes voll machen."

„Sie haben Recht, diese Stark's scheinen allerdings nicht ganz scharf präcisirt zu sein," seufzte Schmachtlappen.

„Das Schlimmste aber von Allem ist," setzte der unnachsichtige Griesgram seine Rede fort, „im einund= dreißigsten Capitel lassen Sie die Liebenden den Ent= schluß zum Selbstmorde fassen, lassen Sie in ein Boot

steigen und über die Niagara = Fälle treiben. Zwölf
Capitel weiter hinten führen Sie dieselben plötzlich wieder
ein, wie sie im Dämmerzwielicht in einem schattigen
Haine auf = und niederwandeln, und obgleich Sie nachher
in ein Nonnenkloster geht und den Schleier nimmt, weil
Er im spanischen West = Indien von Piraten umgebracht
worden, so geben Sie in Ihrem vorletzten Capitel eine
Scene, in welcher sie sich zu einem Nachmittags = Kaffee
bei dem presbyterianischen Geistlichen begibt und ihn an =
trifft, wie er gerade im Begriffe steht, die Vorbereitungen
zur Hochzeit zu treffen, als ob nichts vorgefallen wäre;
und dann, nachdem Sie die Thatsache enthüllt, daß
Uglunde ein verkleideter Knabe und gar kein Mädchen
ist, verheirathen Sie dieselben mit einander und stellen
dann die Knaben = Heldin dar, wie sie ihrer jüngsten
Tochter den Segen giebt. Das ist ja gräßlich — gräßlich!
Das geht nicht! geht wirklich nicht! Es ist ganz gewiß
besser, Sie wenden sich irgend einem andern Berufe zu,
mein werther Herr Schmachtlappen!"

Hierauf nahm denn der arme Herr Schmachtlappen
sein Manuscript unter den Arm und ging mit schwerem
Seufzer nach Hause. Manch' liebe lange Nacht hat er
im stillen Kämmerlein beim flackernden Schein einer
Talgkerze gesessen und seine besten Kräfte eingesetzt,
um das ihm theure Erstlingswerk seiner Muse, auf das
er so große Hoffnungen gesetzt, derart zurecht zu stutzen,
daß die Personen und Handlung in bessern Einklang
kämen. Der „Hochwächter für Intelligenz und Handel"
wird sie aber, wie hämische Spötter behaupten, keines =
falls publiciren, wenn auch Herr Schmachtlappen sie ganz
neu schreiben sollte.

*   *
*

Herr Typophil Griesgram ist, gleich den meisten Redacteuren, beständig von allerlei lästigen oder doch langweiligen Personen heimgesucht. Kürzlich aber war er das Opfer eines ganz besonders niederträchtigen Angriffs. Man höre! Während er in seinem Sanctuarium saß und einen Leitartikel über „Unsere drückenden Monopole" niederschrieb, wurde er plötzlich gewahr, daß ein fürchterlicher Duft sich in dem Zimmer verbreitete. Er hielt im Schreiben inne, schnüffelte ein-, zweimal in der Luft und zündete sich endlich eine Cigarre an, um das Zimmer zu desinficiren. Dann hörte er Schritte die Treppe heraufkommen, und je mehr sich dieselben dem Zimmer näherten, desto penetranter wurde jener widrige Geruch. Als derselbe so intensiv geworden war, daß Griesgram Furcht empfand, es könnten am Ende die Möbel darunter leiden, ertönte ein Klopfen an der Thüre. Dann trat eine männliche Gestalt mit einem Packet in das Zimmer des Herrn Typophil, welcher meinte, daß noch nie in seinem Leben ein dermaßen pestilentialischer Gestank seiner Nase zugeführt worden sei. Er hielt sich sein Riechwerkzeug mit beiden Händen zu, und als der neu Eingetretene dies bemerkte, sagte er:

„Hab's mir wohl gedacht; ist so die gewöhnliche Wirkung. Halten Sie sich Ihr Näslein nur fest zu, während ich Ihnen meine Erläuterungen gebe."

„Waß om Alleß in der Welt haben S-sie denn in dem Pockete?" fragte Griesgram, indem er sich krampfhaft beide Nasenflügel zuhielt.

„Das, mein Herr! ist ‚Stankewitzens Desinficirende Carbol-Thürmatte.' Ich, mein Herr, bin Stankewitz, und dies da ist die Matte. Ich, Stankewitz, hab' sie, die Matte, erfunden, und — 's ist was Großartiges!"

„Ist doß Dingg do die Orsache dieses pestilenziolischen Gestankes?“ fragte Herr Griesgram mit fest zugehaltener Nase.

„Ja, mein Herr; riecht ziemlich stark, aber ein gesunder Geruch das. Ist erfrischend, stärkend. Kräftigt das ganze Nervensystem. Will Ihnen sagen, daß —“

„M-mochen S-sie, daß S-sie mit dem verd— Ding do zum Tompel hinauskommen!“

„Muß Ihnen das Ding doch erst erläutern,“ versetzte Stankewitz gelassen. „Bin extra darum hergekommen. Sie müssen wissen, ich, Stankewitz, hab’ lange Zeit nach den Ursachen der Verbreitung epidemischer Krankheiten geforscht. Manche Gelehrte meinen, sie würden durch Molecüle in der Luft weiter getragen; andere schreiben sie den in den Abzugs-Canälen sich bildenden Gasen zu; noch andere halten dafür, daß sie durch directe Berührung übertragen würden; ich, Stankewitz, aber behaupte —“

„Wollon S-sie wohl dies onfernalische Ding do entfernen?“ fragte der belagerte Redacteur.

„Ich, Stankewitz, aber hab’ entdeckt, daß diese Krankheiten vermittelst der Thürmatten ihre Weiterverbreitung finden. Verstehen Sie, mein Herr? Vermittelst der Thürmatten! Werd’ Ihnen sogleich erklären, wie das zugeht. Denken Sie sich, also! hier ist ein Mann, der in einem Hause war, wo die Krankheit herrschte. Die Ansteckungspilze haften sich ihm an die Stiefeln; das Leder ist porös und saugt den Krankheitsstoff auf. Er geht nach einem andern Hause und putzt sich die Füße auf der Thürmatte. Somit bekommt also jeder weitere Mensch, der sich dieser Thürmatte bedient, etwas von dem ihr anhaftenden Krankheitsstoffe an seine Stiefel, und verbreitet denselben nunmehr über alle anderen Thürmatten, an denen er seine Füße abputzt. Verstehen Sie jetzt?“

„Hoiluges Donorwotter! Wor-rum nohmen S-sie dusen
Goruch nücht von meiner Noose f-fort?"

„Nun habe ich gedacht, eine Thürmatte herzustellen,
welche solche Stiefel desinficirt. Ich erreiche dies damit,
daß ich die Matte mit Carbolsäure tränke und sie dann
langsam trocknen lasse. Hab' eine solche Matte, genau nach
meiner Methode hergestellt, hier. Soll ich sie aufmachen?"

„W-won S-sie dos duhn, blos' ij Ihnen dos G'hirn aus!"
brüllte Griesgram, einen Blick auf seine Revolver werfend.

„O, schon gut, schon gut! Nun kann man aber
gegen diese prächtige Erfindung einwenden, daß sie einen
äußerst kräftigen und penetranten Geruch verbreitet."

„Dos konn ij beschworon!" rief der Redacteur und
preßte zum Beweise die Finger seiner Hand noch dichter
an die Nase.

„Und da an diesen Umstand sich manche Leute stoßen
werden, so geb' ich jedem Käufer meiner Carbol=Matte
einen ,Nasen=Schützer,' der in jedem Hause, wo meine
Carbol=Matten liegen, auf der Nase getragen werden
kann. Dieser Nasen=Schützer ist mit einer Substanz ge=
füllt, die den Duft meiner Carbol=Matte vollständig
neutralisirt; nur eine einzige Schattenseite hat er. Und
welcher Natur meinen Sie wohl, daß diese ist?"

„Wo-lllon S-sie endlich aufhören und mich othmen
lassen, oder bl-eiben Sie den gonzen Tog hier?"

„Nur Geduld, mein Herr; ich komme schon zum
Ziel. Frage: welcher Natur ist die Schattenseite meines
Nasen=Schützers? Antwort: die neutralisirende Substanz
im Innern desselben verflüchtigt sich zu rasch. Frage:
Wie helf' ich diesem Uebelstand ab? Antwort: Ich gebe
Jedem, der eine Matte und einen Nasen=Schützer kauft,
zwei Flaschen voll meines ,Neutralisators.' Wie dieser
Neutralisator zusammengesetzt ist, das, mein Herr, ist ein

Geheimniß. Die Flaschen aber sind, weil sie stets zur
Hand sein müssen, von jedem Besitzer meiner Matte und
meines Nasen=Schützers in der Tasche mitzuführen. Das
Nachtheilige dieses Verfahrens liegt nur in dem Umstande,
daß der ‚Neutralisator‘ in hohem Grade explosiv ist; und
wenn sich Jemand zufällig auf eine Flasche, die er also immer
bei sich tragen muß und die er vielleicht in seiner hintern
Rocktasche stecken hat, niedersetzen sollte, so würde er
riskiren, im selben Momente durch das Dach geschleudert
zu werden. Aber Sie sehen, wie herrlich die Erfin=
dung ist!“

„O! Don-nor und Blutz! Wollon S-sie gohr nicht
wudor f-fort?“

„Sie sehen, wie vollkommen sie ist! Gegen Nach=
zahlung von 2 Dollars bekommt Jedermann, der eine
Matte kauft, sein Leben in der ‚Hoffnungslos=Wechsel=
seitigen Unfall=Versicherungs=Gesellschaft‘ versichert, so daß
es eben schließlich nicht viel zu sagen hat, ob er durch
die Dachschindeln fährt oder nicht. Nicht wahr, Sie
stimmen mir bei?“

„B-beistummon! uch? Wollon So gl-leisch mochon,
daß S-sie du Troppon hununter kommen!“

„Sehen Sie, was ich von Ihnen haben möchte, ist,
daß Sie in Ihrer Zeitung eine redactionelle Notiz bringen,
in welcher Sie eine Beschreibung meiner Erfindung und
gleichzeitig dem Publicum einen allgemeinen Einblick in
ihre Vorzüge geben und die Anwendung derselben im
Großen und Ganzen empfehlen. Sie geben mir eine
Reclame von einer halben Spalte, und ich gebe Ihnen
dagegen eine meiner Matten mit einem Paar ‚Neutra=
lisator‘=Flaschen und einem ‚Nasen=Schützer‘ gratis. Ich
will Ihnen die drei Gegenstände gleich jetzt da lassen.“

„Woß f-sogon S-sie?“

„Ich sage, ich will Ihnen eine Matte und die noth=
wendigen Zuthaten hier lassen, damit Sie dieselben mit
Muße in Augenschein nehmen."

„S=sie musserobles S=subject Sie! Wonn S=sie ons
duser vorwunschton Dunger hier lossen, so brung' ich
S=sie auf dor Stolle umm! Ich loss' mir duse Toiselei
nucht longer mohr gefollon!"

„Wollen Sie auch keinen Bericht darüber geben?"

„Gonzz gowuß nucht! Nucht um zohntausend Dollors
die Zoille!" rief Typophil, dessen Nase blau war vor
Anstrengung.

„Nun, dann lassen Sie es bleiben; und ich hoffe
nur, daß eine jener epidemischen Krankheiten Sie er=
eilen und zeitlebens unglücklich machen möge."

Als Herr Stankewitz sich zurückgezogen hatte, riß
Typophil Griesgram alle Fenster auf, und nachdem
er Luft geschnappt, rief er einem seiner Reporter in
dem eine Treppe weiter unten gelegenen Raume zu:

„Giftmichel! folgen Sie jenem Manne und hören
Sie, was er zu sagen hat; und dann lassen Sie eine
Spalte voll der fürchterlichsten Schmähungen über ihn
los, die Sie zu schreiben im Stande sind."

Giftmichel gehorchte der ihm ertheilten Weisung, und
wenige Tage später machte Stankewitz eine Injurien=
und Schaden=Ersatz=Klage gegen den „Hochwächter für
Intelligenz und Handel" anhängig, während seine „Des=
inficirungs=Carbol=Thürmatte" noch heute der Einführung
auf den Handelsmarkt wartet.

Siebentes Capitel.

Selbiges handelt von Landwirthschaft und Gärtnerei und mag dem
Leser allerlei nützliche Winke geben.

———

Kurze Zeit nachdem Herr Peter Piepenbrink aus
der Bundes-Hauptstadt von seiner Patentwurst-Reise nach
Blechlingen zurückgekehrt und sein Gemüth von den fin=
steren Schatten, die jene unheimliche Attentat-Geschichte
auf dasselbe geworfen, befreit hatte, faßte er den Ent=
schluß, seine kostbare Zeit von nun an nicht mehr mit
dem Fabriciren von Würsten zu vergeuden, sondern sich
ausschließlich der Pflege und Ausbeutung seines großen
Gartengrundstücks zu widmen. Er sah sich also zu
diesem Zwecke nach einem verläßlichen Gärtner um, mit
dessen Hülfe er aus den das Haus umgebenden Feldern
und Aeckern die größtmögliche Menge an Frucht, Obst,
Gemüse und Blumen würde ziehen können. Ein Mann
Namens Maßlieb ward ihm als tüchtig und brauchbar
anempfohlen, und Herr Piepenbrink schloß unter Ge=
währung eines guten Wochenlohns und anderer kleiner
Benevolentien mit Maßlieb ab. In Rücksicht darauf,
daß er selbst von Garten= und Feldbau so gut wie gar
nichts verstand, wies er Maßlieb an, das ausgedehnte
Grundstück nach seinem eignen Gutdünken zu bebauen,
wozu sich Maßlieb auch bereit erklärte und am folgenden
Montag einzutreten versprach.

Am Morgen dieses Tages saß Herr Peter Piepen=
brink auf seines Hauses Veranda und ließ stillvergnügt
den Blick über die weiten Flächen seines Besitzthums
schweifen. Nur wenige Leute in ganz Blechlingen ver=
mochten, so wie er, sich einen eignen Gärtner zu halten.

Die Freude, die er in diesem Bewußtsein fand, ließ die eigenartige Empfindung, die in ihm aufstieg, als er seinen Maßlieb gegen acht Uhr des Morgens, die Flinte über die Schulter geworfen, zum Hofthore hinaus schreiten sah, und die ihm den Gedanken eingab, daß sein Herr Garten= und Feldbau=Intendant seine neue Lebensstellung mit einem „Blauen" zu eröffnen gedenke, nicht Boden in seinem Herzen fassen.

Und Piepenbrink schien nicht enttäuscht werden zu sollen, denn kaum eine Stunde war verstrichen, so sah er Maßlieb, einen verendeten Hund am Schweife hinter sich herziehend, die Straße entlang getrollt kommen. Als die Entfernung zwischen ihm und Maßlieb sich verrin= gerte, gewahrte Piepenbrink, daß es sein eigner treuer Hofhund war, den Maßlieb also angeschleppt brachte, und daß dem armen Thiere mehrere Kugeln im Leibe saßen. Herr Piepenbrink vermochte sich das Räthselhafte dieses Vorkommnisses nicht zu erklären und fragte Maß= lieb, ob er etwa zufällig den Hund getroffen, während er nach einem Kaninchen gezielt habe. Maßlieb aber zeigte bloß ein bedeutungsvolles Lächeln und trat schwei= gend durch das Hofthor ein.

Dann vergrub er den Hund unter der Weinlaube, lud nach vollzogener Beerdigung seine Flinte von Neuem, rieb sich die kothigen Stiefel am Grase ab, hing seine Waffe um und marschirte wieder zum Hofthore hinaus.

Herr Piepenbrink rief ihm noch nach, ob er etwa, um Eichhörnchen zu schießen, in den Wald hinuntergehe; Maßlieb aber legte den Daumen vielsagend an die Nase, blinzelte nach Herrn Piepenbrink zurück und schritt stumm seines Weges weiter. Nach einiger Zeit tauchte er wieder am Horizonte auf, und jetzt nahm Herr Piepen= brink wahr, daß Maßlieb einen jungen Vorstehhund und

eine gelbe Dogge, beide todt und beide mit einem seiner
Hosenträger zusammengekoppelt, hinter sich herschleppte.

Herr Piepenbrink vermochte sich die Situation nicht
zu erklären; er wagte indessen die Bemerkung, daß
Maßlieb ein sehr schlechter Schütze sein müsse, wenn er
statt des Wildes immer nützliche Hausthiere treffe. Maßlieb
indessen ließ sich auf keine Auseinandersetzungen ein.
Er schritt ruhig in den Hof herein, und nachdem er
auch diese beiden Hunde unter der Weinlaube verscharrt
hatte, lud er vier Finger voll Rehposten in sein Gewehr,
brachte seinen Hosenträger wieder an die ihm gebührende
Stelle zurück, schulterte seine Waffe und wanderte mit
einem so unbewegten Antlitz, als sei dasselbe aus Stein
gemeißelt, neuerdings zum Hofthore hinaus.

Herr Piepenbrink rief ihm diesmal nach, ob etwa
drüben im „Wilden Mann“ ein Scheibenschießen abge=
halten würde; Maßlieb aber schien ihn nicht zu hören
und schritt ernst und würdevoll die Straße hinab. Um
halb elf Uhr des Vormittags kam Maßlieb wieder zu
Gesicht und marschirte kurze Zeit darauf wiederum mit
drei todten Katzen und einem kleinen Pudel in den
Hof hinein.

Herr Piepenbrink fand die Sache nun in hohem
Grade sonderbar und fragte Maßlieb, ob er etwa in
Folge einer Wette oder aus dergleichen Gründen der
Jagd auf Hausthiere obliege? Maßlieb aber hustete nur
ein paarmal, drückte pfiffig ein Auge zu und fing an,
ein neues Grab unter der Weinlaube zu graben. Sobald
er dies gethan, lud er seine Flinte von Neuem, rieb sich
nachdenklich am Aermel die Nase, nahm an der Wasser=
pumpe einen Trunk zu sich und wanderte von dannen.

Fünfzehn Minuten ungefähr war er fortgewesen, als
Herr Piepenbrink aus nicht zu großer Entfernung zwei

Schüsse in schneller Folge fallen hörte. Eine Minute
später sah er Maßlieb, verfolgt von Herrn Kandelsieder
und einem dreibeinigen Bullenbeißer, mit größter Schnellig=
keit die Straße heraufgejagt kommen. Maßlieb behielt
den Vorsprung; und nachdem er durch das Thor hin=
durchgejagt war, stürzte er in das Haus hinein und ver=
riegelte die Thüre. Hierauf kam Kandelsieder mit seinem
Bullenbeißer an, der sich neben seinem Herrn postirte
und aussah, als wäre er nicht abgeneigt, Jemand zum
Frühstück zu verspeisen, während Kandelsieder seinem
Nachbar Piepenbrink auseinander setzte, daß Maßlieb
seinem Hunde ein Bein weggeschossen habe, und daß er,
Kandelsieder, unter allen Umständen Genugthuung wegen
dieser „Schädigung an seinen lebenden Besitzthümern"
verlange, und wenn er deßwegen vor Gericht gehen müßte.

Nachdem es Herrn Piepenbrink mit Aufwand von
aller erdenklichen Mühe gelungen war, Kandelsieder zu
beruhigen und zum Heimgehen zu bewegen, suchte er
seinen Garten= und Feldbau=Intendanten Maßlieb auf,
den er also in's Verhör nahm:

„Maßlieb! Er hat sich in einer höchst sinnlosen Weise
benommen, seit Er bei mir ist. Ich hab' ihn als Gärtner
und nicht als Jäger angestellt. Er hat ein meinem Nach=
bar Kandelsieder gehöriges werthvolles Thier beinahe
umgebracht; und ich wünsche nun, daß Er mir sagt, was
das heißen soll, und zwar auf der Stelle!"

Maßlieb blinzelte wieder, räusperte sich, zog seinen
Hemdkragen in die Höhe und antwortete:

„Ich wollt' 's sein lassen, sobald als ich den Hund
vom selbigen Kandelsieder d'erwischt hätt'. Er wär' a
prächtig's Vieh g'wesen, um ihn hier draußen bei 'n
Uebrigen zu begraben. Und jetzt will ich's Ihnen sagen,
wie die Sach' sich verhalten thut: das beste Mittel, um

Weinstöcke hoch zu kriegen, sind Ihnen Hunde, Herr Piepenbrink; man muß sie gerade zwischen die Wurzeln vergraben. Es giebt viele Leute, die's mit alten Liebes= briefen, Buchhändler=Anzeigen und inspirirten Leitartikeln versuchen, aber ich — ich beschränk' mich auf Hunde und Katzen. Sobald als ich Ihre Weinstöck' gesehn hab', da hab' ich zu mir g'sagt: die Weinstöck', die brauchen ä paar Hunde, und — ä rascher Entschluß is immer 's beste — so hab' ich denn gleich den ersten Tag damit angefangen, daß ich alle Hunde=Beester, die ich kriegen konnte, wegpuffte. Ich geh' morgen wieder 'naus — aber dann die andere Straßenseite 'nunter, und putze vom Erdboden weg, was mir von dem Ge= thier vor die Flinte kommt.‘‘

Aber Maßlieb's mörderischer Sinn blieb ohne Folge. Herr Piepenbrink gab ihm noch an demselben Abend seinen Abschied; für einen Gärtner, meinte nämlich dieser wohlwollende Herr, sei Maßlieb eine zu enthusiastisch angelegte Natur, und Herr Piepenbrink neigte zu der Ansicht, daß einem solchen Manne in einem anderen Berufe eine glänzendere und schönere Zukunft offen stehe.

In der Folge entschied sich Herr Peter Piepenbrink dahin, seinen Garten in eigner Person zu versehen. Zeitig im Frühjahr erhielt er durch die Güte des Ab= geordneten für den District eine Auswahl von Sämereien, die vermittelst der ,Central=Stelle für Feld =und Garten= bau‘ aus Californien bezogen worden waren. Die Sen= dung enthielt mehr als er bedurfte, und so gab er denn eine Quantität Zuckerrüben= und Zwiebelsamen an Herrn Kandelsieder und etwas Wasserrüben= und Rettigsamen an Notar Klauber ab. Den ihm dann bleibenden Rest, der in Rüben=, Kraut=, Sellerie= und Zuckerrüben=Samen bestand, pflanzte er in seinem eigenen Garten an.

Als die Pflanzen aufgingen, kam es ihm vor, als sähen sie etwas sonderbar aus; aber er wartete ruhig, bis sie größer wurden, wo er dann, da es ihm klar wurde, daß hier nicht Alles ganz in Ordnung sei, einen Gärtner von Profession um seinen Rath befragte.

„Mein lieber Herr Baumpfahl!" wandte sich Piepen= brink an diesen Gartenkünstler, „sehen Sie sich doch einmal jene Rüben an und sagen Sie mir, was zum Henker eigentlich damit los sein mag!"

„Rüben sollen das sein?" rief Herr Baumpfahl ver= wundert aus. „Rüben! Was in der Welt fällt Ihnen denn ein? — Das, was Sie auf diesem Beete da haben, ist weiter nichts als gemeine Kermesbeere, Phyllo- cacca decandra. Sie haben genug Kermesbeere in dem Garten um eine halbe Million Jahre damit aus= zureichen."

„So so so! Aber mein lieber Herr Baumpfahl! Wenn Sie sich nur nicht täuschen!"

„O gewiß nicht, Herr Piepenbrink! Ich werde doch Kermesbeere von Rübe zu unterscheiden wissen."

„Hm! Hm! nun, so seien Sie doch so gut und kommen Sie 'mal an dies Beet herüber!"

„Recht gern, Herr Piepenbrink!"

„Bitte sagen Sie mir, was Sie von dieser Sellerie= Varietät denken! Unsere so ungeheuer freigebige Re= gierung verbreitet diese Sellerie über das ganze Land der Freiheit. Großartig — nicht wahr?"

„Hm, hm!" sagte Baumpfahl kopfschüttelnd. „Und dies Zeug hat man Ihnen als Sellerie aufgehängt? Wahrhaftig, das ist zu toll! Das ist ebenfalls nichts weiter als Kermesbeere, bloß die californische Species — die tödtlichste Art von Kermesbeere, die jemals be= kannt geworden ist."

„Aber irren Sie sich auch ganz gewiß nicht, mein
lieber Herr Baumpfahl?" fragte mit allmählig lang
werdendem Gesichte Herr Peter Piepenbrink. „Jetzt
bitte! sehen Sie sich noch die Zuckerrüben im Beete
daneben an. Die haben Sie noch nicht gesehen. Dieser
Rübensamen ist, wie mir versichert wurde, von Hono=
lulu durch unsern dortigen Consul geschickt worden. Er
hat berichtet, daß diese Varietät riesig groß wird!"

„Wahrlich, mein verehrter Herr Piepenbrink," ent=
gegnete Baumpfahl, „ich möchte Ihren Gefühlen nicht
gern zu nahe treten; aber um offen und ehrlich zu sein,
wie es einem Ehrenmanne einem andern gegenüber
ziemt, muß ich Ihnen sagen, daß das nichts weniger
als Zuckerrüben sind, sondern einfach wieder nur Kermes=
beeren, und zwar die mexicanische Species. Mein Wort
darauf, daß dies die fürchterlichste Varietät dieser Pflanze
ist, die überhaupt wächst. Die bleibt Ihnen für alle
Zeiten in Ihrem Garten. Niemals wieder werden Sie
sie los."

„Das wäre schlimm, mein lieber Herr Baumpfahl.
Aber Sie würden mir einen Gefallen erweisen, wenn
Sie meine Krautpflanzen besichtigen wollten. Die sind
gut — das weiß ich mit Bestimmtheit. Das landwirth=
schaftliche Commissariat hat den Samen von Borneo
bezogen. Es ist, glaub' ich, die geringelte Sorte. Man
kocht es zu Schweinefleisch, und geschnitten macht sich's
zu Krautsalat famos. Bitte, mein lieber Herr Baum=
pfahl! sehen Sie sich die Pflanzung an! Ist das nicht
ein herrliches Wachsthum?"

„Herr Piepenbrink!" antwortete mit bedauernder
Miene Baumpfahl, „ich hab' Ihnen da wirklich recht
unangenehme Dinge zu sagen. Aber ich hoffe, Sie
werden's ertragen wie ein Mann. Solche Schicksals=

schläge treffen uns Alle einmal in diesem Leben, Herr
Piepenbrink. Man sagt, es geschähe dergleichen zu un=
serm Besten. Aber sehen Sie, Herr Piepenbrink, das
ist kein Borneo=Kraut — Kraut!? Alle Wetter! das
ist nichts weiter als ein Gemengsel von californischer und
mexicanischer Kermesbeere mit der bei uns gewöhnlichen
Sorte, der obendrein noch ein wenig Kreuzdorn beige=
mischt ist. Man hat Sie ganz fürchterlich hinter's Licht
geführt, mein werther Herr Piepenbrink! Alle Hagel!
Sie haben da etwa zwei Aecker voll Kermesbeere, und
nicht ein einziges Pflänzlein von Kraut oder Zuckerrüben
darunter!"

„Herr Baumpfahl! ich bitte Sie um Gottes Christi
willen! das ist ja entsetzlich! Und wissen Sie, was noch
das Schlimmste ist? Ich Unglücksmensch hab' dem Kandel=
sieder und dem Klauber eine Partie Samen abgegeben!"

„Das weiß ich. Den ganzen Morgen hab' ich den
Doctor Klauber mit seiner geladenen Schrotflinte herum=
laufen sehen und gehört, wie er Jedermann fragte, wo
Sie wohl zu treffen sein möchten."

„Wo ich zu treffen sein möchte?" wiederholte Piepen=
brink, indem er mechanisch wie zur Abwehr seine Hände
auf die zarteren Theile seiner Rückseite legte, — „was
wollen Sie damit sagen?"

„Na, sehen Sie! der Zwiebelsame, den Sie ihm
gegeben haben, ist in Wirklichkeit nichts weiter als der
Same vom Silber=Ahorn. Und der ist so dicht über
den ganzen Garten gewachsen, daß nicht einmal eine
Katze sich durchzwängen kann. In Klauber's Garten sind
nun etwa vierzig Millionen Schöße und Wurzeln, die
sämmtlich mit einer Handsäge herausgeschnitten werden
müssen, was ungefähr ein Jahr Zeit in Anspruch
nehmen wird!"

7

„Baumpfahl! Sie jagen mir Angst ein!"

„Das ist aber noch nicht das Aergste," fuhr dieser unverrückt fort. „Die Wurzeln sind gerade unter der Erdoberfläche so verfilzt und verwoben, daß man mit einer Spitzhaue nicht die mindeste Wirkung zu erzielen vermag. Klauber's Garten ist ruinirt — total ruinirt. Man könnte jene Wurzeln mit Schießpulver sprengen, ohne daß hierdurch das Mindeste erreicht werden würde. Und die Schöße wachsen schneller, viel schneller als man sie abhacken kann. 's wird Klauber'n kaum 'was Anderes übrig bleiben, als sein Grundstück zu verkaufen, Herr Piepenbrink, ja ja, verkaufen, Herr Piepenbrink, sonst ist da nichts zu machen!"

„Mir hat aber doch der landwirthschaftliche Com= missär gesagt, das sei Zwiebelsamen! Warum geht denn Klauber nicht nach dem Schurken mit seiner Schrot= flinte auf die Jagd?" fragte zaghaft Piepenbrink.

„Da haben Sie freilich Recht. Nun hören Sie aber, was Sie beim Kandelsieder mit Ihrer Sämerei=Liefe= rung angerichtet haben. Kandelsieder hat seinen Garten jetzt ganz voll von Kermesbeer=Sträuchern, untermischt mit Silber=Ahorn, und ist darob so wüthend wie — wie — Na, Sie sollten ihn nur im Städtel umherschnauben hören. Ich glaube, der schlägt den Ersten Besten nieder, der ihm ein Wort der Quere redet!"

Der angsterfüllte Herr Piepenbrink that alles Mög= liche, um auf gütlichem Wege mit seinen Nachbarn Klauber und Kandelsieder auseinander zu kommen. Nach langem Bemühen gelang ihm dies auch, aber er beschloß, bei der nächsten Wahl dem bisherigen Abgeordneten seine Stimme entschieden nicht wieder zu geben.

Von seinen Gartenbau=Neigungen aber war er noch nicht curirt. Und zu seinem Lobe muß hier bemerkt

werden, daß er der erste Mann von ganz Blechlingen
war, der jenes so kunstvolle und nützliche Werkzeug, den
„Rasenmäher," einführte. Da sein „Mäher" lange Zeit
der einzige in Blechlingen blieb, so war er ein vielbe=
gehrter Gegenstand. Jedermann wollte sich ihn auf ein
paar Tage leihen, und Herr Peter Piepenbrink lieh den=
selben mit solcher Freigebigkeit und Uneigennützigkeit aus,
daß die Maschine sich fast immer überall anderswo, nur
nicht auf Piepenbrink's Wiesen befand; trotzdem aber
mußten gar viele Leute noch auf dieselbe warten. Zu=
letzt riß man sich förmlich darum, wer ihn zuerst haben
sollte, und die Leute belegten denselben bei seinem Be=
sitzer mit Beschlag, sobald sich ihnen eine Gelegenheit
hierzu bot.

Eines Tages starb die Frau eines Landwirths
Namens Waizenfelder, und Herr Piepenbrink schloß sich
dem Zuge der Leidtragenden an. Waizenfelder war vor
Kummer und Schmerz beinahe irrsinnig. Als die sterb=
lichen Reste seiner Lebensgefährtin der letzten irdischen
Ruhestätte übergeben wurden, weinte und schluchzte er,
als ob ihm das Herz brechen müßte, und seine Freunde
fingen an, sich ernstliche Besorgnisse um ihn zu machen.
Endlich nahm er sein Taschentuch von den Augen, um
sich die Nase einen Augenblick damit zu reiben; und
während er dies that, bemerkte er, wie Piepenbrink seine
Blicke auf ihn gerichtet hielt. Da schien ein Gedanke
Waizenfelder's Geist zu durchzucken. Er wischte ein
paar Thränen fort, und indem er über einen Haufen
Erde, den der Todtengräber gerade in das offene Grab
hineinschaufeln wollte, hinübertrat, ergriff er Piepen=
brink's Hand. Piepenbrink drückte ihm dieselbe theil=
nahmsvoll und sagte:

„Bedaure Sie, Waizenfelder, bedaure Sie von ganzem

Herzen. Die Dahingeschiedene war ein wackeres Weib
und eine brave Gattin. Aber ermannen Sie sich, Waizen=
felder, ermannen Sie sich! Sie hat's überstanden und
ist nun der Seligen eine!"

„O wahrhaftig! sie war ein Weib, wie man kaum
eins unter tausenden findet," antwortete Waizenfelder;
„und wenn man nun denken soll, daß sie dahingegangen
ist — dahingegangen auf immer! Aber diese Schicksals=
schläge dürfen uns nicht die Pflichten vergessen lassen,
die wir dem Leben und seinen Anforderungen schulden.
Sie hat das Schaffen und Leiden dieser Erde über=
wunden; wir aber stehen noch mitten d'rin und gar
Vieles liegt auf unseren Schultern. Aus diesem Grunde,
mein lieber Nachbar Piepenbrink, möcht' ich gern Ihren
‚Rasenmäher' geliehen haben. Wenn Sie's so einrichten
könnten, daß wir ihn bis zum nächsten Donnerstage
kriegen könnten, thäten Sie mir einen sehr, sehr großen
Gefallen. Bis dahin wird ja doch der bitterste Kummer
überstanden sein."

„Gewiß, gewiß, mein lieber Waizenfelder. Sie sollen
meinen Rasenmäher am nächsten Donnerstag bekommen!"

„Dank' Ihnen, mein lieber Piepenbrink, dank' Ihnen!"
antwortete Waizenfelder. „Freunde zu haben, ist Einem
in der Stunde der Prüfung und der Bekümmerniß ein
unendlicher Trost!"

Hierauf reichte Waizenfelder seiner Schwiegermutter
den Arm, fuhr sich mit dem Taschentuch über die Augen
und schloß sich dem Zuge der Leidtragenden wieder an.

Am folgenden Sonntag hielt Herr Prediger Speidel,
zu dessen Sprengel Piepenbrink gehörte, eine prächtige
Predigt. In dem Augenblicke, wo er bei „zweitens"
angelangt war, hielt er inne, sah sich eine Minute in
der versammelten Gemeinde um und winkte dann den

Kirchen=Aeltesten Fein zu sich auf die Kanzel. Speidel
wispelte sodann etwas in Fein's Ohr, worüber Fein
höchlichst erstaunt zu sein schien. Die Gemeindeglieder
zerbrachen sich den Kopf vor Neugierde, was denn
eigentlich los sei. Hierauf ging Fein, scharlachroth im
Gesicht und scheinbar befangen, den Gang hinunter und
zischelte Herrn Piepenbrink etwas in's Ohr. Piepenbrink
nickte und lispelte es seiner Ehegattin zu, die fast starb
vor Begierde zu erfahren, um was es sich wohl handelte.
Sie beugte sich hinüber zu Frau Leckerle und theilte
dieser die wichtige Angelegenheit mit; und nachdem die
gesammte Familie Leckerle Kenntniß davon erhalten hatte,
wurde es von deren einzelnen Gliedern unter die ihnen
zunächst sitzenden Kirchenbesucher verbreitet; woher es
denn kam, daß, noch ehe Herr Prediger Speidel bei
„drittens" angelangt war, die ganze Kirchgemeinde Kenntniß
von dem Umstande hatte, daß Herr Prediger Speidel den
Rasenmäher des Herrn Piepenbrink auf Montag und
Dienstag geliehen haben wollte.

Ein paar Tage später, als Herr Peter Piepenbrink
in einem Eisenbahnzug über den Resensippi unweit von
Blechlingen fuhr, entgleiste der Zug, wodurch der Wagen,
in welchem er saß, in das Wasser geschleudert wurde.
Es gelang jedoch Herrn Piepenbrink, auf irgend eine
mir nicht bekannt gewordene Weise sich aus dem Bahn=
wagen heraus in den freien Fluß zu arbeiten. Als er
hier an die Oberfläche emporstieg, rannte er an einen
Unbekannten an, der mit großer Gemüthlichkeit der edlen
Beschäftigung des Wassertretens oblag. Der Fremde ent=
schuldigte sich mit ein paar höflichen Worten und meinte,
daß Herr Peter Piepenbrink ihn wahrscheinlich bei seinem
gegenwärtigen, so lebhaft in Unordnung gerathenen Ex=
térieur nicht erkennen werde, er sei, wenn er Kleider anhabe,

der Franz Kiekebusch, mit Respect zu melden, aber da sie ein
günstiges Geschick zufällig in so nahe Berührung brächte,
wolle er bei dieser Gelegenheit sich erlauben, den sehr
verehrten Herrn Piepenbrink um freundliche Ueberlassung
seines Rasenmähers zu ersuchen, sobald der Herr Pfarrer,
mit Respect zu melden, diesen nicht mehr brauche.

Schließlich wurde es indessen Herrn Piepenbrink
doch höchst lästig, seinen Rasenmäher immer bei anderen
Leuten zu haben, und von dieser Zeit an schlug er Allen,
die ihn um Ueberlassung des nützlichen Instrumentes
ersuchten, dieses rundweg ab. Was thaten die biedern
Blechlinger nun? Sie — stahlen ihn (und noch dazu
ohne Vorwissen Piepenbrink's!) aus dessen Scheune. Sechs
achtbare Bürger von Blechlingen entgingen nur dadurch
einer Gefängnißstrafe, daß Piepenbrink sich durch Mitleid
mit ihren Familien bewegen ließ, von einer gerichtlichen
Verfolgung abzustehen.

Hierauf kettete er seinen Rasenmäher an die Pumpe
und die Blechlinger machten sich nun daran, die Pumpe
abzusägen, worauf sie die Mähe=Maschine in Gemein=
schaft mit der Pumpe, die als Walze functionirte, be=
nützten. Nun konnte sich Piepenbrink nicht anders helfen,
als daß er den Rasenmäher auf den Giebel seines Hauses
hinaufstellte. In der nämlichen Nacht noch wurden
vierzehn Leitern gegen das Haus gelehnt. Man erzählte
sogar, daß der Advocat Rupfer mittelst eines, mit heißer
Luft angefüllten Ballons einen Versuch zur Ersteigung
des Hauses gemacht habe, der ihm nur darum nicht
gelungen sei, weil er herausfiel und sich das Bein schwer
verletzte. Diese Behauptung aber konnte niemals auf
eine glaubwürdige Quelle zurückgeführt werden.

In der folgenden Woche langte ein Mann in Blech=
lingen an, der eine Agentur für den Verkauf solcher

Rasenmähe = Maschinen im Städtchen eröffnete; worauf denn die Aufregung langsam abnahm. Piepenbrink jedoch hat seither, sobald er nicht mehr allein Besitzer eines Rasenmähers war, sein Gras immer mit der Sichel gemäht.

Achtes Capitel.
Eine veritable Wanderkirche.

Die Methodisten = Gemeinde von Blechlingen ist noch jetzt — wie sie es immer gewesen — in guten und edlen Werken für das Christenthum und die Verbesserung der öffentlichen Moral thätig; aber sie ist den Ver= suchungen nicht entgangen, welche bisweilen die Ecclesia militans heimsuchen dürfen. Vor Jahren, als die Ge= meinde sich zusammenthat, errichtete dieselbe eine kleine, aber sehr niedliche Wanderkirche. Im Laufe der Zeit jedoch wurden die Gemeinde = Mitglieder mit der Lage des Gotteshauses unzufrieden, und da sie gerade ein gutes Angebot für das betreffende Grundstück erhielten, so verkauften sie es und kauften dafür ein anderes gün= stiger gelegenes an. Darauf legten sie Rollen unter das Gebäude, und sobald es von dem alten Grund und Boden abgehoben und fortgeschoben war, fing der neue Besitzer des Grundstücks an, ein Wohnhaus darauf zu bauen. Es war eine sehr langsam von Statten gehende Arbeit, das Kirchengebäude die Straße entlang fortzu= schieben; und ehe sie noch besonders weit damit gekommen waren, entdeckte Jemand, daß das Eigenthumsrecht auf das neue Grundstück mit Erfolg von den Gläubigern des

Verkäufers bestritten werden konnte. Also — wurde der Vertrag annullirt. Am nächsten Tage stürzten die Brüder der Gemeinde in ganz Blechlingen umher, um Grund und Boden für einen neuen Kirchplatz zu er= werben, aber kein Bürger hatte einen solchen zu ver= kaufen. Am folgenden Morgen nun erwirkte der Straßen= Inspector einen Erlaß vom Gericht, dahin lautend, daß die Wanderkirche binnen vierundzwanzig Stunden aus der öffentlichen Straße entfernt sein müsse.

Die Methodisten=Brüder wurden hierüber beinahe rasend. Sie baten den alten Hoppe, das Gebäude vor der Hand auf sein unbebautes Grundstück fahren zu dürfen, bis sie sich nach einem andern umgesehen hätten. Hoppe aber gehörte einer andern Secte an und sagte, er sei der Meinung, daß es seinem bessern Gefühle zu= widerlaufe, einer Kirche, die an Irrlehren glaube, in irgend welcher Hinsicht eine hülfreiche Hand zu reichen. Hierauf rollten die Methodisten=Brüder ihre Kirche auf die Fahrstraße außerhalb der Stadt hinaus; kaum aber war ein Tag vergangen, so wurden sie von der Chaussée= und Feldweg=Inspection dahin benachrichtigt, daß dafür, daß die Kirche auf der öffentlichen Fahrstraße stehe, für jeden Tag ein Chausséegeld von acht Dollar zu ent= richten sei. So schleiften sie das Kirchgebäude denn wieder zurück, und während sie mit ihm den Berg hin= abfuhren, rissen die Seile, mit denen es fest gehalten wurde, das Gebäude rollte allein weiter, riß den Garten= zaun des Schulrector's Doctor Buddäus nieder und kam endlich durch den Zaun auf dieses Herrn Spargel= beet zum Stillstehen. Doctor Buddäus ist ein Anhänger der bischöflichen Kirche und klagte gegen die Metho= disten=Gemeinde ohne Weiteres auf Schadenersatz, worauf die Ortspolizei das Kirchenhaus mit Beschlag belegte.

Die Methodisten-Brüder bezahlten die nicht geringe Summe an Doctor Buddäus und arbeiteten mit unsäg= licher Anstrengung ihr Gotteshaus aus dem Spargel= beet heraus.

Nun wollten sie dasselbe in dem Hofe des Gerichts= gebäudes aufstellen; aber Gerichtsrath Watschler, der ein Presbyterianer ist, erklärte, daß nachdem er die einschlägigen Paragraphen genau gelesen, er keinen Passus habe finden können, nach welchem den Methodisten das Unterbringen ihres Gotteshauses an einem solchen immerhin wesentlich der Oeffentlichkeit angehörenden Platze gestattet werden könne. In ihrer Verzweiflung nun karrten die Brüder ihr Kirchgebäude zum nahen Flusse hinunter, rollten dasselbe auf ein großes Holzfloß und entschlossen sich, es so lange an der Werfte festzubinden, bis sie ein Grundstück gekauft hätten. Der Eigenthümer der Werfte aber händigte ihnen schon am dritten Tage eine Rech= nung von fünfundzwanzig Dollar für Werftmiethe ein; darauf zogen sie das Gebäude mitten in den Strom hinein und legten es hier vor Anker. In der näm= lichen, sehr finstern Nacht nun kam ein Schleppdampfer den Fluß heraufgedampft und rannte mitten in das Sonntagsschul-Zimmer hinein; kurz darauf, noch ehe sich der Schleppdampfer hatte losmachen können, stieß eine holländische Brigg auf Haus und Schiff so wuchtig auf, daß die Brigg infolgedessen sank und, als sie nach un= säglichen Anstrengungen wieder auf die Wasser=Ober= fläche gebracht wurde, die Kanzel und drei der vorderen Kirchstühle am Bugspriet hängen hatte. Die Eigenthümer der beiden Schiffe klagten auf Schaden=Ersatz und das Stadtgericht berieth bereits die Frage, ob nicht das Ge= bäude als Hinderniß für die öffentliche Schifffahrt mit Beschlag zu belegen sei. Einige Tage später aber kam

eine Springflut den Strom herab und riß die Wander=
kirche von ihrem Ankerplatze los. Nachdem sie lange
im Strome getrieben hatte, wurde sie endlich an die
Farm unseres alten Bekannten, des Herrn Nehemias
Lilienstengel, gespült, der sich bereit erklärte, sie für einen
Miethbetrag von vier Dollars täglich auf seinem Grund
und Boden stehen zu lassen, bis er zur Saat umpflügen
müsse. Da die Fortschaffungskosten sich sehr hoch be=
laufen haben würden, so verkauften die Kirchenvorstände
das Gotteshaus endlich an Herrn Lilienstengel, der es
als Scheune in Verwendung nahm, und bauten, sobald
sie einen geeigneten Platz gefunden und erworben hatten,
ein hübsches Gotteshaus aus Stein.

Am ersten Sonntage, wo in der neuen Kirche Gottes=
dienst abgehalten wurde, war auch Herr Kandelsieder
anwesend; und seiner Gewohnheit gemäß, stellte er seinen
Cylinder außerhalb seines Kirchenstuhles in den Gang.
Einige Minuten später trat Frau Müller ein, und wäh=
rend sie den Gang hinaufschritt, verfing sich in ihren
Schleppkleidern Herrn Kandelsieder's Hut und rollte in=
folgedessen bis zur Kanzel fort. Herr Kandelsieder lief
dem Hut mit lebhafter Entrüstung nach; und nachdem
Frau Müller ihren Platz eingenommen hatte, kam er,
den Hut mit seinem Aermel glättend, zurück. Kurze
Zeit darauf trat Frau Lautenschlager in die Kirche; und
da Herr Kandelsieder seinen Hut unbedachterweise wiederum
in den Gang gesetzt hatte, so wurde derselbe jetzt von
den Kleidern der Frau Lautenschlager erfaßt und etwa
zwanzig Fuß weit fortgerissen, bis er bei den vordersten
Bänken in ziemlich zerzauster Verfassung liegen blieb.
Herr Kandelsieder sang in diesem Augenblick gerade das
Kirchenlied mit und vermißte seinen Hut nicht sogleich.
Als er aber nach Beendigung des Kirchenliedes über

seinen Stuhl hinausblickte, um sich zu vergewissern, ob sein Hut noch da stehe, machte es ihn rasend, wahrzunehmen, daß derselbe wiederum verschwunden war. Mit vor Zorn geröthetem Gesichte stürmte er den Gang hinauf und stieß dabei Reden aus, die für die fromme Stätte, woselbst er sich befand, durchaus nicht am Platze waren. Nichtsdestoweniger aber setzte er den Hut wieder an seinen alten Platz, mit der Absicht jedoch, seine Augen auf denselben gerichtet zu halten; in dem Moment aber, wo er, hingerissen von einem Kraftspruch des Predigers, sein Gesicht nach der Kanzel hinwandte, kam Frau Varrentrapp angeschritten, und Kandelsieder guckte gerade noch rechtzeitig herum, um sehen zu können, wie sein Hut von Frau Varrentrapp's Röcken erfaßt und fortgeschleift wurde. Er stellte sofort die Verfolgung auf dies werthvolle Bekleidungs-Object an; gerade aber wie er sich dazu anschickte, mußte der Hut gegen Frau Varrentrapp's Knöchel gerollt sein, denn sie fuhr mit einem Mal wild in die Höhe und stieß mitten im Schiff der Kirche einen gellenden Schrei aus. Als ihr Gatte sie verblüfft fragte, was ihr denn zugestoßen sei, zeterte sie, daß ihr ein Hund unter den Kleidern sitzen müsse, und gab bei diesen Worten ihren Röcken eine heftige Schwenkung. Zum Vorschein kam jedoch kein Hund — sondern Kandelsieder's Hut, der aber von dem kurzsichtigen Herrn Zacharias Varrentrapp für einen Hund angesehen wurde. Herr Varrentrapp verabfolgte nun in seiner Entrüstung dem vermeintlichen Hunde einen so kräftigen Tritt, daß der Hut des unglücklichen Kandelsieder nach dem Chore hinaufflog und an der höchsten Orgelpfeife hängen blieb.

Herr Florian Kandelsieder, dessen Wuth keine Grenzen kannte, vergaß nun vollständig, an welchem Orte er sich

befand, hielt dem armen Barrentrapp, der gar nicht
wußte, wie ihm geschah, die geballte Faust unter die
Nase und brüllte: „Ich hätte große Lust, Sie todtzu-
schlagen, Sie — infamer Cujon Sie!" Dann schleuderte
er sein Gesangbuch weit von sich und stürmte zur Kirche
hinaus. Barhäuptig rannte er nach Hause, wohin ihm
nach Tische der Meßner den Unglücks-Hut brachte.

Nach sothanem Vorfall sprach Herr Kandelsieder
überall im Städtchen den festen Entschluß aus, nur noch
die Quäker-Versammlungen, in denen er mit bedecktem
Haupte beten könne und wo die sogenannten Zuhöre-
rinnen nicht so umfangreiche Kleider trügen, besuchen zu
wollen. Ob jedoch Frau Leonore Kandelsieder hiegegen
als eine Vergewaltigung ihrer geheiligtsten Rechte nicht
Einsprache erheben wird, wollen wir bescheidentlich unsererseits nicht zu beurtheilen wagen.

*   *   *

Nicht lange nach der unglücklichen Hut-Geschichte des
ehrenwerthen Herrn Kandelsieder fand Frau Anna Pfeifer,
die Gattin des Blechlinger Seifenfabrikanten Fidel Pfeifer,
Ursache zu noch größerer Unzufriedenheit mit dem Bet-
haus ihrer Gemeinde.

Der Hergang dieses neuerlichen Ereignisses ist der
folgende:

Frau Anna Pfeifer leidet in hohem Grade an Zer-
streutheit. Am letzten Sonntage nun, wo sie dem Gottesdienst anwohnte, las Herr Prediger Barnabas Speidel
gerade die Beschreibung der Sündfluth aus der Heiligen
Schrift vor. Frau Pfeifer war ganz Ohr, und als der
Pfarrer an die Stelle kam, wo es heißt, daß es so
und so viele Tage und Nächte geregnet habe, war sie
so sehr in die Beschreibung versunken, daß sie, ohne

daran zu denken, wo sie sich befand, ihren Regenschirm
aufspannte und ihn, während sie im Stuhle sitzen blieb,
über ihren Kopf emporhielt. Nun scheint es aber, daß
Frau Etschenberger, welche den Stuhl vor Frau Pfeifer
inne hat, zum öftern ihr Schoßhündchen in die Kirche
mitbringt; und als nun Frau Pfeifer so plötzlich ihren
Schirm aufspannte, reizte dies Frau Etschenberger's
Hündchen in solchem Grade, daß das Thier seinem Grimm
durch lautes Bellen Luft machte.

Natürlich stellte sich sofort der Meßner ein, um den
ungebetenen Gast von dieser Stätte zu entfernen; das
Hündchen aber sprang auf einen leeren Stuhl auf der
andern Stuhlreihe und nahm eine aggressive Stellung
ein, während es in Einem fort aus voller Kehle bellte.
Daraufhin gerieth der Meßner in Aufregung, und um
seinem Unwillen Ausdruck zu verschaffen, ergriff er einen
Spazierstock und warf damit nach dem Hunde — worauf
dieser vom Stuhle hinuntersprang und den Meßner in's
Bein biß. Selbstverständlich war unter der versammelten
Gemeinde inzwischen die Aufregung in hohem Grade
gewachsen. Nicht allein, daß die so ergreifende Ge=
schichte von der Sündfluth in unliebsamer Weise unter=
brochen worden war, sondern die sündhaften Schuljungen
auf dem Chor und den Emporen hetzten sogar den Hund
auf den Meßner und schienen an dem Vorfall ein un=
geheures Gaudium zu finden.

Hierauf ergriff der Kirchen=Aelteste Herr Kimmich
die Initiative und stürzte mit seinem Stocke auf das
Hündlein los. Dieses nahm nun Reißaus und rannte
in seiner Verzweiflung auf die Kanzel zu, stürmte mit
rasenden Sätzen die Stufen hinan, so daß Herr Barnabas
Speidel sich schleunigst auf einen Kirchen=Stuhl hinab=
zuretten gezwungen sah und von dort aus mit durch

seine Brillengläser funkelnden Zornesaugen an die ver-
sammelte Gemeinde die Ansprache richtete, daß, wenn
diese schandvolle Scene nicht bald ein Ende nähme, er
die Gemeinde für heute entlassen müßte. Der Kirchen-
Aelteste Herr Kimmich schlich sich währenddem leise die
Kanzeltreppe hinauf, und hier gelang es ihm nach kurzem
Kampfe, den Hund bei einer seiner Hinterpfoten zu packen.
Sodann eilte er mit dem Thier den Gang hinab, unbeirrt
von dem fortwährenden mächtigen Gebell des kleinen
Köters, dem Gekreisch seiner Besitzerin, die gegen solche
Thierquälerei energisch Verwahrung einzulegen sich be-
müßigt fand, und dem Gebrüll und Gejohle der Schul-
jungen auf Chor und Emporen.

Wie die andern Glieder der Gemeinde, so wandte
sich auch Frau Pfeifer nach dem mit dem Hunde der
Frau Etschenberger den Gang hinabeilenden Kirchen-
Aeltesten Kimmich um. Aber indem sie dieses that, neigte
sie unbedachtsamer Weise ihren Regenschirm so sehr auf
die Seite, daß eine seiner Rippen sich in den Hut der
Frau Etschenberger verfing. Und als sie eine Minute
später den Schirm wieder in seine gerade Lage zurück-
bringen wollte, riß sie dabei der vor ihr sitzenden Frau
Etschenberger den Hut vom Kopfe, der dann baumelnd
von ihrem Regenschirm herabhing. Frau Etschenberger,
die schon durch die Mißhandlung, so ihrem Hündlein
widerfahren, in das höchste Stadium des Zornes versetzt
worden war, verlor alle Selbstbeherrschung, als sie sehen
mußte, wie ihr der Hut vom Kopfe gerissen wurde. Es
kochte förmlich in ihrem Innern, und leichenblaß vor
Zorn, wandte sie sich zu Frau Pfeifer und schrie ihr
in's Gesicht:

„Weßhalb haben Sie mir den Hut vom Kopfe gerissen, Sie — Scheusal Sie!" Und nach einer Pause,

in der sie ihren ganzen Athem anzusammeln schien, polterte sie in raschestem Redefluß fort: „Ich dächte, Sie
hätten Scandal genug schon angerichtet dadurch, daß Sie
mit Ihrem Schirm da meinen armen Ajax in Schrecken
jagten. Müssen Sie nun auch noch Hüte herunter-
reißen? Leute von Ihrem Caliber sind freilich nicht im
Stande, sich einen solchen Hut zu kaufen, wenn sie auch
noch so sehr daheim in Allem geizen — Sie ordinäres
Gestell Sie! Lassen Sie meinen Hut los, oder ich schlag'
Ihnen mit meinem Sonnenschirm eins über die Nase,
ganz gleich ob wir hier in der Kirche sind oder nicht!
Verstehen Sie mich!"

Die arme Frau Anna Pfeifer schien jetzt zum ersten
Mal gewahr zu werden, daß ihr Regenschirm sich in so
unliebsamer Weise bemerkbar gemacht hatte. Sie klappte
denselben eiligst zusammen und beschloß der peinlichen
Lage dadurch ein Ende zu machen, daß sie sich, um allen
Verwicklungen auszuweichen, schleunigst nach Hause verfügte. Als sie in den Gang hinaustrat, entlud die nun
zu ihrer Todfeindin gewordene Frau Etschenberger zum
Abschied noch eine volle, empfindliche Salve auf ihr un-
schuldiges Haupt.

„So 'ne Creatur! Schleicht sich auch noch vor der
Collecte fort! Sie thäten auch besser, Frau Pfeifer,
weniger Geld an Brochen und dergleichen Geflitter zu
hängen, dafür aber den armen Heiden mehr zu geben,
— wenn Sie's nicht dereinst im Jenseits recht warm
gemacht haben wollen!"

Daraufhin wedelte sich Frau Etschenberger mit ihrem
Fächer in der aufgeregtesten Weise Luft zu, und während
Frau Pfeifer durch die Vorderthüre verschwand, nahm
der Herr Prediger Barnabas Speidel die unterbrochene
Geschichte von der Sündfluth wieder auf. Frau Pfeifer

aber hat ihren Kirchenstuhl verkauft und ist zu den Pres=
byterianern übergetreten. Man munkelt in Blechlingen
auch, daß Frau Etschenberger sich lostrennen wolle, weil
Kirchen=Aeltester Kimmich darauf besteht, daß sie ihren
Ajax zu Hause lassen muß.

* *
*

Die Dorcas=*) und Missions=Gesellschaften der
Methodisten=Kirche sind ungemein rührig, leider aber vor
einigen Jahren durch unvorhergesehene Zwischenfälle
merklich enttäuscht und — entmuthigt worden. Die
Damen, welche Mitglieder der „Dorcas=Gesellschaft in
Blechlingen“ waren, hatten eine große Menge von Hemden,
Hosen und Strümpfen angefertigt, dieselben verpackt und
nach einer Mission an der Westküste von Afrika gesandt.
Ein Mann, Namens Windbeutel, ging mit den Kisten
nach dem fernen Missionsplatz und verweilte einige Mo=
nate an demselben. Als er endlich wieder heimkehrte,
war die Dorcas=Gesellschaft von Blechlingen selbstver=
ständlich gespannt, zu erfahren, wie wohl ihre Gaben
aufgenommen worden seien; und eines Abends mußte
denn Windbeutel in einer speciell dazu einberufenen Ver=
sammlung auftreten und die Erlebnisse seiner Fahrt, wie
seines Aufenthaltes in Afrika und einen Bericht über
seine Reise zum Besten geben. Er sprach folgendermaßen:

„Wissen Sie, meine verehrten Damen, wir hatten die
Kleider da draußen ganz glücklich gelandet und vertheilten

---

*) Die Dorcas-Societies bilden eine Eigenthümlichkeit der
amerikanischen Methodisten=Kirche. Sie haben ihren Namen
von der in der Apostelgeschichte (IX. 36—43) vorkommenden mild=
thätigen Frau Tabitha (in der englischen Bibel D o r c a s) herge=
nommen und verfolgen den Zweck, Missionsgemeinden, wie
auch bedürftige Gemeindemitglieder ihrer Kirche mildthätig zu
unterstützen. H.=A.

kurze Zeit darauf einen Theil derselben unter die Ein=
geborenen in der Umgegend. Wir dachten, daß das die
Wilden vielleicht zur Mission heranziehen würde, —
aber dem war nicht so; und nachdem nun einige Zeit
verstrichen war und nicht ein einziger Eingeborener in
den ihm geschenkten Kleidern in der Kirche erschien, ging
ich auf eine Forschungsreise aus, um zu ergründen, was
wohl mit denselben angefangen worden war. Es scheint,
daß am Tage nach der Vertheilung der Gegenstände
einer der Häuptlinge versucht hat, sich in ein Hemd zu
kleiden. Er hat aber nicht gewußt, wie man das anstellt,
ist mit den Beinen in die Aermel gefahren und hat den
unteren Theil sich um die Hüften gerafft. Er hat es
aber nicht dazu gebracht, daß das Hemd festgesessen hat,
und es wurde erzählt, er sei in seinem Dorf herumge=
gangen und habe in seiner Muttersprache sich darüber
aufgehalten, was das für ein Narr gewesen sein müsse,
der so ein Kleid habe machen können, das nicht oben
bliebe, und soll dabei verschiedene der gräßlichsten Heiden=
flüche ausgestoßen haben. Zuletzt hat er es hinter sich
herschleifen lassen; in einer finstern Nacht aber hätten
sich seine Beine auf irgend welche Weise darin verfangen,
so daß er gestrauchelt, in einen Abgrund gestürzt und
gestorben ist.

„Ein anderer Häuptling, der sich das Hemd richtig
angezogen, ist damit in der Dunkelheit umhergestrichen,
und alle Welt in seinem Dorfe hat geglaubt, ein Ge=
spenst gehe um, und um es zu verscheuchen, sind vier
kleine Kinder geopfert worden.

„Dann erinnern Sie sich wohl der verschiedenen
Hosenpaare, die Sie uns mitgegeben haben? Nun hören
Sie! ein Paar davon haben sie einem Götzen ange=
zogen, und den größten Theil der übrigen Paare haben

sie mit Blätterlaub ausgestopft und beten sie jetzt an als
eine neue Art Götzen, und zwar soll der ihnen gezollte
Dienst sehr imposant sein. Einige der Wildenweiber
haben verschiedene Paare auseinander getrennt, und nach=
dem sie die Beine zugenäht, haben sie sie als Säcke ge=
braucht, um Brodwurzeln darin zu tragen.

„Ich meine indessen, daß die Strümpfe am meisten
Beifall gefunden haben. Alle streitbaren Männer griffen
zu allererst nach ihnen. Sie füllten sie mit Sand und
brauchten sie als Schlacht=Keulen. Ich hab' gehört, daß
sie mit der Verwendung der Strümpfe so sehr zufrieden
waren, daß sie einen Ausfall auf einen benachbarten
Stamm in Scene setzten, einzig und allein, um die neue
Waffe zu probiren, und sie brüsteten sich damit, daß sie
ungefähr achtzig Weiber und Kinder damit auf den Kopf
geschlagen und erschlagen hätten, ehe sie sich zum Heim=
zuge anschickten. Allerorten in Afrika bin ich darum
angegangen worden, ob ich nicht mit Ihnen, meine
Damen, sprechen und Sie veranlassen könnte, noch einige
Fässer voll Strümpfe nach Afrika zu senden; nur würde
es gut sein, dieselben etwas stärker und dauerhafter an=
zufertigen; sie rissen in der Regel bei jedem Schlage,
der mit ihnen geführt werde, und ihre Frauen seien in
den Handarbeiten so weit noch nicht vorgeschritten, um
die Löcher geschickt auszustopfen. Ich hab' ihnen den
Gefallen gethan und ihnen die Erfüllung dieses kleinen
Wunsches zugesagt.

„Ihr hochachtbarer Verein, meine Damen," schloß
Windbeutel seinen mit großem Beifall aufgenommenen
Vortrag, „wirkt ungeheuer viel Gutes unter jenen Heiden,
und ich bezweifle nicht im Geringsten, daß, wenn Sie
so fortfahren, Sie bald in Folge der gänzlichen Er=
schöpfung, welche einem allgemeinen Krieg folgen muß,

dem ganzen afrikanischen Continent den Frieden geben
und jedem einzelnen Heidenwilden in Folge der Ver=
nichtung der allgemeinen Symbole seinen eigenen Götzen
verschaffen werden. Alles was dazu gehört, sind einzig
und allein Hemden, Hosen und Strümpfe."

<hr />

Neuntes Capitel.

Amadeus Watschler's Kuh, eine kuh-riose und a-muh-sante Geschichte.

———

Mehrere Monate vor Anbeginn desjenigen Sommers,
in welchem die hier erzählte Historie sich zutrug, bezog
Frau Irma Watschler, die Gattin des uns wohlbekannten
Herrn Gerichtsrath Dr. juris Amadeus Watschler, die
für den Familienhaushalt nothwendige Milch von Herrn
Lactantius Weise, welcher der hervorragendste Milch=
verkäufer Blechlingen's ist. Sämmtliche Angehörige des
Watschler'schen Haushaltes aber stimmten in der Ansicht
überein, daß Lactantius Weise eine über alle Maßen
dünne und wässerige Milch=Flüssigkeit liefere. Eines
Tages nun, als der Herr Gerichtsrath im Milchgewölbe
des Herrn Lactantius vorsprach, um seine Vierteljahrs=
Rechnung zu bereinigen, nahm er sich vor, sich dieserhalb
zu beschweren. Lactantius Weise war, als der Herr
Gerichtsrath eintrat, gerade damit beschäftigt, das Ventil
der im Hofe stehenden Wasserpumpe auszubessern, und
als Herr Watschler scherzhaft bemerkte, daß es mit der
Milchwirthschaft schlecht bestanden sein müsse, wenn die
Wasserpumpe außer Stande sei, erhob sich Herr Lac=
tantius Weise, den Hammer in der Hand schwingend,
aus seiner gebückten Stellung und rief:

„Ei Herr Jäses, mei Kut'ster — was Se mer da
for scheene Dinge ßagen" — (Herr Lactantius Weise
ist, wie der wohlwollende Leser aus diesen Anfangs=
worten seiner Rede ersehen haben wird, ein Europa=
müder Sohn des gemüthlichen Sachsenlandes, der nach
manchen Kreuz= und Querfahrten auf dem alten wie
neuen Continent endlich eine dauernde Heimstätte im
freundlich gelegenen Blechlingen als Milchwirthschafts=
Besitzer gefunden hat) — „ei Herr Jäses! weiter fehlte
mer nischt. Na, das können Se mer glauben, daß es
mer gar nich im Geringsten einfällt, in Abrede zu stellen,
daß mer de Milch wässern. Aber wenn de Herrschaften
deßt'rwegen behaupten woll'n, mer thäten 's aus Ge=
winnsucht, da sin' se schief gewickelt, ganz dervon abge=
sehn, daß Se unsre ehrbarliche Zunft beleid'gen. Nee,
mei Kut'ster, das Wasser thun mer in die Milch einzig
und allein der Leute wegen, die se trinken. Se müssen
wissen, mei bester Herr Watschler, ich bin ä Philanthrop
und kann's nich sehen, daß de Menschheit leidet. Denken
Se bloß ä mal, ä Kuh sei an der galligen Sucht ge=
fallen oder sonst mit so 'was Zuwidrem behaftet g'wäst
— was for ä ungesunde Milch thät' das nich geben.
Sprih' ich nun ein, zwei Strahle Wasser 'nein, dann
wird se so gut, wie se sein soll. Da kann einzig und
allein Wasser helfen! Oder nehmen Se ä mal an, de
Kuh frißt ä giftig's Kraut im Walde; sollt' ich da wohl,
bloß um ä bissel Müh' und Arbeit an der Plumpe hier
zu sparen, meine unschuldige Kundschaft umkommen lassen?
Ei Herr Jäses! Herr Jäses! das wär' 'ne scheene Sache.
Nee, nee, mei Kut'ster; lieber misch' ich drei, vier Maßel
Wasser 'nein, damit se ja so gesund und heilsam wird,
wie man se aus Lactantius Weise's Milchgewölbe mit
Recht erwarten kann.

„Aber hären Se weiter, mei kuter Herr Watschler! Jede Milch, und wenn se von der besten Kuh kommt, die's auf Gott's Erdboden giebt, jede Milch is, so wie se von der Kuh kommt, dem Menschenmagen nich zuträglich. 's is zu viel Käsestoff d'rin. Das hat der große Ackerbau=Professor bei uns in Leipzig, Roßmäßler hieß er ja wohl — oder war's ä andrer — schon immer gesagt; Millionen von Männern und Frauen, hat er gesagt, kämen im Jahre um infolge ihrer bedauerlichen Unwissenheit, weil se ihren schwachen Magen mit Käsestoff überladen. Das Zeug saugt de Magensäure auf, hat er gesagt, und setzt sich rings um die Schleimhäute fest, bis de Poren alle verstopft sind, — und was dann ohne Weiteres eintritt, ist, daß der Mensch sich mit einem Male zusammenrollt wie getrocknete Schafgarbe und zu seinen Vätern eingeht. In Asien draußen, hat er gesagt, wo de Milchleute nich so gewissenhaft sind wie unsereiner, da soll's ganze Kirchhöfe voll Menschen geben, die an zu vielem Kässtoff gestorben sind, und wenn die Menschen dort nich besser mit der Milch umgehen lernten, da würde das ganze große Land bald weiter nischt als ä großer Kirchhof sein. Ei Herr Jäses, Herr Jäses! wenn ich mir bedenk', welch große schwere Verantwortlichkeit auf meinen zwei Schultern ruht, is es denn da wohl verwunderlich, mei kuter Herr Watschler, daß ich die alte Pumpe da anschau' und 's nun und nimmer capiren kann, warum de Menschen nich kommen und se mit Silber überziehen und mei Statue oben 'nauf setzen lassen?! Na, ich sag' Ihnen, mei Kut'ster, die alte unansehnliche Pumpe da mit dem gußeisernen Schwengel ist das Einzige, was de Menschen in Blechlingen vor plötzlichem Tode bewahrt. Glauben Se dem Lactantius, was er Ihnen sagt!

„Und nu hären Se weiter, mei kuter Herr Watschler.
Se wissen doch, daß de Doctoren alle Milch for die
kleinen Kinder mit Wasser anthun. Warum thun se
das? Weil se nur allzu gut wissen, daß die armen Kleinen
ganz verschrumpfen und hinsiechen würden, wenn se
Milch zu trinken kriegten, die nicht mit Wasser ange=
macht wär'! Und nu gar das Wasser aus meinem Brunnen
da! Sehen Se doch nur, wie klar und perlend es hervor=
quillt — der reene Nektar! Nee, Se können's dem Lac=
tantius glauben, Herr Watschler, de Natur is de beste
Lehrmeisterin. Warum trinken denn de Kühe soviel
Wasser? was veranlaßt se dazu? Instinct, Herr Watschler
— Instinct! Die innere Stimme sagt's ihnen, daß,
wenn se nich etwas Wasser in ihre Milch pumpten, der
Kässtoff se schwindlig machen und zu Falle bringen würde.
Was liegt denn nu daran: ob ich das Wasser an de
Milch thu' oder ob's de Kuh thut? Kühe sind doch bloß
arme unverständige Viecher, die gar oft ä mal zu wenig
saufen können. Geh' ich aber dahinter, so brauch' ich
meinen gesunden Menschenverstand und thu' eben immer
so viel Wasser an die Milch, als wie sich gehört.

„Und nun hären Se weiter, Herr Watschler. Se
wissen doch, was Kreide is? Kreide ist eine von der
gütigen Natur gelieferte Substanz zur Heilung der Ge=
brechen des menschlichen Körpers. Nu kenn' ich Leute,
die der Ansicht sind, daß es unrecht sei, de Milch mit
Kreide zuzustutzen. Aber das is blinder Aberglaube
und eitles Vorurtheil. Denn: 'ne Kuh frißt doch keine
Kreide, einfach darum weil se se nicht nothwendig hat,
— armes ungebildetes Geschöpf! bleibt all sein Lebtag
bei Sauerampfer und dergleichen Zeug, das seiner Milch
nur säuernde Substanzen zuführt, die dem menschlichen
Organismus schädlich sind und zum mindesten Kolik

im Gefolge haben. Nu sehen Se, Herr Watschler!
Warum haben mer denn eine Wissenschaft? Die Chemie
lehrt doch: Kreide neutralisirt die Säure! Folglich rühre
ich Kreide in meine Milch und rette den Organismus
meiner Kunden, ohne daß es ihnen einen Sechser kostet!
Wirklich, Se können's mer glauben, ich schenke die Kreide
geradezu her. Und nu kommen de Menschen und schimp=
fen uns Milchhändler Räubergesindel und sagen, mer
wären Feinde der Menschheit. Ei Herr Jäses, Herr
Jäses! nee, wie wenig Dank kriegt man doch in dieser
Welt!

„Das muß ich Ihnen aber noch sagen, mei kut'ster
Herr Watschler! mein'twegen mögen die Leute reden,
was se wollen. Sie sind ä gescheidter Herr und haben
mehr Einsicht als de übrige Bewohnerschaft zusammen=
genommen. Mein Gewissen ist rein. Ich bin mer genau
der hohen und heiligen Pflicht bewußt, die ich zu er=
füllen hab', und laß' nicht ab von meinem Thun, ob
ich gleich darum am Pfahl verbrannt werden sollte. Ei
du meine Güte! was liegt mer daran, ob mich die Pumpe
da jährlich ä paar Dollar kostet, wenn mer de Gewiß=
heit bleibt, daß se über de ganze Gemeinde ihre Seg=
nungen ergießt? Ei Herr Jäses! was kümmert sich ein
Ehrenmann darum, daß Kreide zwei Nickel pro Pfund
kostet, wenn's ohne Kreide keine einzige Schleimhaut in
ganz Blechlingen gäbe? Nee, Herr Watschler, sehn Se
sich die Sache nur ä mal im richt'gen Lichte an, und
Se werden zu der Ueberzeugung kommen, daß, ehe noch
ein weiteres Jahrhundert in den Schooß der Ewigkeit
dahin rollt, eine dankbare Welt das Andenken des=
jenigen Milchwirthschafters segnen wird, der die erste
Pumpe anschaffte und zuerst die Milch mit Kreide ver=
besserte. Das muß so kommen, wenn's irgend noch

Gerechtigkeit in der Welt giebt. Se können's glauben, mei kut'ster Herr Watschler, was Ihnen der Lactantius Weise sagt."

Hierauf brachte Lactantius seine Pumpe völlig in Stand, rückte das Rohr zurecht, pumpte mehrere nur zur Hälfte mit Milch gefüllte Gefäße bis an den Rand voll Wasser, und trat sodann in das Haus, um die Quartalsrechnung des Herrn Watschler zu quittiren.

Lactantius Weise's Aeußerungen interessirten zwar den Herrn Gerichtsrath in hohem Grade, aber über= zeugen konnten ihn die Argumente des scharfsinnigen Mannes nicht. Und darum entschloß sich der Herr Dr. juris Amadeus Watschler, für seinen Familienhaushalt eine eigne Kuh anzuschaffen, um auf solche Weise, unbe= kümmert um die Lehren des Herrn Professors So=und=so, für sich und Frau und Kind eine reine, unverfälschte Milch zu bekommen. Er wanderte also eines schönen Nachmittags hinaus in die umliegenden Ortschaften und kaufte in Katschenduhden (einem oberhalb des Flusses anmuthig gelegenen Vorwerk) vom Farmer Anton Holz= bock eine kräftige, schwarz und weiß gefleckte Kuh, die ihm als frischmelkig und vortreffliche Milch liefernd von ihrem Besitzer garantirt wurde. Nachdem das neue In= ventarstück des Watschler'schen Haushaltes angelangt war, fragte der Herr Gerichtsrath seinen Tagelöhner Stephan Haarwachs, ob er verstünde, eine Kuh zu melken; und Haarwachs, der einer jener Menschen war, die Alles zu wissen und zu können wähnen, sagte natürlich Ja. Die Kuh wurde folgedessen dem pfiffigen Stephan zur Pflege und Wartung anvertraut. Am Tage darauf aber trat Stephan schon in das Arbeitszimmer des Herrn Gerichtsrath und bat, indem er sich verlegen in seinen rothen Haaren kraute, um Erlaubniß, ein paar Worte

sagen zu dürfen. Der Herr Gerichtsrath nickte, und
Haarwachs begann:

„Herr Watschler! ich muß Ihnen sagen, der Mann,
der Holzbock, hat Sie mit der Kuh 'reinfallen lassen.
Das ist ja 's niederträchtigste alte Vieh, das je auf vier
Beinen gestanden. Ausgetrocknet, wie 'ne alte Schachtel;
hat nicht 'en einzigen Tropfen Milch in sich. Das ist
so wahr, wie daß unser Herrgott die Welt geschaffen.
Ich hab' mich heut Morgen drei bis vier Stunden mit
der Bestie abgequält und auf alle Art versucht, sie zu
melken, aber nicht ein Tropfen Milch kommt aus den
steinharten Eutern. Da könnt' man gerad' so gut ver=
suchen, 'en Sägebock zu melken. 's is der reine Be=
trug!"

„Das ist ja aber sehr sonderbar," rief der Herr
Gerichtsrath aus.

„Freilich, Herr Watschler, und ein verdammt böses
Vieh is die Kuh. Ich hab' so 'was von einer Kuh
noch gar nicht gesehen. Während ich an ihr herum=
arbeite, schlägt sie aus wie 'ne alte Steinschloß=Muskete.
Das bleibt in einem Gestoße und Gereiße. Ich möcht'
lieber mit 'nem Tiger als mit solch 'ner Kuh zu thun
haben."

Daraufhin entschloß sich denn der Herr Gerichtsrath,
zur Constatirung des Thatbestandes nach Katschenduhden
hinüberzufahren und Farmer Holzbock zur Rede dieser=
halb zu stellen. Herr Holzbock aber, als er Herrn
Watschler's Klagen hörte, schüttelte bedächtig den Kopf
und meinte, daß dahinter etwas Anderes stecken müsse,
erklärte sich bereit, nach Blechlingen zurückzureisen und
an Ort und Stelle nachzusehen, wie die Sache sich ver=
halte. Als sie in den Watschler'schen Kuhstall traten,
war Knecht Haarwachs gerade zu Heuermann in den

Schnapsladen hinübergesprungen, um zum Vesperbrot
‚Einen zu heben‘. Herr Holzbock trat also an die Kuh
heran und melkte diese zu Watschler’s Erstaunen ohne
die geringste Schwierigkeit, und ohne daß das Thier auch
nur ein Glied gerührt hätte. Ja, der Herr Gerichts=
rath wollte sogar eine Art befriedigten Lächelns auf
dem gutmüthigen Antlitz des hübschen Thieres wahr=
nehmen. Entrüstet suchte er nun seinen Stephan auf
und hub also mit ihm zu sprechen an:

„Stephan! was soll das heißen, daß Er mir gesagt
hat, meine Kuh sei ein vertrocknetes Vieh und eine wilde
Bestie? Er hat gesagt, Er verstünde eine Kuh zu melken.
Farmer Holzbock aber melkt das Thier ohne jede Schwierig=
keit, und ohne daß dasselbe sich im Geringsten wider=
spenstig zeigte.‘‘

„Hm, das möcht’ ich doch sehen,‘‘ antwortete Stephan
ungläubig.

Auf die Bitte des Herrn Gerichtsrath setzte sich der
Farmer nochmals hin und melkte in Stephan’s Gegen=
wart die Kuh wie zuvor.

„Aber meiner Sixten!‘‘ rief Stephan Haarwachs aus,
als er Holzbock’s Art zu melken sah, „so melkt man
doch um Alles in der Welt keine Kuh!‘‘

„Gewiß melkt man sie so,‘‘ entgegnete der Farmer.
„Wie denn sonst?‘‘

„Na, na!‘‘ sagte hierauf Stephan und kraute sich
wieder in seinen rothen Haaren. „So also melken Sie
’ne Kuh!? Jetzt seh’ ich wohl, daß ich’s nicht ganz
richtig angefangen hab’. Sehen Sie, Herr Gerichtsrath!
so rechte Erfahrung hab’ ich in dem Ding eigentlich nicht
gehabt. Ich bin in der Stadt aufgewachsen. Sie dürfen
sich darum nicht wundern, daß ich das Melken nicht ganz
wie ein gelernter Bauer betrieben hab’. Ich hab’ ge=

dacht, man muß eine Kuh, wenn man sie melken will, auf den Rücken legen und ihr die Milch mit einer Zange oder Scheere herauspressen. Mit 'was Eisernem wollt's gar nicht gehen. Da habe ich denn eine Wäschklammer genommen. Jetzt seh' ich freilich, daß das nicht das Richtige war. Aber, Herr Gerichtsrath, das is mal nicht anders. Man lernt eben nie in der Welt aus!"

Herr Farmer Holzbock reiste nun wieder nach seinem Heim Katschenduhden, und Stephan Haarwachs, des Herrn Gerichtsrath ⋅ Tagelöhner, nimmt täglich zu an Kraft des Körpers und der Erkenntniß.

Die Kuh aber war trotzdem nicht so, wie sie hätte sein sollen. Unter Anderm versicherte Haarwachs seinem Dienstherrn, daß das Thier einen ganz colossalen Appetit entfalte; die Kuh sei so wenig „diffischil" in ihrem Futter, wie er noch keine gesehen habe, sie fräße beinah immer 'was und habe in Einem fort Hunger.

Nachdem die Kuh etwa acht Tage lang dem gerichts= räthlichen Haushalte angehört hatte, beschloß Frau Irma Watschler mit dem Einbuttern zu beginnen. Den ganzen Tag über stand der pfiffige Stephan Haarwachs am Butterfaß — und gegen Sonnenuntergang etwa war die erste Butter fertig. Sie wurde aus dem Fasse ge= nommen und gewogen: es war nicht ganz ein halbes Pfund. Da wollte es der Frau Gerichtsräthin doch scheinen, als sei es eben kein Ersparniß, die Butter selber herzustellen; im Kaufladen kostete ein halbes Pfund dreißig Cent; der Tagelohn für Stephan betrug einen Dollar — gar nicht gerechnet, was die Erhaltung der Kuh den Tag über kostete. Dazu kam noch, daß, als man die Butter genießen wollte, der Geschmack derselben schlechter war als je die ranzigste Butter aus dem Kauf= laden geschmeckt hatte. Das Ende vom Liede war, daß

man sie dem Stephan gab, damit er seinen Schubkarren
mit ihr schmieren solle, und in der Folge von der
Selbstfabricirung der Butter Abstand nahm.

Vierzehn Tage später ungefähr fühlte sich die Kuh
in ihrem Stalle so unglücklich, daß Herr Watschler sich
entschließen mußte, sie in den Hof hinauszulassen. In
der ersten Nacht ihrer Freiheit riß sie das Weinstacket
mit ihren Hörnern nieder und fraß vier junge Pfirsich=
bäume und einen Zwergbirnbaum bis auf die Wurzel
ab. Am Tage darauf gab man ihr soviel Heu, wie
sie fressen wollte, und man schien annehmen zu dürfen,
daß ihr Hunger nun gestillt sein müsse. Zwei Stunden
später verspeiste sie jedoch sechs Croquet=Kugeln, die im
Grase lagen, ein halbes Tischtuch und ein paar Unter=
hosen, die auf der Wäsch=Leine hingen. Am selben Abend
kam der gerichtsräthlichen Familie die Milch entsetzlich
dünn vor, was Herr Watschler der Unverdaulichkeit der
beiden Wäschestücke zuschreiben zu sollen glaubte.

Während der Nacht mußte das Thier einen Anfall
von Somnambulismus bekommen haben, denn sie war
über den Zaun hinübergeklettert und wurde auf dem
Wäscheplatz in dem Augenblick erwischt, als sie einen
von Frau Irma's Reifröcken verzehren wollte. Am
Abend des folgenden Tages gab sie gar keine Milch
mehr. Herr Watschler meinte, die Motion müsse zu
anstrengend für das Thier gewesen sein, auch enthalte
wohl ein Reifrock zu wenig Nährstoff. Am Morgen des
folgenden Tages fraß sie noch verschiedene kleine unge=
heuerliche Dinge, nagte die Schnauze der Gießkanne ab,
verschlang, als sie den Kopf zum Küchenfenster herein=
streckte, zwei Teller und einen Rahmnapf, streckte sich
dann auf das Erdbeer=Beet aus und schien in Muße
über die erschwerten Bedingungen der Kuhfraßeologie

nachzudenken. Herrn Watschler's ältester Sprößling hatte
das Unglück, sie in diesen Betrachtungen dadurch zu stören,
daß er in den Hof kam, um seinen Ball zu holen, worauf
sie ihre Hörner in des armen Jungen Hosen schob und
ihn über den Zaun schleuderte. Dann trabte sie nach
dem Stalle und verschlang einen Wurf junger Hunde
und drei Fuß Zugkette.

Der Herr Gerichtsrath sah ein, daß ihr früherer
Besitzer ihm nur zu sehr die Wahrheit gesagt habe, daß
das Thier einen vortrefflichen Appetit habe. Sie hatte
wirklich Hunger genug für eine ganze Heerde Rindvieh.

An diesem Tage ging der Herr Gerichtsrath zum
Metzger und bot ihm die Kuh zum Kauf an. Als er
mit diesem zurückkehrte, hatte sie gerade einen Schrauben-
schlüssel und einen Schraubenzieher verschluckt und war
eben im Begriff, ein Zaunstacket abzufressen. Der Metzger
meinte, die Kuh sei von vortrefflicher Race, aber sie sei
zu mager; wenn der Herr Gerichtsrath sie füttern und
mästen wollte, so würde er sie gern kaufen. Herr Watschler
meinte, er wolle sich die Sache überlegen. Am selbigen
Abend gab er ihr Futter genug für vier Kühe, und sie
verzehrte dasselbe, als hätte sie einen ganzen Monat lang
nur halbe Portionen bekommen. Nachdem sie diese Riesenmasse Futter vertilgt hatte, packte sie Stephan's Stroh-
hut, schlang denselben hinunter, stürmte dann in den
Garten hinaus, fraß den Süßkleestock ab und biß ein
großes Stück aus einem Gummischlauch heraus. Stephan
Haarwachs räsonnirte wie ein Rohrspatz und meinte,
wenn das Beest sein Eigenthum wäre, so würde er es
ohne Bedenken niederschlagen.

In der folgenden Nacht hatte die Kuh einen weiteren Anfall von Somnambulismus, und als Herr Watschler
sie am andern Morgen suchte, fand er sie endlich, von

Krämpfen gefoltert, zwischen den abgefressenen Rosen=
stöcken liegen. Sie hatte aber noch Kraft genug, um
den „Hochwächter für Intelligenz und Handel" zu packen,
dessen jüngste Nummer mit dem gegen Stankewitz ge=
richteten Artikel des Herrn Giftmichel der Gerichtsrath
in der Hand hielt. Sobald sie aber diese verschluckt
hatte, zuckte sie noch ein paarmal heftig zusammen, drehte
sich um — und war todt.

　　Die Fortschaffung des Cadavers kostete dem Herrn
Gerichtsrath drei Dollar. Seit jener Zeit aber kauft Frau
Irma Watschler, wie früher, aus dem Kaufladen die
Butter und Milch, die sie in ihrer Häuslichkeit braucht,
und hat allen und jeden Viehzüchterei=Gedanken an den
Nagel gehängt.

　　　　　　　　　～～～～～～～

Zehntes Capitel,
welches mannigfache interessante Streiflichter auf Blechlingen's Rechts= und Verwaltungsleben wirft.

────────

　　Von dem im Dienste der Stadt Blechlingen stehenden
Beamten sind manche auf ihre Art recht interessant, —
ein Umstand, der keinerlei Verwunderung erregen wird,
sobald der Leser darein eingeweiht ist, daß der gesammte
städtische Verwaltungsdienst in Blechlingen auf dem Grund=
satze beruht, jedwedes Amt mit demjenigen Manne zu
besetzen, der die geringste Befähigung dazu besitzt. Die
unausbleibliche Folge dieser hochweisen Maxime ist, daß
alle Geschäfte unserer überaus kleinen Verwaltung in
wahrhaft erstaunlicher Weise verkehrt erledigt werden,
daß es überall, oben und unten, vorn und hinten lahmt

und hinkt, und daß Jeder, der nicht gerade ein sehr
dickes Brett vor'm Kopfe hat, ein Ende vorausssieht,
welches im günstigsten Falle entweder chaotisch oder re=
volutionär sein muß.

Ein nicht unwichtiger Repräsentant der städtischen
öffentlichen Behörden von Blechlingen ist Herr Gallus
Schreihals, der einzige und alleinige Wächter und Hüter
des Städtchens und seiner Bewohner bei nächtlicher Weile.
Mit seinen Nachtwächter=Pflichten geht die Obliegenheit
des Anzündens und Instandhaltens der Straßen=Laternen
in und um Blechlingen Hand in Hand. Das ist nun
eben keine Thätigkeit, welche eine hohe geistige Befähigung
erforderte; während eines großen Theils des Sommer=
halbjahres indessen schien der Verstand des Herrn Schrei=
hals den Anforderungen seines Amtes nicht völlig ge=
wachsen zu sein. Man machte nämlich allgemein die
Bemerkung, daß jeden Abend, wo der Mond sein mildes
Silberlicht über Blechlingen und seine Fluren ergoß,
Herr Gallus die sämmtlichen öffentlichen Beleuchtungs=
Instrumente der Stadt von frühester Abendstunde bis
in den hellen Morgen hinein brennen ließ; während
andererseits an jenen Abenden, wo kein Mondschein war,
nicht eine einzige Laterne ihr Licht verbreitete und raben=
schwarze Finsterniß allüberall im Städtchen herrschte.
Eine Weile lang sahen die Einwohner dem sonderbaren
Unterfangen ihres nächtlichen Hüters geduldig zu; als
die Dinge aber immer und immer beim Alten ver=
blieben, da drangen Beschwerden und Klagen zum Ohre
des hochweisen Herrn Bürgermeisters und wurden lauter
und drohender, so daß sich dieser endlich bemüßigt fand,
seinen nicht weniger weisen Adlatus zu Herrn Gallus
Schreihals zu senden, mit dem Auftrage, den Mann
über seine Verfahrungsweise in Verhör zu nehmen.

„Herr Schreihals!" nahm Ablatus Pfizenmaier das
Wort, „es werden allgemeine Klagen laut darüber, daß
Sie unsere sämmtlichen Laternen bei mondhellen Nächten
anzünden, während bei pechschwarzer Finsterniß nicht
eine einzige brennt. Es wäre doch zu wünschen, daß
Sie den Pflichten Ihres Amtes mit größerem Eifer ge=
recht würden."

„Ja, sehr geehrter Herr Pfizenmaier," versetzte
hierauf mit unterthänigem Bückling der nächtliche Be=
schützer Blechlingen's, „mir ist die Sache selber schon
nicht recht geheuer vorgekommen; aber ich kann's nicht
abstellen. Meine Instruction lautet, daß ich mich nach
dem Kalender zu richten habe — und das thu' ich."

„Und stand im Kalender, daß gestern Abend kein
Mondschein sein würde?"

„Ja, das stand d'rin."

„Hm, aber wir hatten doch Mondschein, und noch
dazu Vollmond!"

„Das weiß ich wohl, Herr Pfizenmaier," antwortete
Schreihals, „und ich muß sagen: die Sache frappirt
mich. Wie zum Teufel kann der Mond scheinen, wenn
im Kalender steht, daß er nicht scheint? — ich kann das
nicht fassen. Am Ende ist gar 'was los mit dem Monde?
Vielleicht ist er aus seiner Laufbahn gerückt?"

„Hm! das scheint mir nicht sehr wahrscheinlich!"

„Nun, irgend etwas muß dadroben geändert worden
sein," beharrte Schreihals, „und ich muß doch eine
bestimmte Richtschnur haben. Ich geh' nach dem, was
im Kalender steht. Will der Mond 'mal Strike gegen
die Kalenderregeln machen, so ist das seine Sache. Wenn
im Kalender ‚finster' steht, so hab' ich nach meiner In=
struction die Laternen alle anzuzünden — ob dann Mil=
lionen von Monden am Himmelszelt wandeln und Blech=

lingen beleuchten, geht mich nichts an. Ich richt' mich nach meiner Dienst-Instruction."

„Woraus schließen Sie, daß der Kalender nicht im Irrthum ist?"

„Weil ich weiß, daß das nicht der Fall sein kann. Er war ja bisher immer richtig."

„Hm! zeigen Sie 'mal Ihren Kalender! Sie haben sich vielleicht im Monat versehen?" fragte Herr Pfizen-maier, indem er bedeutungsvoll den Finger an die Nase legte.

„Da ist mein Kalender!" antwortete Schreihals und langte ein altes, auf Pappe gezogenes Papier aus der Schublade seiner Commode.. „Sehen Sie? da ist der zwanzigste, und da steht Vollmond. Nicht wahr? Und heute haben wir erst den neunten und am Himmel doch schon Vollmond. Wie geht das zu?"

„Hm! hm! Sie scheinen wirklich — Aber, Herr Schreihals! was — was — lassen Sie doch sehen! — Wissen Sie denn wirklich nicht, für welches Jahr dieser Kalender da gültig ist?"

„Na, für 1876 natürlich!"

„Nein, Herr Schreihals! das ist ein Kalender für '66. Der ist ja zehn Jahre alt!"

„Ach, so reden Sie doch nicht! '66! Na, das wäre mir 'was! — Aber, wahrhaftigen Gott! Sie haben Recht, verehrter Herr Pfizenmaier. Mich trifft der Schlag! 1866! Heiliger Strohsack! Jetzt hab' ich den falschen Kalender aus dem Kasten genommen und mich schon drei Monde lang darauf verlassen. Kein Wunder, daß die Laternen in ganz Blechlingen verdreht gebrannt haben! Das geht wirklich über das Bohnenlied!"

Und unwillig riß der Wächter der Nacht den schul-digen Kalender mitten entzwei. Am selben Tage noch

9

hing ein neuer, für 1876 gültiger an seiner Stelle, und
Blechlingen's Bewohner haben seitdem mehr Ursache zur
Zufriedenheit mit ihrem wohlbestallten Laternen=Anzünder
Gallus Schreihals.

Als Nachtwächter aber steht Herr Schreihals in
unübertroffenem Glanze da. Vorzüglich in den ersten
Wochen seines Dienstes war es ihm darum zu thun,
sich bei Herrn Notar Dr. Klauber, welcher, seit wir
seine Bekanntschaft zu machen das Vergnügen hatten,
zum Bürgermeister von Blechlingen erwählt worden und
folgedessen das Haupt der städtischen Behörden war, in
gutes Licht zu setzen. In der ersten Nacht, in welcher
Schreihals seine Function antrat, wurde Dr. Klauber
um etwa halb ein Uhr Nachts durch heftiges Läuten an
seiner Thürglocke aus dem Schlummer geweckt. Er sah,
die Schlafmütze auf dem Kopfe, zum Fenster hinaus und
erkannte beim trüben Licht der Laterne den nächtlichen
Behüter der Stadt. Dieser meldete mit vernehmlicher
Stimme:

„Alles in Ordnung. Nirgends eingebrochen worden.
Habe meine Augen auf Allem. Sie können ruhig schlafen!“

Herr Dr. Klauber war der Meinung, daß er
einen pflichttreuern Wächter nie zuvor gesehen habe, und
legte sich mit einem lebhaften Gefühl von Befriedigung
wieder zu Bette. In der folgenden Nacht, kurz nach
zwölf Uhr, ertönte wieder ein mächtiges Läuten an der
bürgermeisterlichen Glocke; und als Herr Dr. Klauber
das Fenster geöffnet hatte und seine weiße Nachtmütze
aus dem dunklen Rahmen der Fensterbrüstung hernieder=
leuchtete, rief Schreihals hinauf:

„Ich wollte Ihnen nur melden, daß kein Fenster=
laden bei Ihnen aufgelassen worden ist und keine Feuers=

gefahr in der Stadt droht. So lange ich da bin, können Sie ruhig schlafen!"

„Luischen!" meinte der Herr Notar zu seiner er=schreckt emporgefahrenen bessern Hälfte, während er sein nächtliches Lager wieder aufsuchte, „dieser Schreihals ist ein famoser Nachtwächter, nur — scheint mir — ein klein wenig zu sehr Schwärmer!"

Ein paar Nächte später, als die Glocke um halb zwei Uhr des Nachts heftig gezogen wurde, fühlte der Bürgermeister lebhaften Verdruß und nahm sich vor, nicht aus dem Bett aufzustehen. Aber Schreihals war nicht der Mann, sich so abspeisen zu lassen; er läutete noch ein paarmal, polterte an die Hausthür, rannte mit den Füßen gegen dieselbe, und ruhte nicht eher, als bis der Bürgermeister das Fenster aufriß und hinunterrief:

„Was giebt's schon wieder?"

Und unseres Schreihals' tiefe Stimme schallte herauf zu ihm:

„Der Herr Bürgermeister kennen doch die alte Frau Weise hier in der Straße oben? Na, ich hab' den Lactantius eben 'rausgeläutet, und er hat mir gesagt, mit ihrem Rheumatismus ginge 's noch immer nicht besser. Ich hab' gedacht, es wär' am Ende von Interesse für Sie, das zu erfahren. Deßhalb bin ich her'kommen. Im Uebrigen können Sie ruhig schlafen!"

Als der Herr Bürgermeister hierauf mit Heftigkeit das Fenster schloß, war es ihm, als müsse er Jedem, der ihm in die Nähe kam, eine derbe Tracht Prügel verabfolgen. In der folgenden Nacht jedoch donnerte der treue Wächter so mächtig mit seinen eisenbeschlagenen Stiefeln gegen die Hausthür, daß Herr Dr. Klauber mit einem Satze aus dem Bette sprang und zum Fenster hinabbrüllte:

„Um Gottes Christi willen! hör' Er doch auf,
jede Nacht einen so fürchterlichen Lärm zu machen! Was
will Er denn eigentlich?"

„Na, ich wollt' Ihnen bloß melden kommen, daß
des Baldamus Bohnenstengel Hündin zwei Junge ge=
worfen hat und daß ich Ihnen einen davon besorgen
kann, wenn Sie einen haben wollen. Ich meinte, als
Vater der Stadt möchte Sie 's interessiren. Das ist
doch nichts Ungehöriges von mir — was? Ich dachte,
Sie würden dann um so ruhiger schlafen!"

Herr Dr. Klauber stieß eine derbe Verwünschung
gegen Bohnenstengel und seine Hunde aus, schlug das
Fenster zu und suchte die gestörte Ruhe wieder zu ge=
winnen. Dies ward ihm aber sehr schwer, und den
ganzen Rest der Nacht träumte er von nichts Anderem
als von Hunden.

In der nächstfolgenden Nacht, als Schreihals wieder
mit Läuten und Donnern und Poltern den Bürgermeister
aus dem Schlafe zu trommeln versuchte, war dieser ent=
schieden gewillt, keine Antwort zu geben, — so daß zu=
letzt Schreihals, als ihm der Geduldfaden gerissen war,
fünf Schüsse mit seinem Revolver unter Klauber's Fenster
losknallte. Das wurde diesem hochweisen Herrn denn
doch zu arg, und in wilder Wuth stürzte er zum Fen=
ster hin.

„Er verruchter Narr — Er!" schrie er; „wenn
Er nicht aufhört, solchen Spectakel in der Nacht zu
machen, laß' ich Ihn unter Curatel stellen. Er kommt
vom Amt!"

„Na, na! schon gut!" erwiderte der Wächter. „Ich
hatte Ihnen 'was Wichtiges zu melden. Aber wenn
Sie 's nicht hören wollen, dann auch gut. Kann's
auch für mich behalten."

„Nun, und was wäre das? Heraus damit!"

„Das Känguruh in der Menagerie in der Stadt unten kann eins seiner Hinterbeine nicht rühren. Ich dachte, das sei am Ende nicht ohne Gefahr für unser nächstes Scheiben= schießen — was meinen der Herr Bürgermeister?"

Und während dieser in einem Zustande der höchsten Wuth sich zurückzog, schlenderte Wächter Schreihals die Straße hinauf, um diese interessante Neuigkeit auch den übrigen schlafenden Einwohnern zu verkünden. Die Nacht darauf brach eine Diebsbande in das bürgermeisterliche Wohngebäude ein und plünderte dasselbe vom Giebel bis zum Keller aus. Gegen Morgen hörte der Herr Bürgermeister sie herumwirthschaften; und nachdem er sich hastig in die Kleider geworfen und seinen Revolver ergriffen hatte, stürzte er die Treppe hinab. Die Ein= brecher hatten ihn kommen hören und waren entflohen. Hierauf ließ der Herr Bürgermeister seine Schnarre er= tönen und rief so die Nachbarn herbei. Als sie um ihn herum versammelt standen, ließ der erzürnte Klauber einige heftige Bemerkungen über die vollständige Nutz= losigkeit der Nachtwächter fallen, worauf Herr Florian Kandelsieder das Wort ergriff und also sprach:

„Ich hab' den Schreihals, den Galgenstrick, vor kaum einer Stunde hier oben bei Pfeifer's gesehen; er hat den Fidel Pfeifer aus dem Schlafe getrommelt, bloß um ihm zu sagen, daß Käse die beste Lockspeise für Krammetsvögel sei."

Daraufhin erhielt Herr Gallus Schreihals einen Verweis, wurde aber dennoch beim — wie man sich in Blechlingen scherzhaft ausdrückte — „Corps" der städti= schen Verwaltungsorgane belassen.

*   *   *

Der Polizeimeister von Blechlingen besitzt entschieden eine höhere Intelligenz, als sein Collega Nachtwächter, — wenngleich der Name, den er führt, nicht eben hierauf schließen läßt. Vollkommen ist Polizeimeister Pythagoras Schafskopf jedoch ebenfalls nicht. Unter verschiedenen Eigenthümlichkeiten weniger schädlicher Natur entwickelt er ein ganz sonderbares Talent zu Verwechselungen aller Art, von Sachen sowohl als von Personen.

In das dicht bei Blechlingen unterhalb des Flusses gelegene Städtchen Eberfurt wurde von einer der dortigen religiösen Gemeinden ein Geistlicher Namens Joseph Klein berufen. Ein unglücklicher Zufall nun wollte es, daß in dem nämlichen Städtchen, und nur wenige Häuser entfernt von Seiner Ehrwürden, ein Preiskämpfer wohnte, der den gleichen Namen Joseph Klein führte. Vor einigen Wochen nun verbreitete sich das Gerücht, daß der Preiskämpfer Joseph Klein mit einem bekannten Faustkämpfer in der nahen Großstadt sich in's Wettringen einlassen wollte. Herr Polizeimeister Schafskopf erachtete es für seine Pflicht, besagten Joseph Klein vor diesem Verstoß gegen die gesetzlichen Vorschriften zu warnen, und entschloß sich demzufolge, nach Eberfurt zu gehen und dem Herrn Joseph Klein einen Besuch abzustatten. Sein Unstern wollte es, daß der Mann, an den er sich wegen des Preiskämpfers Wohnung wandte, ein wenig schwerhörig war, den „Preiskämpfer" überhörte und nur den Namen „Klein" verstand; — da der Mann nun häufiger mit Seiner Ehrwürden dem Pfarrer, als mit dem Preiskämpfer zu thun hatte, wies er den Herrn Polizeimeister in des Ersteren Wohnung. Als Seine Ehrwürden in das Empfangszimmer trat, um den angemeldeten Besuch zu begrüßen, rief ihm dieser in familiärer Weise entgegen:

„Grüß Gott, Sepperl! wie geht's Euch?"

Seine Ehrwürden war über diese Ansprache sichtlich verwundert, antwortete aber höflich:

„Guten Morgen. Der Herr sei mit Ihnen!"

„Sepperl!" fuhr Herr Polizeimeister Schafskopf in seinem gemüthlichen Tone fort, indem er sich auf einen Sessel warf, sein Bein nachlässig über die Armlehne des vor ihm stehenden Fauteuils warf und nach dem Ofen spuckte, „ich bin nämlich hierher gekommen, um Euch wegen der Prügelei, die Ihr mit dem Schlagetodt, dem Alois Kurz, haben sollt, ein paar Worte zu sagen. Merkt Euch, Sepperl! in meinem Polizei-District darf die Prügelei nicht stattfinden! Ihr wißt mehr als zur Genüge, daß das Gesetz dergleichen verbietet, — und ich, Pythagoras Schafskopf, bin der Wahrer des Gesetzes!"

„Prügelei, — Prügelei, mein Herr! Was um Alles in der Welt wollen Sie denn damit sagen?" fragte Seine Ehrwürden verwundert. „Ich verstehe kein Sterbenswort von dem, was Sie da sprechen."

„Na, macht keine Flausen, Sepp!" beharrte der Polizeimeister, während er ein Stück Kautabak abbiß und mit sehr klugen Blicken dreinschaute. „Dergleichen zieht nicht bei mir. Ich bin ein heller Geist, Sepp — sowahr ich Schafskopf heiße! Ich weiß sehr wohl, daß Ihr tausend Dollar auf den Tanz gesetzt habt, Sepp, und daß der Lüders, die ‚deutsche Rheinlands-Eiche', zum Preisrichter ernannt worden ist. Ich weiß, daß der Tanz auf der Pfaffen-Insel stattfinden soll, aber merkt's Euch, der Schafskopf leidet dergleichen nicht! Ich steck' euch Alle mit einander so sicher ein, wie zweimal zwei vier ist. Das merkt Euch, Sepp!"

„Wirklich, mein Herr," sagte jetzt Herr Pfarrer Joseph Klein, „hier muß eine Verwechslung —"

„Nichts da von Verwechslung, Sepp! Euer Name ist doch Joseph Klein — he?" fragte der Polizeimeister.

„Ja, so heiße ich," versetzte der Pfarrer.

„Also! hab' ich's doch gewußt! — Ich irr' mich ja sonst nicht," rief Pythagoras, indem er noch kräftiger nach dem Ofen spuckte. „Ihr seht, ich weiß den ganzen Rummel. Die Prügelei darf also nicht stattfinden; und Ihr könnt 's mir Dank wissen, daß ich Euch einen Strich durch die Rechnung mache, denn der Alois Kurz würde Euch die Geschichte doch tüchtig einträuken. Ich weiß, der Alois hat derbere Knochen als Ihr. 's würde Euch also außerdem, daß ihr wahrscheinlich windelweich gedroschen würdet, Euer gutes Geld noch obendrein kosten. Also folgt mir, Sepp! und laßt die Geschichte sein! 's wird Euch reuen, wenn Ihr nicht gehorcht."

„Ich verstehe wirklich nicht, mein Herr, was Sie mit all' den vielen Worten sagen wollen," entgegnete Herr Pfarrer Klein. „Ihre Manier sich auszudrücken ist mir höchst unangenehm. Und wenn Sie irgend etwas von mir ernstlich wollen, so wäre es mir angenehm, Sie sagten es sogleich."

„Sepperl!" erwiderte der Polizeimeister, indem er den Pfarrer mit wohlwollendem Lächeln anblickte, „Sepperl! Ihr spielt Eure Rolle ziemlich gut. Man könnte wirklich meinen, Ihr seiet unschuldig wie ein Lamm. Aber damit kommt Ihr nicht durch bei mir, Sepp — gewiß nicht! Ich habe meine Pflicht zu thun und ich thue sie. Darauf könnt Ihr Euch verlassen. Ich geb' Euch mein Wort, daß ich Euch, wenn Ihr die Geschichte mit dem Kurz nicht aufgebt, arretiren und — so sicher als Ihr sterben müßt, — drei Jahr in's Zuchthaus sperren lasse. Das ist mein völliger Ernst!"

„Aber was wollen Sie eigentlich von mir?" fragte

Seine Ehrwürden, deren Langmuth nun zu Ende ging, mit heftigerer Stimme.

„Na, na! Sepp! spielt nur nicht gar so sehr den Unschuldigen! Vor mir braucht Ihr Euch nicht so auf=zuspielen!" rief der Polizeimeister. „Sonst laß' ich Euch noch heute Mittag unter Aufsicht stellen! Laßt 'mal hören: wie lange habt Ihr das letzte Mal gesessen? Zwei Jahr, nicht wahr? Nun, Sepp! macht die Geschichte mit dem Kurz, und drei Jahr sind Euch sicher!"

„Sie müssen wirklich nicht recht bei Sinnen sein, mein Herr!" rief der Herr Pfarrer aus.

„Ich kann nicht recht begreifen, warum Ihr eigentlich dies Gewerbe fortsetzen wollt?" fragte Schafskopf wieder. „Ihr wohnt hier in einem schmucken Häuschen, wo Ihr in Ruh' und Frieden leben könnt. Aber nein — da müßt Ihr Euch mit allerhand solchem gemeinen Pack einlassen, müßt Euch bis an die Hüften entkleiden, Euch die Nase blutig schlagen, auf dem Kopfe herum=hämmern und das Leder versohlen lassen — und dies Alles wozu und wofür? Was kann's Euch nützen, wenn Ihr auch als Sieger aus dem Kampfe geht? Warum wollt Ihr nicht versuchen, anständig und ehrlich zu bleiben, und das Preiskämpfen an den Nagel hängen?"

„Das ist wirklich eine Unterhaltung, wie ich sie noch nie bisher geführt habe," hub Herr Pfarrer Klein an. „Sie halten mich, wie es scheint, für einen —"

„Ich halt' Euch für den, der Ihr seid, für Joseph Klein. Und wenn Ihr bei Eurer Verstellung beharrt, so laß' ich Euch gleich jetzt einsperren," rief der Polizei=meister mit Nachdruck. „Sagt mir auf der Stelle, wer die Wett=Einsätze hält und wer Euch einpaukt — ich werde dann der ganzen Geschichte Einhalt thun."

„Sie scheinen der Meinung zu sein, mein Herr, daß

ich ein Faustkämpfer bin," sagte Herr Klein mit Würde. „Erlauben Sie mir, Ihnen zu bemerken, daß ich Pfarrer der hiesigen Kirch=Gemeinde zum heiligen Grabe bin."

„Sepp!" sagte kopfschüttelnd der Polizeimeister. „'s ist doch zu arg, daß Sie so lügen — ich —"

„Aber was wollen Sie, mein Herr? Ich bin der Pfarrer Joseph Klein — Prediger an der Kirche zum heiligen Grabe in Eberfurt! Da sehen Sie, hier ist ein an mich adressirter Brief."

„Sie wollen doch nicht sagen, daß Sie wirklich und wahrhaftig Pfarrer sind und Joseph Klein heißen?" rief mit bestürztem Blicke Herr Pythagoras Schafskopf.

„Gewiß bin ich das, und heiße auch so. Kommen Sie in mein Studirzimmer hinauf — ich kann Ihnen dort alle meine Predigten zeigen!"

„Aber! aber! das geht wirklich über den Thurmbau zu Babel!" rief der Polizeimeister. „Das ist colossal! Und ich hab' Sie für den Sepperl, den Preiskämpfer Klein gehalten, der auch hier in Eberfurt wohnt. Ich weiß gar nicht, wie ich dazu — Ein Prediger! Nein, was für ein Esel bin ich doch da wieder gewesen! Ich weiß nicht, Ehrwürden, was ich zu meiner Ent= schuldigung vorbringen soll. Wenn's Ihnen zur Genug= thuung gereicht, mich die Treppe hinunter zu feuern, so thun Sie's getrost! ich will stillhalten, wie ein Engel!"

Hierauf empfahl sich der Herr Polizeimeister Schafs= kopf, und Herr Pfarrer Joseph Klein ging wieder nach seinem Studirzimmer hinauf, um seine Predigt für den nächsten Sonntag zu beendigen. Pythagoras Schafskopf sprach wohl davon, daß er seine Entlassung einreichen wolle, ist aber noch nach wie vor auf seinem Posten.

* * *

Herr Steinborn, unser Accisor und Steuer=Einneh=
mer, sitzt auch in seinem Amte so fest wie — mit Re=
spect zu sagen — eine Laus in den Kleidern. Diese
sonderbare Persönlichkeit ist wohl der trefflichste Beleg
für den Schlendrian einerseits und die verkehrten Zu=
stände andererseits, an denen unsere städtische Verwal=
tung krankt. Die hervortretendste Charakter=Eigenschaft
des Herrn Steinborn ist Berufsnarrheit. Er lebt näm=
lich in der Meinung, daß, wenn Jemand im Orte etwas
Neues bekommt oder baut oder gründet, ja etwas nur
neu herrichtet oder erweitert, dies sofort der Steuer=
Einschätzung zu unterziehen ist. Herr Steinborn ist in
der Regel der Erste, der den betreffenden Besitzer zu
der neuen Acquisition beglückwünscht und dann den neuen
Steuerzettel überreicht. Im letztverflossenen Frühjahr
war ich beispielsweise genöthigt, meinen Schornstein um
fünfzehn Fuß höher zu bauen. Kaum war die Haube
wieder aufgesetzt, als der Herr Accisor Steinborn um
die Straßenecke gehüpft kam, den neuen Schornstein
unter der Rubrik „verbessertes liegendes Besitzthum"
mit acht Dollars besteuerte und zwei Procent davon
stehenden Fußes eincassirte. Als ich ein paar Tage nach=
her an meinem Gartenzaun lehnte, trat Steinborn wie=
der zu mir heran und meinte:

„Ein herrlicher Köter, den Sie da haben!"

„Ja; es ist ein Vorstehhund."

„Was Sie sagen! Vorstehhund! — Hm! die Steuer
auf Vorstehhunde beträgt zwei Dollars. Ich will's
gleich eincassiren, ehe mir 's wieder aus dem Sinne
kommt."

Ich kam meiner Verpflichtung nach, und am näch=
sten Tage stellte sich Herr Steinborn wieder bei mir ein.

„Der kleine Paul Schulze hat mir in Mücke's

Specereiladen unten gesagt, Ihr Dachs hätte Junge
gekriegt."

„Ja — das stimmt."

„Ein großer Wurf?"

„Vier Stück — hübsche Thiere."

„Was Sie sagen! Wünsch' Ihnen Glück! Vier
Stück auf einmal! Hm! Wissen Sie: Steuer auf vier
Dachshunde macht (viermal zwei Dollar) acht Dollar,
— ja, acht Dollar, wenn ich bitten darf. Und wo
möglich ein bißchen schnell, denn drüben bei Ratzelberger's hat die Hauskatze Junge gekriegt, ich möchte den
Ratzelberger gern abfassen, ehe er ausgeht. Uebrigens
— sagen Sie mir doch: seit wann haben Sie denn
den Wetterhahn da oben auf dem Stallgebäude?"

„Seit gestern."

„Was Sie nicht sagen! Na, wissen Sie: viermal
zwei macht acht — und vier Dollar — für den neuen
Wetterhahn, wissen Sie — macht zwölf Dollar. Zwölf
Dollar wäre also der richtige Betrag."

„Was fällt Ihnen ein! Vier Dollar für einen
Wetterhahn Steuer? Da reiß' ich ihn ja zehnmal lieber
wieder herunter. So etwas hab' ich ja in meinem Leben
noch nicht gehört!"

„Nicht? Na, sehen Sie, ein Wetterhahn gehört unter
die Rubrik ‚wissenschaftliche Apparate.‘ Das Ding ist dort
hinaufgesetzt, um anzuzeigen, aus welcher Himmelsgegend
der Wind weht, nicht wahr? Nun, das ist doch eine
wissenschaftliche Auskunft — und wissenschaftliche Apparate sind steuerpflichtig. Also kostet Ihr Wetterhahn
jährlich vier Dollar Steuer."

„Hören Sie, Herr Steinborn! etwas Verrückteres
hat mir noch kein Mensch gesagt. Mit demselben Rechte
könnten sie auch Bohnenstengel's Zwillinge —"

„Bohnen— Sie wollen doch nicht sagen, daß
Bohnenstengel — Baldamus Bohnenstengel, Zwillinge
gekriegt hat? Ei! natürlich werden die besteuert. Wir
haben ja doch in Blechlingen seit Kurzem eine Personal=
steuer. Drei Dollar kostet jedes Kind. Ei, da muß
ich gleich zu ihm. Danke bestens, daß Sie mich davon
in Kenntniß gesetzt haben!"

Ich bezahlte ihn, und er verließ mich, nachdem er
sich die steuerpflichtigen Zwillinge des Herrn Baldamus
Bohnenstengel in seinem Notizbuche vermerkt hatte. Ein
paar Tage später sprach Herr Accisor Steinborn wie=
der bei mir vor und sagte:

„Ich hab' da einen Fall, der mir ganz riesiges
Kopfzerbrechen verursacht. Sie kennen doch den Pfalz=
burger, der den Tabaksladen hier an der Ecke hat? Na,
sehen Sie, der hat sich diese Woche einen neuen hölzer=
nen Indianer gekauft und vor seinem Laden ausgestellt!
Ich bin nun stark Willens, den Kerl zu besteuern, aber
ich weiß nicht, unter welcher Rubrik. Könnte man ihn
unter ‚Statuen‘ rangiren? Mir will das nicht ganz
passend scheinen. Ich hätt' ihn unter ‚Götzen‘ gestellt;
die Strohköpfe aber, welche unsere Gesetze gemacht, haben
keinen Paragraph über ‚Götzen‘=Besteuerung geschaffen.
Nun denken Sie sich einmal den Unfug! Angenommen,
das Heidenthum würde sich weit und breit im ganzen
Lande mausig machen, und bei unseren heutigen Reli=
gionszuständen kann man ja gar nicht wissen, ob nicht
über kurz oder lang das Heidenthum wieder in die
Mode kommt — nicht einen Cent könnten wir Steuer
auf Götzenbilder erheben! 's ist geradezu schrecklich!
Ich glaube, das Bund hölzerner Cigarren in seiner
Hand ließe sich wohl als ‚Tabak‘ in Steuer nehmen;
aber dann bleibt der ganze übrige Theil der Figur

steuerfrei, und das will ich nicht haben. Kopf= und mahl=
steuerpflichtig ist er auch nicht, weil er nicht mitstimmen
kann. Was meinen Sie, wenn ich ihn als ‚Einwan=
derer‘ einschätzte? Hm! das ist am Ende kein übler
Einfall. Das muß gehen, gewiß! das muß gehen! Dieser
Indianer ist anderswo angefertigt worden, als hierorts;
von dieser andern Stadt ist er also hierher gekommen,
folglich ist er eingewandert. Hab’ ich da nicht Recht?
Was meinen Sie, Herr Nachbar?“

Ich rieth ihm, diesen Einfall festzuhalten; und die
Folge davon war, daß am folgenden Morgen Stein=
born und Pfalzburger auf dem Trottoir vor des Letz=
tern Hause angesichts des Holz=Indianers eine tüch=
tige Schlägerei hatten, weil der Herr Steuer=Commissär
den hölzernen Indianer=‚Immigranten‘ wegen Steuerver=
weigerung mit Beschlag belegen wollte. Herr Steinborn
ist dabei so übel zugerichtet worden, daß er nach Hause
transportirt werden und das Bett hüten mußte. In
kurzer Zeit jedoch wird der Herr Accisor mit neuen
klugen Gedanken in Blechlingen herumwandern und dem
Besteuerungswesen seiner Vaterstadt die edelsten seiner
Kräfte widmen. Ob Steinborn’s ohnehin nicht große
Beliebtheit hierdurch gewinnen wird, scheint mir mehr als
zweifelhaft. In gewissem Grade aber verdiente dies
Besteuerungs=Genie doch wohl eine mildere Beurtheilung
Seitens seiner Mitbürger, ja es ist sehr die Frage, ob
dessen edler Eifer nicht auch anderwärts zur Nachahmung
empfohlen werden dürfte. Eine Steuer auf Möpse, Klavier=
wuth, Pince=nez’s, Kleider=Schleppen und andere Noth=
wendigkeiten ähnlicher Art würde in jeder Stadt die
Behaglichkeit der Bewohner sicherlich nicht vermindern.

Elftes Capitel,

in welchem über Beerdigung und Eheschließung der Betrachtungen
gar viele niedergelegt sind.

Frau Magdalena Bitterwasser hat vier Ehegatten
zur ewigen Ruhe gebracht; ihre Erfahrungen aber im
ehelichen Leben waren bei allen vieren so befriedigender
Natur, daß sie jüngst dem fünften, Herrn Leonhard
Bitterwasser, ihre wittfräuliche Hand zum Bunde für's
Leben reichte. Der Name ihres vierten Mannes war
Meisel, der ihres dritten Mannes Miller, während der
erste Müller, und der zweite, sonderbar genug, Möller ge=
heißen hatte.

Wenige Tage nach ihrer Rückkehr von der letzten
Hochzeitsreise besuchte sie der Todtengräber von Blech=
lingen, Herr Zuckerle (dessen jüngster männlicher Nach=
komme Phanes Ehrenfried, wie der gütige Leser sich
erinnern wird, dem ‚Amyntor‘ des Herrn Baldamus
Bohnenstengel zum Opfer gefallen war), in der vor=
geblichen Absicht, einen in der Kostenberechnung für ihres
vierten Ehemannes Beerdigung ihm unterlaufenen Irr=
thum zu berichtigen.

Als Frau Magdalena Bitterwasser in das Zimmer
trat, begrüßte sie Herr Zuckerle mit Wärme und sprach
mit hüstelnder Stimme die folgenden Worte:

„Ah! meine sehr werthe Frau Mül— Meis—
Bitterwasser, wollt' ich sagen — ich hoffe, Sie sind
munter und gut auf dem Posten. Hatten Sie eine ver=
gnügte Reise — hm? Wir haben hübsches Wetter hier ge=
habt, so lange Sie fort waren; ein bischen zurück sind
wir wohl gegen das Vorjahr, aber 's steht doch Alles

ziemlich gut und giebt Hoffnung zu einer recht guten
Ernte. Auf dem Friedhof sieht 's jetzt prächtig aus.
War heute draußen, um ein paar Gräber zuzurichten.
Gras wächst herrlich auf Ihrer Parcelle, und denken
Sie! auf Ihres seligen Müller Grabe wächst ein Brom=
beerstrauch! Er muß in seinem Leben wohl Brombeeren gern
gegessen haben — nicht wahr? Da liegen sie alle Viere,
Frau Bitterwasser, der Müller, der Möller, der Miller
und der Meisel, still und friedlich beieinander gebettet.
's muß Ihnen manchmal recht sonderbar um's Herz sein,
Frau Meis— Bitterwasser, wollt' ich sagen. Na, wissen
Sie, gegen den Tod ist nun 'mal kein Kraut gewachsen,
und —

> ‚Hin ist hin
> Und todt ist todt —
> Und das Glück vergangner Tage
> Wecket kleine Klage,
> Weckt kein Morgenroth!‘

das schöne Lied kennen Sie ja doch. Ja, ja, meine
liebe Frau Möl— Bitterwasser, wollt' ich sagen, 's geht
sonderbar zu auf Gottes schöner Welt. Aber den Trost
haben Sie: Keine Frau hätte redlicher an ihren Männern
handeln können, als Sie es gethan haben, Madame;
jene Mahagoni=Särge mit den silberbeschlagenen Hand=
haben wären für die Erzväter und Propheten nicht zu
schlecht gewesen, und selbst der beste Präsident der Vereinigten Staaten könnte nichts Besseres begehren als einen
Leichenwagen mit echten Straußenfedern und Pferden,
die über und über schwarz wie Druckerfarbe sind.

„Ich weiß noch, als wir den braven Meisel in
seinem schönen Sarge zurecht legten, da hab' ich zu meinem
Knecht Gottlieb gesagt, ‚die Anhänglichkeit, die die Frau
Bitter— ach nein, Sie waren da ja noch Frau Meisel, —

also, ‚die Anhänglichkeit, die die Frau Meisel ihrem zum
ewigen Leben eingegangenen vierten Manne durch solch'
einen schönen Sarg und solch' ein schönes Begräbniß
beweist, die macht mich beinahe weinen.' Ich hab' nie
so recht gewußt, was Weiberliebe ist, bis Sie mich's
gelehrt haben damals, wo Sie mir den Befehl gaben,
ihres dritten Mannes Miller Sarg mit Atlas auszu-
schlagen und eine Scheibe von geschliffenem Glas über
seinem Gesicht einzusetzen. Das hat mich dermaßen
gerührt, daß ich beinahe vergaß, die Handschuhe an die
Leidtragenden zu vertheilen. Und der wackere Miller
hatte es in der That verdient — das ist ganz ohne
Frage. Er war ein ganzer Mann, man mochte ihn ansehen, von welcher Seite man wollte. Etwas beleibt freilich
— so daß er einen ganz ausnahmsweise breiten und
hohen Sarg gebraucht hat — aber das schadet ja nichts.
Ich weiß, es ist Ihnen seiner Zeit sehr nahe gegangen,
als Sie ihn verlieren mußten.

„'s geht mich zwar nichts an, Frau Bitterwasser;
aber als ich heut morgen Ihre vier Gräber ansah, da
wollte mir's scheinen, als müßten sie etwas hergerichtet
werden. Mir kommt's vor, als brauchte Herr Meisel
am Fußende ein paar Rasenstücke, und als müßte der
Stein an Miller's Kopfende in die senkrechte Lage zu-
rückgebracht werden. Um Müller's Grab sollte ein neues
Eisengitter kommen, und auf Möller's Grab sind ein
paar Blumen eingegangen.

„Am Ende möchte 's auch gut sein, Frau Bitterwasser, Sie kauften so ein zehn Fuß Land über des
Miller Grab hinaus dazu, damit es keine Drängelei giebt,
wenn Sie den Fünften unterzubringen haben. Ein Zu-
sammenrücken der vier ersten Gräber wird nicht gut
gehen; wenn ein Mensch todt ist und begraben liegt, so

soll man ihn in Ruhe lassen und nicht von einer Stelle
zur andern stoßen.

„Und wie geht's denn dem Herrn Bitterwasser? Ist
er hübsch munter und gesund? Glauben Sie, daß wir
ihn noch lange unter uns haben werden? Will 's hoffen.
Aber — ich glaub', die Bitterwasser's, die haben Alle
die Schwindsucht. Das Leben ist 'ne ungewisse Sache.
Wir wissen nie, welche Minute uns von hinnen rufen
kann. Ich bin ein bedachtsamer Mensch, und — als
der Herr Bitterwasser sich den Hochzeitsanzug machen ließ,
da bin ich extra zum Schneider gelaufen und hab' Alles
nachgemessen, damit ich einen ungefähren Begriff von
des Mannes Größe kriegte. Sie glauben's am Ende nicht,
aber ich hab' einen schwarzen Nußbaum=Sarg vorräthig
— der würde gerade für ihn passen, als sei er extra
für ihn gemacht worden. Der Herr Gemahl Nummer V.
hat eine ungewöhnliche Körperlänge — so lang machen
wir sonst in der Regel die Särge nicht. Ich hab' ihn
bei Seite gesetzt für Sie — man kann nie wissen, was
passirt. Sie sind immer freundlich und zuvorkommend
gegen mich gewesen, und — eine Liebe ist der andern
werth. Ich weiß, Frauen kümmern sich nicht gern um
dergleichen Sachen, wenn der Gram ihre edelsten Ge=
fühle zerfleischt und sie sich sorgen müssen wegen der
Trauerkleider.

„Und, Frau Müll— Meis— Bitterwasser, wollt'
ich sagen, noch Eins war's, weshalb ich heute hierher
gekommen. Ich hab' morgen einen Wechsel zu bezahlen,
mein Gläubiger drängt mich sehr hart, — und ich bin
vollständig ausgeplündert. Hab' keinen rothen Heller.
Da ist mir eingefallen, daß Sie mir vielleicht das Geld
auf Herrn Bitterwasser's Beerdigung hin vorstrecken
möchten. Ich stell' Ihnen günstige Bedingungen. Wie

wäre es mit fünfzehn Procent Rabatt? Und sollte der
gute Bitterwasser auch sechs oder vielleicht sieben Jahre
noch leben, so will ich zwanzig zahlen. Wohlverstanden,
ich gebe den besten Eichensarg, die feinsten Zuthaten,
acht Kutschen und den elegantesten Leichenwagen im
ganzen District, überdies Eis genug auf drei Tage, auch
wenn das Begräbniß in den heißesten Sommermonat
fällt. Und 's soll mir gar nicht darauf ankommen —
nun ja, ich will mich verpflichten, sogar einen einfachen
Leichenstein zu setzen. Wenn Sie sich bereit erklären,
einem altbewährten Freund unter die Arme zu greifen,
so will ich gern — — Nein? wollen Sie das Geschäft
nicht machen? Nun, auch gut. Thut mir leid, recht
herzlich leid, denn ich weiß, daß Sie mit der Art und
Weise meiner Vorkehrungen sehr zufrieden gewesen wären!
Aber — 's schadet auch nichts. Werd' schon anderswo
noch geborgt kriegen. Guten Morgen, Frau Meiß—
Mil— Mül— na, sapperment, will der rechte Name
denn gar nicht d'raukommen? — Frau Magdalena Bitter=
wasser! Bitte, sprechen Sie einmal bei mir vor, damit
ich Ihnen den Sarg zeigen kann."

Als Herr Zuckerle aus dem Hause schritt, traf er
Herrn Leonhard Bitterwasser in der Thüre. Sobald
nun Zuckerle außer Hörbereich war, fragte Leonhard
seine Magdalena:

„Mein süßer Schatz! wer war denn dieser sonder=
bare Mensch?"

Frau Magdalene zauderte einen Augenblick, wurde
sehr roth und stotterte endlich:

„Das ist — dieser Mann ist — ein — ein — er
ist, glaub' ich — ein — ein — ein — eine Art von
— ein Leichen — bestatter."

Des fünften Gatten Antlitz zog sich bei dieser Ant=

wort in tiefe Kummerfalten, und schweren Herzens schritt
er nach dem ehelichen Schlafgemach, um über das Ge=
hörte nachzudenken.

Frau Müller = Möller = Miller = Meisel, nunmehrige
Bitterwasser aber fühlte, daß es ihre Pflicht sei, sich
der Beerdigungsstätte ihrer verstorbenen Männer anzu=
nehmen, damit dieselbe nicht in die vom Todtengräber
Zuckerle so lebhaft ausgemalte Unordnung gerathe. Und
so entschloß sie sich, den Herrn Bildhauer Harsch in
seinem „Atelier für Grab=Denkmäler" aufzusuchen, um
diesem Künstler die betreffenden Aufträge zu ertheilen.
Herrn Harsch war unglücklicherweise die bei ihm ein=
tretende Frau Magdalena Bitterwasser ihrer Person so=
wohl wie ihrer Antecedentien nach gänzlich unbekannt,
und das gab Veranlassung zu höchst unliebsamen Contro=
versen.   Man höre:

Frau Magdalena Bitterwasser: „Herr Harsch,
ich möchte gerne meinen Begräbnißplatz herrichten lassen
— neue Grabsteine setzen und auch die Einfriedigung
repariren. Ich komme nun zu Ihnen in der Hoffnung,
daß wir ein beide Theile befriedigendes Abkommen werden
treffen können."

Harsch: „Gewiß, verehrte Frau! Bitte, sagen Sie
mir genau, was Sie wünschen."

Frau Bitterwasser: „Nun, ich möchte also für
Gottlieb — meinen Gatten nämlich — einen neuen
Grabstein setzen und eine hübsche Inschrift darauf ein=
hauen lassen: „Hier ruht Gottlieb Müller" u. s. w.
Sie wissen ja, was ich meine, so wie es gebräuchlich
ist, und über die Worte vielleicht irgend ein Symbol,
wie eine geknickte Rose oder so etwas . . ."

Harsch: „Ich verstehe . . ."

Frau Bitterwasser: „Nun, was wird das kosten,

wenn Sie mir einen eben solchen Stein aus weißem Marmor, mittlerer Sorte, mit dem Bilde einer umge= kehrten Fackel oder einem weinenden Engel und mit dem Namen Gottlob Möller eingravirt anfertigen?"

Harsch: „Gottlieb Müller, meinen Sie."

Frau B.: „Nein, ich meine Gottlob Möller."

Harsch: „Vorhin aber sagten Sie Gottlieb Müller."

Frau B.: „Ganz recht. Aber Gottlieb Müller war mein erster Mann und Gottlob Möller mein zweiter, — und für jeden dieser Beiden möchte ich einen Grab= stein haben. Sehen Sie, Herr Harsch, ich denke, wenn man mehr als einen Grabstein bei Ihnen machen läßt, so werden Sie etwas am Preise herunterlassen — werden etwas Rabatt geben. Selbstverständlich aber will ich für alle Gräber gleich gutes Material. Nichts Prunkhaftes, aber etwas Geschmackvolles und Nettes, das dem Auge wohlthut. Herr Möller liebte das Auffällige nicht. Wenn man 's ihm bequem machte, war er zufrieden. Was halten Sie für das hübscheste? Den Namen Gotthold Samuel Miller in erhabenen Buchstaben in einer geraden Zeile quer über den Stein, oder in vertieften Buch= staben in Form eines Bogens ungefähr in der Mitte des Steins?"

Harsch: „Hab' ich recht verstanden, verehrte Frau? Gotthold Miller? Meinten Sie Gottlieb oder Gottlob?"

Frau B.: „Nein, Gotthold. Das war mein dritter Mann. Ich werde doch dessen Grab nicht vernachlässigen, während ich die anderen zwei restauriren lasse! Und da ich doch jetzt einmal die Sache in Erwägung genommen, so mag's auch gründlich geschehen. Ich bin, wie ge= sagt, sehr gern geneigt, Ihnen, Herr Harsch, diese Arbeit zu übertragen, wenn Sie mir einen annehmbaren Preis machen. Was verlangen Sie also für die ganze Ge=

schichte in der Art und Weise, wie ich sie Ihnen jetzt beschrieben habe? Einfach, aber dauerhaft und etwa zwei Fuß am Kopfende eines jeden Grabes in den Boden eingelassen. Bitte, was werden hier solcher Grabsteine kosten?"

Harsch: „Na, ich will Ihnen die drei Steine —"

Frau B.: „Vier, Herr Harsch — nicht drei."

Harsch (mit verdutzter Miene): „Vier? — sagen Sie? Nein, Sie irren wohl. Sie haben gesprochen von einem Gottlieb Müller, Gottlob Möller, Gotthold Miller — das sind doch nur drei — und weiter haben Sie, glaub' ich, keinen genannt."

Frau B.: „Aber für meinen Gottfried will ich doch selbstverständlich auch einen, ebenso gut wie für die anderen drei. Ich habe geglaubt, Sie wissen, daß ich auch einen Grabstein für den Gottfried will, genau denselben wie für den Gottlieb, den Gottlob und den Gotthold, nur anstatt des Namens Müller den Namen Meisel. Gottfried Meisel war mein vierter Mann. Er ist nun ungefähr zwei Jahre todt — er starb drei Jahre nach dem Samuel. Ich trage heute noch Trauer um ihn. Also, Herr Harsch, seien Sie so freundlich und nennen Sie mir den Preis für alle vier zusammen."

Harsch: „Nun, meine werthe Frau, ich will Ihnen möglichst annehmbare Preise stellen und Ihnen einen Vorschlag machen. Sie übertragen mir alle Ihre künftige Arbeit, und ich will Ihnen die fünf Grabsteine um einen geringen Mehrbetrag, als der Selbstkostenpreis ist, herstellen und setzen. Wir wollen sagen, Summa Summarum um —"

Frau B.: „Vier Grabsteine, Herr Harsch, nicht fünf."

Harsch: „Ich dächte doch, Sie hätten fünf gesagt . . ."

Frau B.: „Nein, blos vier."

Harsch: „Bitte, erlauben Sie: Sie nannten also **Gottlieb** und **Gottlob**, **Gotthold**, **Gottfried** und **Samuel**."

Frau B.: „Ja, aber Gotthold und Samuel sind eine und dieselbe Person. Samuel war sein Mittelname, und ich nannte ihn immer am liebsten bei diesem."

Harsch (die Arme in die Seite stemmend): „Meine liebe Frau Bitterwasser! Es wäre mir sehr angenehm, wenn Sie mir genau angeben wollten, wie viele Männer Sie schon auf jenen Friedhof expedirt haben? Ich muß gestehen, die Geschichte von all' den Männern, die Sie schon gehabt, verwirrt mich . . ."

Frau B. (voll Entrüstung): „Was wollen Sie mit ‚expedirt‘ sagen, mein Herr? Ich habe noch Niemanden expedirt, — verstehen Sie mich? Es ist ordinär, sehr ordinär, mein Herr, sich eines solchen Ausdrucks gegen mich zu bedienen."

Harsch (ruhig): „Nun, das ist der technische Aus=druck, Madame. Wir gebrauchen ihn immer, und ich kann nicht einsehen, weßhalb er sich nicht auch auf die alte Kumpanei dieser Müller und Miller und Meisel anwenden lassen sollte. Davon geht Keinem 'was ab."

Frau B. (heftig aufgebracht): „‚Alte Kumpanei?‘ Was wollen Sie damit sagen, Sie unverschämter Stroh=kopf? Ich möcht' von Ihnen keinen Grabstein setzen lassen, und wenn Sie es umsonst thäten."

Nach diesen Worten stolzirte Frau Magdalena Bitter=wasser zur Künstlerwerkstätte heraus, und Harsch rief ihr höhnisch nach:

„Lassen Sie mich's wissen, wenn Sie einen fünften Mann kapern, dann mach' ich Ihnen ein Grabdenkmal zum Hochzeitspräsent. Der arme Teufel wird 's gewiß bald brauchen!"

*　　*　　*

Frau Magdalena Bitterwasser ist jedoch nichts we=
niger als beliebt in ihrem heimathlichen Blechlingen.
Notar Klauber, des Städtchens dermaliger Bürgermeister,
kennt unter anderen Damen eine Dame, die das We=
sen und Vorgehen der Frau Bitterwasser auf das
Heftigste verabscheut und die nichts lebhafter wünscht,
als daß diesem mannssüchtigen Geschöpfe ihre grau=
samen Triumphe einmal recht tüchtig heimgezahlt würden.

Eines Tages — nicht lange nach der Erwählung
des Dr. Herrn Klauber zu Blechlingen's „Väter=Obersten"
— trat eine Dame in sein Notariats=Comptoir. Nachdem
sie die Thüre geschlossen, machte sie dem Herrn Bürger=
meister einen ehrerbietigen Knix, nahm ihm gegenüber
Platz und begann:

„Herr Bürgermeister, ich habe die Ehre aufzu=
warten — ich heiße Honigseim, Euphrosyne Melitta
Honigseim. Ich bin unverheirathet — ein lediges
Frauenzimmer. Der Zweck meines Besuches bei Ihnen
ist: Sie dazu zu bewegen, daß Sie in der nächsten
Kammer=Session ein Gesetz zu Nutz und Frommen
ehrsamer Jungfrauen gleich mir zu beantragen die Güte
hätten. Gestatten Sie mir, geehrter Herr Doctor, daß
ich Ihre Aufmerksamkeit auf einige besonders hervor=
stechende Thatsachen lenke. Die statistischen Nachweise
lehren uns, daß es bei allen Völkern der Welt etwa
ein Viertheil mehr Frauen als Männer giebt. Bei uns
hierzulande ist das Verhältniß der Frauen zu den
Männern um ein Geringes höher. In unserem
Staate kommen auf jeden Mann zwei und ein achtel
Frauenzimmer. Das ist ein geradezu schreiender Noth=
stand —"

„Entschuldigen Sie einen Moment, werthe Dame,"
warf der Herr Notar dazwischen, „die Kammern ver=

mögen doch nicht auf dem Wege gesetzlicher Verordnungen oder Erlasse das Mißverhältniß zwischen den beiden Geschlechtern auszugleichen!"

„Das weiß ich wohl, Herr Bürgermeister," versetzte Jungfrau Honigseim. „Darauf zielt mein Vorschlag auch nicht ab. Ich meine jedoch, ein solcher Zustand ist höchst ungerecht. Hätte ich die Welt zu regieren, läge mir die Bestimmung der irdischen Verhältnisse ob: so würde ich doch wenigstens, wenn ich auch genöthigt wäre, mehr Frauen als Männer entstehen zu lassen, keine Bruchtheile schaffen. Bei uns kommen nicht bloß zwei Frauenzimmer auf einen Mann, sondern obendrein auch noch ein achtel Frauenzimmer; so daß also eine zahllose Menge weiblicher Geschöpfe acht verschiedenen männlichen Individuen angehören würde, vorausgesetzt daß eine gerechte Vertheilung vorgenommen würde. Woher soll ich beispielsweise wissen, daß ein Achtel meines Selbst nicht Ihnen gehört? Ich weiß es nicht und kann nur sagen, daß eine solche Ungewißheit mich entsetzlich bedrückt!"

„Wenn das je der Fall wäre, Verehrteste," entgegnete der Herr Bürgermeister erschreckt, „so verzichte ich meinerseits im Vorhinein, ohne erst die Einmischung der Kammer abzuwarten, auf alle meine Anrechte."

„Entschuldigen Sie," versetzte Fräulein Euphrosyne Honigseim, „Sie sind auf meinen Gedanken nicht in der richtigen Weise eingegangen. So lange die Gesetze gegen Bigamie in Kraft bleiben, kann natürlich ein Theil dieser überschüssigen Frauenzimmer nicht an den Mann kommen; obgleich ich sagen muß, daß ich eine moralische Polygamie darin erblicke, daß statistisch auf jeden Mann zwei und ein achtel Frauenzimmer gerechnet werden müssen. Nun sehen Sie, Herr Bürgermeister! Was ich Ihnen klar machen möchte, ist Folgendes: In-

sofern mehr als die Hälfte von uns Frauenzimmern nicht
heirathen können, so ist es recht und billig, daß man
dieser so schnöde beinträchtigten Hälfte wenigstens die=
jenigen Aussichten nicht verkümmert, welche ihnen von
Rechtswegen bleiben sollten. Damit will ich sagen: da es
nun einmal nicht Männer genug gibt, um jedem Frauen=
zimmer einen allein zu geben, so sollte doch wenigstens
von Staatswegen darauf gesehen werden, daß man mit
den vorhandenen Männern möglichst weit reicht. Und
wissen Sie, wie ich mir die Erreichung dieses mir vor
Augen stehenden Zieles denke? wie eine gerechte Ver=
theilung dieser vorhandenen männlichen Individuen unter
uns weibliche Geschöpfe stattfinden könnte?"

„Soll mich der Kukuk holen, wenn ich's weiß,
Fräulein Honigseim, die Kammern können sich doch damit
nicht befassen!"

„Ich will Ihnen auseinandersetzen, wie ich mir
die Sache vorstelle. Merken Sie auf! Den verwitt=
weten Frauenzimmern müssen Grenzen gesteckt werden.
Nun, was sagen Sie!? Die Wittwen müssen einen Zaum
angelegt kriegen. Todesstrafe muß auf die Wiederver=
heirathung von Wittfrauen gesetzt werden. Dies wäre
das Mittel, durch welches ich mir Abhülfe dieses schreien=
den Nothstandes verspreche. Sehen Sie sich die Sache
nur ordentlich an! Ist ein Frauenzimmer e i n m a l ver=
heirathet gewesen, so hat sie mehr als ihren Antheil
an der männlichen Bevölkerung gehabt, sie hat nicht nur
den auf sie selbst kommenden Theil, sondern auch noch
den auf eine weitere Frau und noch dazu den auf ein
drittes Achtel=Frauenzimmer kommenden Theil genossen.
Ist es gerecht, ist es ehrbar für ein solches Weib, einen
zweiten Mann zu heirathen und weitere zweiundeinachtel
Frauenzimmer zu verkürzen? Ich frage Sie, Herr

Bürgermeister, ich frage Sie als Mann des Rechts, Herr Notar Dr. Klauber! Gehört sich das?"

„Nun, offen gesagt, so auf den ersten Blick sieht's ein wenig uneben aus."

„Uneben ist nicht das richtige Wort, Herr Doctor! Wissen Sie, Herr Bürgermeister, ich kenne diese Witt= wen. Ich hab' mein Auge auf sie gehabt. Diese Weibs= bilder haben ein solches Gethue, sich an die Männer heran zu scherwenzeln, ihnen Avancen zu machen und sie — der Himmel weiß wie — zu ködern, daß einem ehr= und tugendsamen Frauenzimmer, wie unsereins ist, die Galle in den Busen steigt. Kennen Sie z. B. diese Müller=Möller Miller=Meisel, nunmehrige Bitterwasser? — Nein? Na, so hören Sie und — staunen Sie! Zuerst hat dieses Weib den Gottlieb Müller geheirathet, obgleich ich mir nie hab' enträthseln können, was der hübsche, kräftige Mann an dieser Krautstaude Liebenswerthes hat finden können. Nun aber, immerhin — dieser Gottlieb Müller war der von Rechtswegen auf sie als Frauenzimmer kommende Antheil. Dagegen ließe sich nichts sagen — nur hätte sie, nachdem sie ihren Gottlieb am Bändel hatte, hübsch bei Seite treten und Anderen die Bahn frei lassen sollen. Wir Andern wollen doch auch 'mal 'rankommen. — Nicht wahr? Sagen Sie selbst, Herr Doctor!"

„Wahrhaftig, meine Theure, ich bin kaum in der Lage, in dieser Sache ein Urtheil zu fällen."

„Aber nein — diese Bitterwasser, damals also Frau Müller, thut alles Andere eher als das. Hören Sie, Herr Doctor! Kurz nach der Hochzeit — anderthalb Jahre, glaub' ich, hat die Geschichte gedauert — stirbt oder erliegt, wie man's nehmen will, der Herr Gottlieb Müller. Sie bettet ihn in die Erde unter Geflenne

und Klaggeschrei, daß sich ein Stein hätt' erbarmen
können. Jedermann mußte denken, sie wolle am lieb=
sten selber mit in die Grube fahren. Aber — prosit
Mahlzeit! kaum ist der Brave unter dem Boden, so
fängt sie schon an, mit dem Gottlob Möller zu kokettiren;
und Gottlob Möller, was thut der? Er läßt sich kirre
machen von ihren katzenfreundlichen Manieren und süßen
Worten und — heirathet sie! Nimmt sie zum Weibe
und bildet sich noch, Gott weiß was! auf seine Wittwe
Müller ein.

„Jetzt hätte man aber doch meinen sollen, sie müsse
zufrieden sein, nachdem sie den rechtlichen Antheil von
vier und einem Viertel=Frauenzimmer für sich allein
in Anspruch genommen hat. Ja Kuchen! Sie ist kaum
von der Hochzeitreise heim mit ihrem Gottlob Möller,
da will's der Zufall, daß auch dieser Ehegatte Nummer 2
das Zeitliche segnet, und sie auch dessen irdischen Reste
der Muttererde anvertrauen muß. Und kaum ist ein
Jahr verstrichen, so geht durch Blechlingen die wunder=
same Kunde, daß Frau Müller=Möller sich einen dritten
Mann gefangen hat, — Gotthold Miller. Und wahr=
haftig — trotzdem der Vorrath an männlichen Geschöpfen
so gering ist, heirathet diese Müller=Möller den dritten
Mann. Ist Ihnen jemals etwas Unverschämteres vor=
gekommen? Sagen Sie, Herr Bürgermeister! haben Sie
je von einer solchen Schmälerung der Rechte Anderer
gehört?"

„Ich will mich besinnen," antwortete Herr Notar
Dr. Klauber; „so ohne Weiteres kann ich auf Ihre
Frage nicht antworten."

„Nun, jetzt wo sie Nummer 3 in ihrem Käfig hatte,
hab' ich ganz gewiß gedacht, wird dies Weibsbild doch
endlich genug haben, und uns anderen Unglückskindern

auch 'was übrig lassen. Aber noch eh' die Frau Müller=
Möller=Miller sich recht an ihren dritten Eheherrn
gewöhnt hat, da bricht die Cholera herein und rafft
den guten Gotthold Miller von ihrer Seite. Ich hätte
nun eher an den Untergang der Welt geglaubt, Herr
Bürgermeister, als daran, daß diese dreimal verheirathet
gewesene Frau noch einen vierten Mann herankriegen
würde. Aber sei Gott der Herr uns gnädig! Kaum
hat sie das brittmalige Trauergewand angelegt, so ver=
folgt sie auch schon mit ihren verliebten Blicken und
begehrlichen Geberden den urkräftigen Meisel, den Gott=
fried Meisel, der jedem Mädchen in Blechlingen das
Herz erbeben machte — und — 's ist wirklich zum Ver=
drehtwerden! — sie kriegt ihn, kriegt ihn, Herr Klauber,
sie, die schon drei Männer gehabt! Das ist doch zu
toll! Ein Weibsbild, das um kein Haar besser ist, als
ich, die ehrsame Jungfer Euphrosyne Honigseim, kriegt
für sich allein den Antheil von acht und einem halben
Frauenzimmer! Nein, da hört Alles auf! — und
zu einer Zeit obendrein, wo tagtäglich das Verhältniß
des weiblichen zum männlichen Geschlecht ungünstiger
wird! Nein, das sollte in keinem civilisirten Land statt=
haben dürfen! Das ist ja schlimmer als Seeräuberei.
Und das soll so ohne Weiteres gestattet sein, Herr
Bürgermeister? Sprechen Sie, ist das möglich?"

„Ich fürchte, dagegen wird sich nichts thun lassen,
Fräulein Honigseim!" antwortete Dr. Klauber.

„Ich möchte Sie aber doch ersuchen, ein Gesetz in
der nächsten Kammer=Session in Vorschlag zu bringen,
welches bei Todesstrafe Wittfrauen verbietet, sich zum zwei=
ten Male zu verehelichen. Ich habe einen Entwurf auf=
gesetzt, den ich Ihnen hier lassen will. Ich habe es auf zehn
Jahre zurück datirt, so daß diese unverschämte Müller=

Möller=Miller=Meiſel, nunmehrige Bitterwaſſer — dieſes
freche Geſchöpf, das fünf Männer für ſich allein in
Anſpruch genommen hat — auch noch von der ihr mehr
als allen Anderen gebührenden Strafe ereilt wird. Sie
gehört nirgendwo anders hin, als wohin ſie den Müller
und den Möller und den Miller und den Meiſel gebracht
hat und wohin ſie auch den Bitterwaſſer bald bringen
wird, um uns dann vielleicht gar noch einen Sechſten
zu ſtehlen! — Ich für meine Perſon will zwar nicht
heirathen, aber — Gerechtigkeit will ich haben, Gerech=
tigkeit! — Sagen Sie, Herr Bürgermeiſter! ſind Sie
verheirathet?"

„O ich bitte, laſſen Sie Ihren Geſetzentwurf hier,"
ſagte ſchnell Herr Dr. Klauber, dem es mit einem
Male unheimlich zu Muthe ward, „laſſen Sie den Ent=
wurf hier, damit ich ihn prüfen kann."

„Ich frage Sie, ſind Sie verheirathet, mein Herr?"

„Ich — ich — verheirathet — ob ich verheirathet
bin?" rief Dr. Klauber aus. „Ei freilich, ſeit zehn
Jahren bereits."

„Gut alſo. — Guten Morgen, mein Herr!" — und
Fräulein Euphroſyne Honigſeim knixte zur Thüre hinaus.

„Gott ſei Dank!" rief Dr. Klauber aus, indem er
aufathmend die Thüre hinter der verſchwundenen Dame
abſchloß. „Gott ſei Dank! Wär' ich ledig geweſen, die
hätte mir auf dem Fleck einen Heirathsantrag für Zwei=
undeinachtel gemacht!"

Es ſteht leider nicht zu erwarten, daß den zahl=
reichen Leidensgenoſſinnen der Blechlinger alten Jungfer
Euphroſyne Honigſeim durch Annahme eines Anti=Witt=
wen=Geſetzes wirkſam unter die Arme gegriffen werde.
Aber Recht hat ſie, die Honigſeim!

Zwölftes Capitel,

erzählt etwelche drollige Abenteuer, somaßen dem Herrn Florian
Kandelfieber unterlaufen sind.

Eines Abends begegnete ich auf offener Heerstraße
— eine Stunde ungefähr von Blechlingen's Mauern ent=
fernt — den biederen Florian Kandelfieber, der sich
durch einen weiten Spaziergang Motion verschafft hatte,
und gesellte mich zu ihm. Wir sprachen von allem Mög=
lichen, vom nahen Krieg mit der Türkei, von Dynamit=
Einschmuggelung in unseren Binnen=Canal=Verkehr, von
Bohnenstengel's neuerlichen Zwillingen und dergleichen
Dingen mehr. Kandelfieber wurde allmälig warm und
gab schließlich einige seiner bekannten drolligen Abenteuer
zum Besten, — was er sonst nicht gern thut, weil er
die unliebsame Erfahrung gemacht hat, daß er durch sie
zum Stichblatt des ganzen Städtchens geworden ist.

Eines Nachts also war Kandelfieber sehr spät erst
nach Hause gekommen, und hatte Frau und Kind schon
im Bette liegend gefunden. Er hatte sich so leise als
möglich seiner Oberkleider entledigt und wollte, da er
großen Durst verspürte, noch rasch, bevor er sich zu
Bette legte, einen Trunk Wasser zu sich nehmen. Ein
Blick auf den Waschtisch zeigte ihm ein Glas voll Wasser,
das von Frau Kandelfieber, als ob sie ihres Gatten
nächtliche Wünsche geahnt hätte, augenscheinlich zu seinem
Gebrauche dorthin gestellt worden war. Er nahm das
Glas und schlürfte mit ein paar kräftigen Zügen die in
ihm enthaltene Flüssigkeit in den Mund. In dem Augen=
blicke aber, wo er die Neige leeren wollte, kommt ihm
ein sonderbares Etwas in den Hals; vor Schrecken läßt

er das Glas aus der Hand und auf den Boden fallen,
wo es in tausend Stücke zerspringt, während er aus
seinem Munde ein — wie ihm dünkt — höchst wunder-
liches Gethier ausspeit, dem er einen mächtigen Strahl
des eingeschlürften Wassers folgen läßt. Er hat die
feste Ueberzeugung, daß irgend ein Thier in dem Wasser
gewesen, und daß nicht viel zum Verschlucken desselben
gefehlt hätte. Diese Meinung wird zur Gewißheit, als
er den ausgespieenen Gegenstand auf dem Fußboden
entlang hüpfen sieht. Kandelsieder verfolgt das kleine
Ungethüm, wirft dabei einige Stühle um, stößt die Lampe
vom Nachttisch, und tritt das vermeintliche Vieh endlich
Fuße zu Boden.

Natürlich war Frau Kandelsieder durch das Getöse aus ihrem süßen Schlummer aufgeschreckt worden,
und auch der jüngste der Kandelsieder'schen Sprößlinge
schrie so laut und kräftig, wie seine Lungen nur her-
halten wollten. Die holde Gattin aber erhob sich von
ihrem Lager, zündete das Licht an und fragte:

„Florian, um Alles in der Welt, was ist denn los?"

„Eine Maus! eine Maus!" schrie Kandelsieder mit
zeternder Stimme. „In dem Glase hat 'ne Maus gesessen. 's hat nicht viel gefehlt, so hätt' ich sie verschluckt; aber ich hab' sie bei Zeiten noch ausgespieen
und halte sie jetzt mit dem Fuße fest. Hol' einen Stock
und schlag die Bestie todt! Aber schnell!"

Frau Kandelsieder, die sich nur mit der nothdürf-
tigsten Bekleidung versehen hatte, wollte vor Angst im
ersten Augenblick auf einen Stuhl springen und laut
aufschreien; denn, wie alle Frauen, hatte sie vor einem
Mäuslein mehr Furcht als vor einem Tiger. Aber auf
ihres Eheherrn neuerliche Weisung hin holte sie einen
Besen herbei und war entschlossen, der Maus den Garaus

zu machen, sobald Florian den Fuß aufhebe. Dieser
that das jetzt, und sie holte zu einem fürchterlichen Hiebe
aus — fehlte aber im Uebereifer das vermeintliche Mäuslein. Als dieses indessen kein Glied rührte, sondern
ruhig an der Stelle, wo es lag oder stand, verharrte,
da faßte Frau Kandelsieder sich ein Herz und betrach-
tete sich das Ding näher. Plötzlich warf sie den Besen
weit von sich, und während sie ihren Herrn Gemahl
mit einem verächtlichen Blicke maß, rief sie aus:

„Leg' dich in die Federn, alter Schafskopf! Du
siehst auch den Himmel für 'n Dudelsack an. Das ist
doch keine Maus!"

„Na, was denn?"

„Der Gummipfropfen von unseres Alfred's Saug-
flasche — du Traumlade! Solltest dich schämen, um
zwei Uhr in der Nacht erst aus der Kneipe zu kommen
und dann solchen heillosen Spectakel wegen nichts und
wider nichts zu machen!"

Darauf hat sich Frau Kandelsieder wieder in ihr
Bett verkrochen, und Florian mußte jene Nacht noch
manches nicht eben sanfte Wörtlein hören.

„Nie in meinem Leben wieder trink' ich in der
Nacht Wasser aus einem Glase, das in der Schlafstube
steht," schloß Herr Florian Kandelsieder. „Ich geh' lieber
barfuß bis an den Brunnen 'nüber, als daß ich mir noch
einmal solchen Schreck und solchen Aerger mache!"

Im Laufe unseres ferneren Gespräches sagte ich zu
Kandelsieder, daß ich vor Kurzem auf seinem Dache neuerdings wieder Arbeiter beschäftigt gesehen hätte; und
meine Frage, was denn an dem Dache zu repariren
sei, beantwortete er dahin:

„Ja, sehen Sie, Nachbar! mein Dach ist ursprüng-

lich mit Schindeln gedeckt gewesen; aber es war nicht
wasserdicht, und darum ließ ich die Schindeln abnehmen
und ein Kiesel= und Filzdach auflegen.

„Am ersten Abend seiner Fertigstellung nun wehte ein
heftiger Sturm, der den ganzen Kies mit solcher Ge=
walt vom Dache herunterblies, daß er fast alle Fenster=
scheiben in Bohnenstengel's Hause nebenan zertrümmerte.
Dann riß der Wind auch den Filz los und blies ihn
über die Kante weg, so daß er vor der Front des
Hauses wie ein Vorhang herniederhing. Natürlich war
es infolgedessen in allen Zimmern stockfinster — wir sind
an diesem Tage bis ein Uhr Mittags im Bette geblieben
und haben uns gar nicht enträthseln können, daß die
Nacht kein Ende nehmen wollte.

„Darauf hab' ich mein Haus mit Zink decken lassen,
was sich eine Zeit lang recht gut zu machen schien. Wenn
es aber nachher einmal stark regnete, oder es wehte ein
heftiger Wind, so hat es die ganze Nacht hindurch ge=
knattert und gerattert, wie in der Schlacht von Gettys=
burg. Zuletzt hat 's noch angefangen, leck zu werden,
und als der Klempner dann einen Gesellen geschickt hat,
der das Loch suchen sollte, hat Ihnen dieser Kerl eine
ganze lange Woche auf dem Dache herumgehockt, hat
uns die Ohren voll getrampelt und gehämmert, hat we=
nigstens eine halbe Tonne Löthe verschmiert, aber —
das Durchlaufen des Regenwassers hörte darum doch
nicht auf. Und als wir gar Schnee kriegten und der
dann wieder wegthaute, da ist Ihnen das Wasser strom=
weis an den Wänden herniedergelaufen, unter Anderm
in ein Piano, das mich schwere achthundert Dollars ge=
kostet hat, und nun an Jeden, der Mahagoni=Brennholz
braucht, zu mäßigem Preise losgeschlagen wird. Und
als das Zinkdach dann entfernt und wieder ein Schiefer=

dach aufgelegt war, da rissen die Schieferplatten los und glitten auf den Kopf der Magd herab, wenn sie im Hofe draußen Wäsche aufhing. Und als der Dachdecker die Schieferplatten wieder aufzulegen im Begriffe war, stürzte er vom Dache herunter, brach vier Rippen und ein Bein — und verklagte mich auf Schadenersatz. Zu alledem stellte sich, während der Fall noch vor Gericht schwebte, ein Schneesturm ein, der Schnee fiel haufen= weise durch die offenen Dachschindeln, und zwei, drei Tage lang konnte sich mein ältester Junge, der Willi= bald, mit einigen seiner Kameraden in der Dachkammer mit Schneeballen und Schlittenfahren amüsiren. Und als der Schnee dann in der Dachkammer schmolz — da sind alle Tapeten im Hause ruinirt worden, und das Haus wurde so fürchterlich naß, daß wir auf zwei Wochen in's Hotel ziehen mußten.

„Darauf versucht' ich's mit der ‚Patentirten Feuer= gefahrlosen Dachbekleidungsmanier.‘ Der Dachdecker hatte mir gesagt, daß durch diese nicht allein der Regen ab= gehalten, sondern auch jede Feuersgefahr für immer be= seitigt sei. Und das neue feuersichere Dach ist kaum eine Woche lang oben, da bricht in Bohnenstengel's Stalle Feuer aus und treibt eine Masse Funken in die Luft. Alle Häuser in der Nachbarschaft kamen unbeschädigt davon — nur meines fing an zu brennen. Mein Dach stand in vollen Flammen, noch ehe Bohnenstengel's Stall ganz heruntergebrannt war. Und als die Feuerwehr den Stallbrand gelöscht hatte, da fingen die ehren= werthen Mitglieder derselben auf meiner Vordertreppe eine Keilerei an, bei welcher das ganze Geländer in kleine Splitter zerschlagen wurde. Sodann ließ die Spritzenmannschaft einen zweizölligen Wasserstrahl fünf= zehn Minuten lang in meine gute Stube springen, und

Ober = Feuerwerker Steiger verblutete auf unserem besten
Teppich.

„Jetzt hab' ich nun mein Dach mit der ‚Undurch=
dringlichen Cement=Bedeckung' decken lassen; die scheint
zwar ganz gut zu sein, bloß undurchdringlich ist sie nicht.
Das Wasser läuft an acht verschiedenen Stellen auf ein=
mal durch, und wenn ein Platzregen niederfällt, so muß
ich meine ganze Familie mit Schirmen auf das Dach
hinaufjagen, um wenigstens das größte Unglück abzu=
halten. Ich bin der festen Ueberzeugung, daß es einmal
in einer schönen Nacht in die Luft fliegen oder sonst
etwas Gräßliches anstellen wird. Wenn 's mir zu arg
wird, so laß' ich mein Haus im öffentlichen Aufstreich
losschlagen und wohne lieber fürderhin in einer Fels=
höhle oder einer Sennhütte wie Doctor Dulk.“

*   *   *
*

Der gute Kandelfieder war während dieser Erzäh=
lung, die mir in den Busen eines Hausbesitzers zu schauen
gestattet hatte, ziemlich warm und erregt geworden, und
mit jenem plötzlichen Uebergang vom Positiv in den Com=
parativ, welcher bei beglückten Menschen leicht stattfindet,
wandte er sich jetzt im Geist von seinem Haus zu seiner
Leonore, indem er mit einem ausdrucksvollen Blinzeln
der Augen zu mir sprach:

„Feuer und Wasser wären das Schlimmste nicht,
mein Lieber, mit beidem kann man fertig werden. Aber
es gibt andere häusliche Freuden, die niemals aufhören.
Ich bin ein liberaler Mann und habe für ‚berechtigte
Eigenthümlichkeiten' ein weitgehendes Verständniß. Al=
lein, lieber Himmel! was steht man nicht Alles aus mit
den ewigen Spielereien und Tändeleien, deren Sammel=
wort ‚Weib' heißt? Und ist Eine wirklich herausgewachsen

über die Spielerei mit Puppen und Männern und Klei=
dern, fangen die Runzeln an, dem Spiegel den Krieg
zu erklären — wupp's! kommt 'ne andere Spielerei
d'ran; hat man bisher mit der Phantasie, so wird jetzt
mit der Nüchternheit getändelt. Sehen Sie, da ist meine
Leonore! 's ist ein braves Weib, Gott hab' sie — ver=
zeihen Sie — Gott erhalte sie gesund! und ich muß
sagen, wenn sie will, kann sie ihren Kandelsieder sehr
glücklich machen. Aber ihre Mucken hat sie doch. Jetzt
hat sie sich's seit einiger Zeit in den Kopf gesetzt — 's
scheint im ganzen Städtchen Mode zu werden — daß
eine gute Hausfrau von Zeit zu Zeit auf Auctionen
gehen müsse, um ‚billige Sachen' zu kaufen. Und so
hat sie seit einiger Zeit eine wahre Wuth auf allen alten
Kram, der irgendwo, sei's privatim oder auf Auctionen,
zum Kaufe feilgeboten wird. In einem großen Haus=
halt müsse man sparen, sagt sie, und immer weiß sie
einen Grund, wozu sie das und wozu sie jenes, das
jetzt gerade zu billigem Preise käuflich ist, im Verlaufe
der Jahre 'mal brauchen wird. Mein ganzes Haus ist
schon vollgestopft vom Erdgeschoß bis zum Dache hinauf
mit dem tollsten Plunder, den Sie sich denken können:
auf der einen Hälfte ein wahres Naturalien=Cabinet, auf
der andern ein halber Eisen= und Kurzwaaren=Laden.
Und noch ist kein Aufhören damit. Ich weiß schon kaum
noch, wo ich all' das Geld dazu hernehmen soll. Wirklich,
Nachbar, die Geschichte macht mir ernste Bedenken.

„Sie kennen doch den Brandenstein, der vor ein
paar Tagen im Auctionswege ausverkauft hat? Nun
sehen Sie, dort hat sie mitgeboten, als ob ich ein Mil=
lionär wäre! — und kommt dann heim mit einer ganzen
Wagenladung von allerhand möglichem und unmöglichem
Zeug — vier Berliner Steingut=Theekannen ohne Deckel

und ohne Henkel; zwei Bettpfosten und drei Querhölzer;
ein Paar Butterfässer und vierzehn gebrauchte Sommer=
Calabreser, obendrein noch eine ganze Heerde elenden
Krims und Krams, für den kein Geier Verwendung
weiß. Und als ich sie darob zur Rede stellte, da heißt's,
ja sie hätte 's eigentlich gar nicht kaufen wollen; sie
hätte bloß mitgeboten, um im Interesse von Frau Branden=
stein die Sachen möglichst hinaufzutreiben, der Auctio=
nator aber habe im Handumdrehen zugeschlagen; und so
mußte sie eben den ganzen Plunder nehmen. Und als ich
sie frage, was sie denn mit all' dem Kram anfangen
wolle, da sagt sie: die Sommer=Calabreser, die könne
sie sehr gut zu Sabberlätzchen für unser Jüngstes brauchen,
und die Theekannen ließen sich als Einmachetöpfe besser
als alles Andere verwenden; aus den Bettpfosten und
den Querhölzern aber sei ohne Schwierigkeit eine sehr hübsche
Bettstelle zu machen, man brauche ja nur die entgegen=
gesetzten Enden auf Stühle zu legen; die Butterfässer wären
eine sehr günstige Acquisition, denn es könne ja leicht
sein, daß sie einmal eine Kuh zugeschlagen bekäme, und
da sei sie dann gleich zum Buttermachen eingerichtet.
Mich soll's nicht wundern, sie bringt einmal von ihren
Rumpelkram=Fahrten einen alten Stier nach Hause ge=
schleppt!

„Als im Januar den Gebrüdern Wanzer Alles
im Aufstreich verkauft wurde, da durfte sie na=
türlich nicht fehlen und kam, wie immer, mit allerhand
demolirten und verschandelten Möbeln heim. Und
als ich dann zu ihr sagte: ‚Aber, Norchen, zu welchem
Zwecke hast du denn einen Flaschenzug und die Copir=
presse gekauft?‘ Ja, da hätten Sie sehen sollen,
wie's über mich los ging. Wir Männer, hieß es, hätten
kein Verständniß für Sparsamkeit und wollten nie an=

erkennen, wenn eine Frau sich schinde und plage, um da und dort einen Pfennig zu sparen. Und so billig sei Alles weggegangen — rein geschenkt habe man Alles bekommen. Ich hab' mich zwei Tage lang im ganzen Hause nicht rühren können, bis all= mälig ein Stück nach dem andern auf den Speicher spaziert ist, wo's noch steht. Nun frag' ich Sie, Nachbar! — hört da nicht Verschiedenes auf?! Und doch hätte sie das nächste Mal, als bei Meyer's am Markte drüben Auction war, auf den ganzen Laden, glaub' ich, ein Gebot gemacht, wenn ich nicht gerade dazu gekommen wäre. Bis zu diesem Augenblick hatte sie schon einen Aneroid=Barometer, drei Dutzend eiserne Brat= spieße, ein paar Stück Sackleinwand und vier Bände „Harfenklänge aus alter und neuer Zeit' gekauft. Nachbar, wie wird Ihnen da? Vier Bände Gedichte! Sie sagte zwar, sie hätte gedacht, die Bücher seien eine Art Kochbuch gewesen, sonst hätte sie gewißlich nicht darauf geboten — aber vor meiner Leonore ist jetzt nichts sicher. Der Barometer, meinte sie, sei ja ein sehr nützliches Ding, er zeige die Richtungen der Windrose an, man könne also an ihm sehen, wo Nord und Süd ꝛc. zu finden. — Und da agitiren gewisse Leute für Frauen=Wahlrecht! — Nein, Nachbar, mich lasse man mit dem ganzen Weiber= geschlecht zufrieden! Ich hab' die Bratspieße und den Barometer zusammen im Zorn für eine Bagatelle wieder verkauft. Und von der Riesenrolle Sackleinwand hat sie bisher zwei kleine Stückchen abgeschnitten, um Karlchen's Hosen auszubessern. Das ist der ganze Profit, der bei dieser Sache herausgekommen ist.

„Auf Nützlichkeit und Verwendbarkeit nimmt sie bei all' diesen Einkäufen nicht im Entferntesten Rücksicht. 's ist wirklich die reine Manie zu kaufen. Wir haben im

ganzen Hauſe nicht einen einzigen Ofen. Aber was
macht ſie bei Ganzhorn's auf der Auction? 62 Fuß
Ofenrohr nebſt drei Knieen erſteht ſie und bringt ſie
angeſchleppt in Compagnie mit drei zerbrochenen Lein=
wandſchirmen. Mit den Schirmen, meinte ſie, hätte ſie
ein ausgezeichnetes Geſchäft gemacht, denn die brauchte
man nur neu überziehen und ein neues Geſtell dazu
machen laſſen, und hätte dann ein ſehr hübſches uniformes
Geburtstagsgeſchenk für all' unſere Muhmen und Baſen!
Das Ofenrohr könnte man um die Pfirſichbäume in der
Baum=Plantage pflanzen, um den Kühen das Abfreſſen
der jungen Schößlinge unmöglich zu machen. Wie zum
Geier ſich ein Ofenrohr um einen Pfirſichbaum legen
laſſen ſoll, das iſt mir unerfindlich.

„Jetzt hab' ich im „Hochwächter‘ geleſen, daß bei
Peter's Auction ſein ſoll, — Freitag, wenn ich nicht
irre. Nun paſſen Sie 'mal auf, was Alles meine Leo=
nore wird angeſchleppt bringen! Der Peter hat unter
Anderm eine ganze Pyramide von Blechkapſeln, in denen
er Paradiesäpfel aufbewahrt hielt. Jetzt ſoll's mich
Wunder nehmen, ob ſie die nicht alle mit einander kaufen
wird, falls ich nicht dazwiſchen trete! Wiſſen Sie, Nach=
bar, ich bin ein gutmüthiger Kerl, der weder Fenſter=
läden ſchnupft noch Talglichter ißt — aber wenn Einem
bei ſo' was nicht der Kamm ſchwellen ſoll, dann weiß
ich nicht wann ſonſt!‟

Ich vermochte leider nicht viel zu ſeinem Troſte zu
ſagen. Daß er ein Recht hatte, bekümmert zu ſein, war
mir wohl einleuchtend; aber — glücklicher Kandelſieder!
ein Blick in das Inventar vieler Actienbeſitzer hätte ihm
bei alledem ſeine Lage beneidenswerth erſcheinen laſſen!

*　　*　　*

Vor ein paar Tagen herrschte bei Kandelsieder's eine ungeheure Aufregung, die durch das räthselhafte Verschwinden der in hohen Ehren gehaltenen Hauskatze hervorgerufen wurde. Zwei oder drei Tage lang hörte man allerorten im Hause das jämmerlichste Miauen, ohne daß man den Ort, von woher es ertönte, zu entdecken vermocht hätte. Hausvater Florian, wüthend gemacht durch das nicht enden wollende Gezeter, stand zu öfteren Malen des Nachts auf, tobte im Zimmer umher und warf zuletzt alle möglichen Gegenstände, die ihm in die Finger kamen, ziel= und planlos zum Hinterfenster hinaus, in der eitlen Hoffnung, das Thier zu treffen und dadurch einzuschüchtern. Aber die Katze schien sich um Florian's Wuth nicht im Geringsten zu bekümmern; sie miaute unbeirrt weiter und miaute auch dann noch, als Florian nahezu alle beweglichen Gegenstände, die im Hause zu finden waren, zum Fenster hinausgefeuert hatte.

Als der Tag endlich zu grauen anfing, machte sich Florian Kandelsieder an die genaue Untersuchung des gesammten Gebäudes. Von dem herzzerreißenden Jammergeheul geleitet, war er endlich im Stande festzustellen, daß die Katze innerhalb der an der Nordwand des Gebäudes hinablaufenden blechernen Regenröhre saß. Seiner Meinung nach mußte Mamsell Mieze bei nächtlicher Weile auf dem Dache herumscharmuzirt haben und dabei unglücklicher Weise in die Röhre gerathen sein.

Kandelsieder versuchte nun, das Thier herauszuschütteln, indem er mit einem Stocke gegen die Röhre hämmerte. Aber je mehr er schlug, desto lauter schrie die Katze, bis endlich der vereinigte Lärm von Kandelsieder's Gehämmer und der Mieze Gemaue die gesammte Nachbarschaft aus dem süßen Morgenschlummer aufge=

schreckt und die Aufmerksamkeit der Polizei wachgerufen
hatte.

Hierauf nahm er eine Wäschestütze und versuchte
nun, auf dem Dache stehend, mit ihr die Katze aus der
Röhre hinauszustoßen. Die Stange war aber nicht lang
genug, daß er die Katze mit ihr hätte erreichen können.
Florian erzielte damit weiter nichts, als daß Mieze
noch lauter und heftiger miaute als bisher. Es blieb
dem armen Florian schließlich nichts Anderes übrig,
als die Röhre herabzunehmen und zu versuchen, ob sich
die Katze herauslocken lasse. Als er nun die Röhre
auf dem Boden liegen hatte, guckte er an dem einen
Ende hinein und konnte die Augen der Katze ganz
hinten in der Dunkelheit der Oeffnung wie ein paar
Feuerkugeln glänzen sehen. Nachdem er einige Zeit
lang an der Röhre gerüttelt und geschüttelt hatte,
ohne daß die Katze auch nur eine einzige Bewegung
gemacht hätte, kam er endlich auf den Einfall, daß
das Thier in der Rinne festgekeilt sitzen müsse und
wahrscheinlich kein Glied rühren könne. Er hatte im
Sinne, die Röhre aufzureißen. Sein Nachbar Bohnenstengel aber, der sich infolge des Lärms, den Florian gemacht, zu diesem gesellt hatte, war der Meinung, daß
es schade sei, solch eine gute Rinne einer Katze wegen
zu verderben.

So entschloß sich denn Kandelsieder, theilweise auch
auf den Rath Bohnenstengel's hin, die Katze mit Pulver
aus der Röhre herauszusprengen. Er holte eine kleine
Schußladung aus dem Hause, rammte diese mit einem
Stocke möglichst fest in die Röhre, verstopfte die
Oeffnung derselben sodann mit Lehm und setzte den
Zündfaden in Brand. Zwei Minuten später erfolgte
eine heftige Explosion, der Lehm wurde herausgeschleu-

dert und fuhr dem erwartungsvoll dastehenden Balda=
mus Bohnenstengel so gewaltig gegen die Rippen, daß
er bis zur Pumpe hinüberflog und sich auf dem Wiesen=
fleck hinter derselben kugelrund im Grase zusammen=
krümmte. Als er wieder zu Athem gekommen war,
erhob er sich, hinkte zu Kandelsieder heran und rief
diesem heftig zu:

„Soll der Teufel Sie sammt Ihrer verteufelten
Katze holen! 's ist eine Schande für Sie, das Leben
eines Familienvaters um eines elenden Katzenviehs
halber, das schon längst hätte todtgeschlagen werden sollen,
in Gefahr zu setzen!"

Dann kletterte Baldamus verdrossen über den Zaun
und ging in sein Haus hinein, während die Katze in
der Röhre nun so entsetzlich miaute, daß allen Leuten
die Haare zu Berge standen.

Florian war der Meinung, er hätte insofern einen
Fehler gemacht, als er das Ende der Röhre nicht gegen
einen festen Gegenstand gestellt habe. Er lud hierauf
zum zweiten Mal einige Pfund Pulver in das Rohr
und stellte dieses dann aufrecht auf den Boden, mit
dem Rücken gegen die Pumpe gelehnt. Jetzt setzte er
die Lunte in Brand, — und eilig, in Schrecken gesetzt
durch das Baldamus Bohnenstengel widerfahrene Mal=
heur, verzog sich die Menge. Ein paar Secunden
später erfolgte eine heftige Explosion; Blechstücke und
Lehmklumpen regneten im Hofe hernieder, und in die
Lüfte hinauf segelte aus der Mündung des Rohres
hinaus ein — kohlpechrabenschwarzer Gegenstand, segelte
höher und höher, bis er den Augen des schreckerstarrten
Florian und der gaffend in gemessener Entfernung
postirten Zuschauermenge nur als ein kleiner düsterer
Punkt erkennbar war, — fuhr dann in noch rascherer

Bewegung wieder hernieder, tiefer und tiefer und tiefer, bis er den Boden der Erde wieder erreicht hatte. Das war die Hauskatze von Kandelsieder's, versengt und verbrannt zu einer harten und schwärzlichen Kruste. Aber trotzdem sie aussah, als ob sie den Sommer im Krater des Vesuv verlebt hätte, war sie doch scheinbar ganz munter und guter Dinge, denn sobald sie Boden unter den Füßen fühlte, stimmte sie ein wildes, unbändiges Geheule an und stürzte nach dem Holzstalle hin, wo sie miaute und miaute, bis Kandelsieder ihrem Leben durch einen Schuß aus seiner Schrotflinte ein zu frühes Ziel setzte.

Das neue Drahtrohr kostete ihn zum mindesten vierzig Dollar, aber er meinte, als ich bedenklich den Kopf schüttelte, das Geld reue ihn gar nicht, da es ihm doch gelungen sei, diesen Teufelslärm zu unter= drücken.

*   *   *

Im letztverflossenen Winter geschah es eines Tags, daß Kandelsieder's Wanduhr aus dem rechten Geleise kam und verkehrt zu schlagen anfing. Das gab nun in einer der nächsten Nächte Veranlassung zu einer Scandal=Geschichte sonder Gleichen. Die ganze Familie Kandelsieder vom Hausvater an bis zu der neueinge= tretenen Dienstmagd lag in süßem friedlichem Schlummer — da, 's mocht' um die zwölfte Stunde sein, da — schlug es auf einmal Fünf. Die Dienstmagd, die, wie das in den ersten Tagen zu geschehen pflegt, sich vor= genommen hatte, ihre Dienstpflichten mit großer Gewis= senhaftigkeit zu erfüllen, und in Folge dessen die ganze Nacht nicht gut schlief, lauschte mit gespanntem Ohre dem Schlagen der Uhr, sprang, als diese beim Schlage Fünf aussetzte, in der festen Meinung, es sei schon

Morgen, wie elektrisirt aus dem Bette und fuhr hastig
in ihre Gewänder. Da es zur Winterszeit frühmor=
gens um fünf Uhr noch stockfinster zu sein pflegt, so
war es erklärlich, daß sie den Zeitunterschied nicht
bemerkte, sondern in die Küche hinunter eilte, um das
Frühstück zu bereiten.

Die nach neuer Dienstboten=Art sehr geräuschvolle
Weise, in welcher Jungfer Käthe ihren Küchenfunctionen
oblag, schreckte den Hausvater Florian aus seinem festen
Schlafe, und behutsam bis zur Zimmerthüre schleichend, öff=
nete er diese leise und schob vorsichtig zuerst seine Nacht=
mütze und dann seinen Kopf hindurch, um sich von der
Ursache dieses eigenartigen nächtlichen Rumorens zu
unterrichten. Er vernahm deutlich, wie in Küche und
Speisekammer unter Personen heraus= und herein=
schritten, und das Klappern von Tellern und Tassen,
das laut bis in die oberen Räume herauf ertönte, rief
die Meinung in ihm wach, als sei etwelches diebische
Gesindel mit dem Zusammenpacken seiner Küchen=Ein=
richtung beschäftigt. Behutsam trat er in das eheliche
Schlafgemach zurück, weckte seine theure Leonore und
wies dieselbe an, die Schnarre zum Vorderfenster hin=
aus ertönen lassen, sobald sie einen Schuß knallen hören
werde. Dann langte er die Schrotflinte von der Wand,
schlich leise die Treppenstufen herab, trat an die Thüre
der Speisekammer, in welcher die Missethäter jetzt haus=
ten, spannte kalten Blutes den Hahn, setzte das Zünd=
hütchen auf, legte an, stieß die Thüre mit dem Fuße
auf, schob den Lauf durch die Oeffnung hindurch und —
schoß. Im selben Moment dröhnte mit Höllenspectakel
die Schnarre der Frau Kandelsieder zum Straßenfenster
heraus; und bevor noch Hausvater Florian recht zur Er=
kenntniß seines Irrthums gekommen war und die an

ihren hinteren Weichtheilen verwundete Dienstmagd vom
Boden aufheben und in ihr Kämmerlein tragen konnte, wurde
dreimal laut und kräftig an die Vorderthüre des Kandelsieder'schen Hauses gepocht, und als diese sich daraufhin nicht öffnete, folgten zwei, drei, mächtige Rucke,
dann ein lautes Gepolter und Geprassel — die Thür
ward eingestoßen und herein schritten zwei bis an die
Zähne bewaffnete Männer des Gesetzes.

Diese, als sie Herrn Florian Kandelsieder mit der
Schrotflinte in der Hand dastehen und Jungfer Käthe
blutig und ohnmächtig auf den Steinfliesen liegen sahen,
dachten nicht anders, als daß hier ein Mord verübt
worden sei. Der eine dieser zwei Wackeren schleppte
unsern Florian im Geschwindschritt nach der Polizei-
wache, während der zweite im Kandelsieder'schen Hause
blieb, um den Thatbestand zu constatiren. In diesem
Augenblick schlug die Uhr Sechs. Eine Auseinandersetzung
von Seiten Käthens, die nur einige Schrotkörner in der oben
bezeichneten Stelle zu sitzen hatte, klärte den zurückgeblie-
benen Polizeimann auf, der sich daraufhin rasch entfernte,
um den geprüften Kandelsieder seiner angsterfüllten Familie wieder zuzuführen. Zähneklappernd vor Frost und
Aufregung langte Florian um drei Uhr Morgens — gerade
als die Uhr im Hause Acht schlug — vor seiner Thüre
wieder an. Nachdem ihm der Sachverhalt auseinandergesetzt worden, war seine erste Handlung, den Kolben
seiner Flinte in das Uhrwerk zu stoßen, worauf dasselbe
sofort zweihundertundvierzig Mal hinter einander schlug.
Da packte Florian die Wuth, und er feuerte das werthvolle Möbel durch das Fenster nach dem Hofe hinaus,
wo es in tausend Trümmern barst. Am Nachmittag
erstand seine Leonore auf der Fahrnißversteigerung bei
Schwanepelzens eine zierliche alte Rococo-Uhr zu mäßi-

gem Preise — der erste praktische Erwerb, den der Kandelsieder'sche Haushalt von Leonorens Gerümpel-Kaufsucht zugeführt erhielt. Seitdem erfreut sich die Familie Kandelsieder wieder der gewohnten segensreichen Ordnung.

*   *
*

Wenige Wochen nach dieser curiosen Uhren-Geschichte feierte das Ehepaar Florian und Leonore Kandelsieder ihre „eiserne Hochzeit".*) Circa 120 Gäste waren zu dem solennen Feste geladen; und jeder Gebetene fühlte natürlich die Verpflichtung, irgend ein Geschenk dem Jubelpaare zu überreichen.

Herr und Frau Schulze eröffneten den Reigen und brachten dem „verehrten Jubel-Florian" ein paar Bügeleisen; Herr und Frau Müller folgten und brachten der „theuren Jubel-Leonore" ein paar Bügeleisen. Allgemeines Gelächter ob dieser sonderbaren Gedanken-Harmonie! — Die Heiterkeit wuchs, als nun auch Herr und Frau Lehmann, beide je ein Bügeleisen in der Hand tragend, in das Festgemach traten und dem Jubelpaare mit einigen wohlgesetzten Worten das seltene Präsent überreichten, — schwoll aber an zu einem brausenden Gejohle, als gleich hinter Lehmann's, wiederum mit einem paar Bügeleisen, Herr und Frau Meier sich zur Thür herein bewegten.

---

*) Es ist eine Eigenthümlichkeit des Familienlebens in den Vereinigten Staaten, den Tag der Eheschließung nicht, wie es bei uns Sitte, bloß nach 25, 50 und 75 Jahren (als silberne, goldene, diamantne Hochzeit) festlich zu begehen, sondern bereits zu fünf früheren Malen, nämlich nach 3 Jahren als paper-wedding (papierne Hochzeit), nach 5 als glass-w. (gläserne), nach 7 als wooden-w. (hölzerne), nach 10 als tin-w. (blecherne) und nach 15 Jahren als iron-wedding (eiserne Hochzeit). Bei der ersten Feier bestehen die sämmtlichen Geschenke aus papiernen, bei der zweiten aus gläsernen, der dritten aus hölzernen, der vierten aus blechernen, der fünften aus eisernen Gegenständen. H.-A.

Als aber nach kaum fünf Minuten Herr und Frau
Wasserhose sich anmelden ließen und — zur Abwechs=
lung — nicht ein, sondern zwei Paar Bügeleisen, sorg=
fältig in braunes Packpapier gehüllt, voraussandten; als
gleich darauf die drei Mädchen von Schlaginweit's, jede
mit einem Bügeleisen ausgestattet, erschienen; als Boh=
nenstengel's, Maßelgruber's, Purzpichler's, Specht's,
Piepenbrink's, Schummler's und Abele's, Alle mit
Bügeleisen in der Hand oder unter dem Arme, auf der
Straße sichtbar wurden: da legte sich Herrn Florian's
Gesicht doch langsam in ernste Falten, und Norchen
rümpfte das Näschen mehr als gewöhnlich. Ganz Blech=
lingen schien an diesem weihevollen Tage an weiter nichts
gedacht zu haben, als an Bügeleisen, denn soviel Gäste
wie in's Festzimmer eintraten, soviel wanderten auch Bü=
geleisen auf die für die Festgeschenke aufgestellte Tafel, die
schließlich durch Ansetzen von Tischen verlängert werden
mußte. Nur der steinalte, expreß zu dem Festtage von
Philadelphia nach Blechlingen gekommene Großonkel
Florian's, der gute Medardus Hugendubel, brachte eine
Abwechslung in die Geschichte, indem er aus den Tie=
fen seines Reisesackes eine eiserne Kuhschelle hervorlangte
und der Gattin seines vielgeliebten Großneffen mit
ein paar Beglückwünschungs=Worten einhändigte. Jubel=
Florian hatte zwar in seinem ganzen Leben nicht Ver=
wendung für eine Kuhschelle, und zu jeder andern Stunde
würde er mit Verachtung auf ein derartiges Präsent
herabgeblickt haben. Heute aber fühlte er sich dem „frei=
gebigen" Großonkel unendlich dankbar und wollte den=
selben gerade im überströmenden Gefühl seiner Freude um=
armen und küssen, als das Ehepaar Schwänzlein zur Thüre
herein trat mit einem Paar doppelspitziger, holzgriffiger
Bügeleisen neuester Erfindung, und Hieronymus Schwänz=

lein dem Jubel-Florian ein kurzes launiges Gedichtchen
herdeclamirte. Den Schwänzlein's folgten Rohrdommel's,
den Rohrdommel's Rabe's, den Rabe's Wunderlich's,
Trittmüller's, Braun's, Reisewißens, Pfeifer's u. s. w.
u. s. w., Alle mit einem, zwei oder mehr Bügeleisen,
bis endlich der witzige Milchlieferant Blechlingen's, Herr
Lactantius Weise, in bekannter Geistesüberlegenheit den
ersten und einzigen gußeisernen Untersatz für Bügeleisen
dem Jubelpaare überreichte.

Herr Florian Kandelsieder hatte bei jedem weiteren,
mit einem Bügeleisen Eintretenden ein unheimlicheres
Gesicht geschnitten, bis ihm endlich, als Notar Dr. Klauber
durch seinen ältesten Sprößling, „um einem längst gefühlten
Bedürfniß abzuhelfen," ein einziges Bügeleisen sandte,
der Geduldsfaden riß. Schäumend vor Wuth, ließ er die
geladenen Gäste im Stiche, unternahm einen Gang in's
Freie, um sich abzukühlen, und begab sich nach seiner
Heimkunft alsbald zu Bette.

Am Morgen nach dem Festtage zeigte Norchen, der
die Bewirthung der Festgäste bis zum frühen Morgen
allein obgelegen hatte, ihrem verdrießlichen Florian die
„Errungenschaften des Abends." Sie zählten die empfan=
genen Geschenke: zweihundert und dreizehn eiserne Bügel=
eisen, einen eisernen Untersatz und eine eiserne Kuh=
schelle.

Von diesem Tage an haben sich Kandelsieder's von
dem Umgange mit den Schulze's und Müller's, Leh=
mann's und Meier's u. s. w. u. s. w. losgesagt, denn
sie können sich des drückenden Bewußtseins nicht ent=
schlagen, daß ihnen mit dieser ganzen Geschichte ein
höchst unliebsamer Schabernack gespielt worden. Der
wirkliche Thatbestand aber ist, daß der Kurz= und Eisen=
waarenhändler Lautenschlager einen übermäßigen Vor=

rath an Bügeleisen hatte, die er für ein Spottgeld los=
schlug, und daß, wie andererorten, auch in Blechlingen
Einer wie der Andere das Billigste gekauft hatte, was
im Laden zu haben gewesen war. Ob Kandelfieder
nach dieser zum Mindesten sehr unerfreulichen Enttäu=
schung die Feier seines silbernen Hochzeitsfestes begehen
wird, darüber soll er noch gar manchen Zweifel hegen.

Dreizehntes Capitel,

welches in höchst seltsamlicher Weise von Wettrennen und auch
mancherlei anderen Dingen Kunde giebt.

Unfern der mächtigen Großstadt, in deren unmittel=
barer Nähe — wie Eingangs dieser Blätter hervorge=
hoben — unser gemüthliches Blechlingen gelegen ist, be=
findet sich ein hügeliges, von zahlreichen Gräben und
Hecken durchschnittenes Terrain, welchem der Volksmund
den Namen „Teufelsgrund" gegeben hat. Dort werden
die jährlichen Wett= und Hürdenrennen abgehalten, bei
denen unser wohlbekannter Freund, der Pferdeliebhaber
Herr Baldamus Bohnenstengel, nur in höchst seltenen
Ausnahmefällen nicht gegenwärtig zu sein pflegt. So
war er denn auch zu dem großen Preis=Kirchthurm=
jagen, das im milden Herbst des letztverflossenen Jahres
auf besagtem „Teufelsgrund" abgehalten wurde, hinüber=
gereist. In den letzten Tagen seiner Anwesenheit in der
großen Stadt hatte er zufällig den Prediger der Blech=
linger Methodisten=Gemeinde, Seine Ehrwürden Herrn
Barnabas Speidel, getroffen und sich mit diesem zur
gemeinschaftlichen Heimreise verabredet.

Als die beiden Herren im Bahnwagen einander gegenüber ſaßen, erzählte Bohnenſtengel, der noch ganz unter den Eindrücken des bei dem Rennen Geſehenen und Erlebten ſtand, von weiter nichts als von Pferden und Jockeys, von Jagen mit und ohne Hinderniſſe, von erſten, zweiten, dritten Preiſen und dergleichen mehr. Herr Prediger Speidel verſtand freilich von dieſen Dingen ſoviel wie ein Wilder von Pſychologie; Bohnenſtengel aber hielt es in der ihm eigenthümlichen Weiſe für ſelbſt⸗ verſtändlich, daß der Herr Pfarrer mit dem Gegenſtande vertraut ſein müſſe; und ſo erzählte er denn mit lauter, vernehmlicher Stimme (Herr Barnabas Speidel nämlich war etwas ſchwerhörig), wie folgt:

„Ich war heut Morgen noch auf der Rennbahn draußen, um mir den ‚Longfellow‘ anzuſehen.“

„Wirklich? War denn der auch anweſend? Wo ſagten Sie, daß er geweſen ſei?“ fragte Speidel.

„Auf der Rennbahn drüben im ‚Teufelsgrund,‘“ rief Bohnenſtengel, indem er ſich zu Ehrwürden's Ohr herüberneigte; „ich hab' ihn ganz deutlich geſehen, und den ‚Grant‘ und den ‚Sherman‘ und eine große Menge Anderer noch. Er lief gegen Grant, was eine coloſſale Aufregung hervorrief. Er hat aber den Grant gründlich geſchlagen, und die Art und Weiſe, wie ihm die Menge Hoch's und Vivat's zubrüllte, war wirklich großartig. Es heißt, daß bei der Geſchichte viel Geld geſprungen iſt. Ich hatte ſelbſt eine kleine Wette auf den Grant geſchloſſen.“

„Sie wollen doch nicht ſagen, Herr Bohnenſtengel, daß Longfellow wirklich Grant geſchlagen hat?“ fragte Herr Speidel.

„Ei verſteht ſich! Grant hat eine totale Niederlage erlitten. Man hätte 's kaum glauben ſollen; nicht wahr?

Ich hab' in meinem ganzen Leben kein größeres Erstaunen gefühlt. Das Merkwürdigste an der Sache war,
daß Longfellow nachher noch gerade so frisch erschien
wie vorher. 's hat ihn wirklich gar nicht angegriffen.
Anstatt auszuruhen, sprang er munter umher; und als
sich die Menge zu ihm herandrängte, schlug er einen
Jungen in den Rücken, daß der Aermste zusammen-
knickte wie ein Federmesser — ist beinahe zu Grund gegangen daran, der unglückliche Bursche! O! der Longfellow ist ein gefährlicher Wicht! Ich möcht' ihm nicht
von hier bis an die Ecke trauen."

„Das ist aber wirklich verwunderlich!" rief der Herr
Pfarrer aus. „Ich kann das beinahe nicht für möglich
halten. Sind Sie auch wirklich ganz sicher, Herr Bohnenstengel, daß es Longfellow war?"

„Nun, natürlich!" rief dieser aus. „Ich hab' ihn
früher ja oft genug schon gesehen. Nachdem er sich ein
wenig verschnauft hatte, hat er mit der Lucca angebunden.
Die ist nun vollends schlecht weggekommen. Die ganze
Bahn hindurch hielt er ihr immer ein paar Fäuste vor."

„Was Sie sagen! ein paar Fäuste — Longfellow,
der Lucca! Das ist ja schauderhaft!"

„Hierauf maßen sich Bismarck und Arnim, und
das war der schönste Wettstreit des ganzen Tages. Zuerst
schlug der Bismarck den Arnim, dann ermannte sich
dieser und machte dem Erstern colossal zu schaffen, nun
schossen Beide eine Zeit lang neben einander her, als
der Bismarck plötzlich ein paar mächtige Rucke that und
den Arnim weit hinter sich ließ. Es wurde gesagt,
Arnim hätte das Augenlicht verloren in Folge des übermäßigen Echauffements; aber ich weiß nicht, ob es wahr
ist oder nicht. Wie dem auch sei, er konnte nicht weiter.
— Nun aber hören Sie, Ehrwürden! Jetzt kam

der Longfellow wieder mit der Beecher-Stowe. Auch
an dieser hat er fortwährend vorbeigeschossen, wodurch
sie in solche Aufregung gerieth, daß sie ein wenig seitwärts gerannt ist und, weiß der Himmel wie! über
Longfellow's Bein gestolpert ist, darauf zusammengebrochen und — so hab' ich gehört — sehr gefährlich
beschädigt sein soll. Auch Longfellow's Bein soll bis
auf den Knochen aufgeschürft sein."

„Haben denn welche von den Schüssen getroffen?"

„Schüsse — was sagen Sie?"

„Nun, Sie sagten doch, er hätte fortwährend an
ihr vorbeigeschossen?! und da glaubte ich, es hätten
am Ende welche von den Kugeln sie getroffen."

„Ach was!" rief Bohnenstengel, „ich hab' natürlich
damit gemeint, daß er an ihr vorbeigerannt sei. Wie
soll er denn Kugeln auf sie haben schießen können?"

„Nun, ich dachte, er hätte vielleicht eine Flinte
gehabt. Aber ich verstehe von der ganzen Sache nichts.
Ich hab' so etwas Verwunderliches gewiß mein ganzes
Leben lang noch nicht gehört," sagte kopfschüttelnd Herr
Pfarrer Speidel.

„Aber, mein guter lieber Herr Pfarrer," fragte
Bohnenstengel; „wie soll denn der Longfellow eine
Flinte handhaben können?"

„Nun, wie jeder andere Mensch doch auch!"

„Aber Ehrwürden! — Heiliger Moses! Sie haben
doch nicht geglaubt, daß ich die ganze Zeit hindurch
von Menschen gesprochen habe!? Oder wirklich etwa?
Der Longfellow ist ein Pferd, mein sehr verehrter Herr
Speidel! Der Bismarck und der Arnim, die Lucca
und die Beecher-Stowe auch. Sie sind heute Nachmittag um die Wette gelaufen im ‚Teufelsgrund‘ drüben.
Und davon hab' ich Ihnen erzählen wollen."

„Was Sie nicht sagen!" entgegnete Herr Barnabas Speidel mit einem Seufzer der Erleichterung. „Ich dachte, Sie sprächen von dem Dichter, und wußte nicht, ob ich Ihnen glauben sollte, Herr Bohnenstengel, oder nicht. Es war mir doch gar zu sonderbar."

Herr Baldamus Bohnenstengel stand auf, weil er sich kaum das Lachen verhalten konnte, und schritt nach dem Rauch=Coupé hinüber, wo er den Scherz allen seinen Bekannten zum Besten gab, indessen Seine Ehrwürden über die unverschämte Frechheit der Menschen nachdachte, Pferden die Namen achtbarer Personen bei= zulegen.

*　　*　　*

Während Ehrwürden Speidel noch über diesen Fall nachsann, ward seine Aufmerksamkeit auf ein weiteres sensationelles Ereigniß gelenkt.

Ein junger Mann, der mit Ehrwürden im gleichen Wagen saß, hatte eine Flasche Himbeersaft mit dem Halse nach unten in den Behälter für Reisehandgepäck zu seinen Häupten gelegt. Kurze Zeit darauf kam ein Bekannter dieses Mannes in den Wagen und setzte sich auf den neben demselben befindlichen freien Platz. Wäh= rend auch zwischen diesen beiden Herren über nichts Anderes, als über das eben stattgefundene Wettrennen gesprochen wurde, hatte der Letztgekommene sein Feder= messer aus der Tasche gezogen und schnitzelte sich damit an seinen Fingernägeln herum. Die Unterredung wurde allmälig warm; und als die Aufregung zu einem hohen Grade gestiegen war, gesticulirte der Zuletzteingetretene heftig mit seinem Messer in der Luft herum, um seine Anschauungen besser zu erläutern. Inzwischen hatte sich durch die Erschütterung des Fahrens der Kork aus der Himbeerflasche zu Häupten seines Widerparts gelockert, und der Saft träufelte auf des Besitzers Kopf, Gesicht und Kragen und Rock nieder, ohne daß es der junge Mann im Feuereifer des Meinungskampfes bemerkt hätte.

Nicht lange währte es jedoch, so wurde eine ängstliche alte Frau, die auf der Bank hinter dem lebhaft discutirenden Männerpaar saß, des rothen Fleckens auf dem Antlitz des Einen ansichtig, und da sie sich dem schrecklichen Wahn hingab, sie sehe Blut, so schrie sie aus voller Kehle: „Mordio! Mordio!" Als auf diesen Lärm hin Passagiere, Zugführer und Bremser herbeigestürzt kamen, fuchtelte sie wild mit ihrem Schirme umher und rief:

„Arretiren Sie den Mann da! arretiren Sie ihn! Ich hab' ihn bei der That gesehen. Ich hab' gesehen, wie er den Anderen mit seinem Messer gestochen hat, bis das Blut herausgespritzt ist. O du Satan! du schlechter Schurke! ein Menschenleben in so niederträchtiger Weise zu rauben! Ich hab' gesehen, wie du ihn mit dem Messer gestochen hast, du Menschenschlächter du! Und das werde ich vor Gericht beschwören, du elender Schurke du!"

Man brachte die aufgeregte Dame in den hinteren Wagen und beruhigte sie, während das nichts ahnende Opfer sich den Himbeersaft vom Rocke wischte. Die ehrenwerthe alte Frau aber wird mit der festen Ueberzeugung in's Grab sinken, Augenzeuge eines der entsetzlichsten Eisenbahnmorde gewesen zu sein, die jemals sich zugetragen.

*　　*　　*

Vor nicht langer Zeit aber wurde Ehrwürden Speidel's Weisheit zur Entscheidung einer Wette von weit gewichtigerer Natur angerufen, als sie ursächlich eines Pferderennens je abgeschlossen werden kann. Bei Gelegenheit einer religiösen Controverse nämlich zwischen dem bibelfesten Kirchendiener Petrus Lämmlein und einigen seiner Bekannten war von einem dieser letzteren behauptet worden, daß Herr Petrus bei all' seiner Belesenheit denn doch nicht wisse, wie die Schwiegermutter des Moses geheißen habe, und daß er dies auch nicht zu eruiren vermöge. Petrus Lämmlein nun hatte nach langem Hin- und Widerreden sich zu einer Wette erboten, daß er den Namen dennoch zu erforschen im Stande sei. Die Wette war von der ganzen Kumpanei seiner Widersacher gehalten worden, und Petrus hatte daraufhin die Bibel von A bis Z durchgelesen, ohne indeß das Mindeste zu finden, was ihm Aufklärung über das wichtige Streit-Object oder nur den geringsten Anhalt zur Entscheidung der Frage gegeben hätte. Er faßte nun den Entschluß, den Kirchen-Aeltesten Fein in dieser Angelegenheit zu befragen.

Herr Fein ist Director der Blechlinger Gasfabrik-Gesellschaft. Die Bureaux derselben liegen am „Rosenweg" draußen, und durch ein halbes Dutzend kleiner niedriger Fenster gewahrt der Vorübergehende die gleiche Anzahl von Köpfen, die ebensoviel Angestellten angehören, deren Obliegenheit es ist, Bestellungen auf Gas und Coaks sowohl, wie eingehende Geldbeträge in Empfang zu nehmen. An das zunächst der Straßenecke sitzende dieser Individuen nun richtete Herr Petrus Lämmlein das Wort:

„Ist Herr Fein zugegen?"

„Was ist Ihr Begehr?" schallte ihm entgegen.

„Hm! ich möchte gerne den Namen von Moses' —"

„Ich kenne keinen Moses. Sehen Sie im Adreßbuch nach!" und ärgerlich schlug der Beamte das Fenster zu.

Darauf wanderte Petrus zum zweiten Schalter und rief hinein:

„Ich wünsche Herrn Fein auf einen Augenblick zu sprechen."

„In welcher Angelegenheit?"

„Ich möchte gerne wissen, ob er vielleicht Moses —"

„Was für einen Moses?"

„Na, Moses, den Bibel = Moses — möchte gerne wissen, ob er vielleicht weiß —"

„Patriarchen gehören nicht in mein Ressort. Fragen Sie drüben im ‚Christlichen Jünglings = Verein' nach!" und darauf schloß sich das Fenster.

Beim dritten Schalter nun sprach Petrus:

„Ich wünsche Herrn Fein auf ein paar Augenblicke wegen Mose'n zu sprechen."

„Wollen Sie seine Gasrechnung bezahlen? Wie heißt sein Zuname?"

„Nein, nein! ich meine den ersten Moses, den Moses aller Mosesse."

„Ist etwas an seinem Gasometer entzwei?"

„Ach! Sie verstehen mich nicht! Ich meine den Propheten Israel's. Ich möchte gern wissen, ob —"

„Na, hier finden Sie ihn nicht. Das ist das Bureau für Reparaturen. Fragen Sie 'mal am Fenster nebenan."

Petrus folgte der Weisung.

„Ach, mein werther Herr!" rief er zum vierten Schalter herein. „Ich möchte gern Herrn Fein auf einen Augenblick sprechen. Er wird mir eine nothwendige Aufklärung über den Propheten Mose geben können. Es wäre mir angenehm, wenn Sie es ihm sagen möchten."

„Ach! was Ihnen nicht einfällt!" versetzte barsch der Beamte. „Herr Fein ist viel zu sehr beschäftigt, um für solchen Unsinn Zeit zu haben."

„Ich muß ihn aber sprechen," beharrte Petrus, „und ich bestehe darauf. Sie müssen nämlich wissen, ich habe wegen des Moses —"

„Mir gleichviel, was Sie haben oder nicht haben. Herr Fein ist nicht zu sprechen."

„Ich werde ihn aber doch sprechen," rief Herr Petrus Lämmlein, dessen Geduld nun zu Ende war. „Ich verlange, daß Sie ihm sagen, der Lämmlein sei hier und wolle ihn etwas über den biblischen Mose fragen. Ich werde dafür sorgen, daß Sie Ihre Entlassung kriegen, wenn Sie sich weigern, es zu thun."

„Was geht's mich an, ob Sie ihn wegen der sämmtlichen Kinder Israel's sprechen wollen? Ich sag' Ihnen, es geht nicht — und damit basta! Nun verhalten Sie sich ruhig und gehen Sie Ihrer Wege!"

Hierauf entschloß sich Herr Petrus Lämmlein nothgedrungen, den Kirchen-Aeltesten Fein in dieser Angelegenheit aus dem Spiele zu lassen und sich direct an Seine Ehrwürden den Herrn Pfarrer Speidel zu wenden. Der geistliche Herr empfing ihn freundlich und fragte nach seinem Begehr:

„Ich komme zu Ihnen, Herr Pfarrer, um Sie zu fragen: Können Sie mir nicht Auskunft geben, wie die Schwiegermutter hieß vom großen Mose?"

„Hm!" meinte Herr Barnabas Speidel — der, wie die Leser sich aus dem früher Gesagten erinnern werden, schwerhörig war, was hier die Ursache zu einem kleinen Mißverständniß wurde — „hm! da ist wirklich wenig Unterschied. Manche lieben diese Sorte, Manche jene. Eine recht gute Moos-Rose von heller Farbe ist „Herzog

von Cambridge;' hat große Blumen, blüht sehr früh
und hat einen feinen Geruch. „Hercules' ist auch vor=
züglich, muß aber guten Dünger haben und fleißig be=
gossen werden."

„Ach! ich habe ja nicht wegen Rosen, sondern
wegen Mose'n gefragt. Sie lassen sich irre leiten!" rief
Petrus Lämmlein.

„O freilich! unter allen Umständen! Man kann sie
am Pfahl hinauf leiten, wenn man das will. Da peitscht sie
der Wind nicht herum, und sie treiben mehr Schößlinge."

„Ach! Sie mißverstehen mich!" schrie Petrus Lämm=
lein. „Ich frage wegen Mose'n, nicht wegen Rosen.
Ich möchte gern wissen, wer Mosis, des Gesetzgebers,
Schwiegermutter war."

„Ach so! Nun, entschuldigen Sie! ich glaubte, Sie
sprächen von Rosen. Mosis Gesetze waren die Grund=
lage der jüdischen Religion. Sie finden das im Pen=
tateuch. O! das ist eine sehr bewundernswerthe Samm=
lung, sehr bewundernswerth, wenn man den Zweck der=
selben im Auge behält. Wir natürlich haben sie über=
lebt, aber noch immer enthält sie gar vieles auch für
uns Nützliche, so z. B. die —"

„War Moses verheirathet?" brüllte Petrus Lämmlein.

„Verheirathet? O gewiß! der Name seines Schwieger=
vaters war Jethro, wie Sie wissen, und —"

„Wer war seine Frau?"

„Nun, die Tochter des Jethro natürlich! Ich sage
ja, Jethro war sein Schwiegervater."

„Ach! wer Jethro's Frau war, meine ich," sagte
Petrus Lämmlein. „Ich möchte das wissen, weil ich
gerne meine Wette gewonnen hätte."

„‚Jette?' — Nein, so hieß sie nicht. ‚Jette' ist ja
das corrumpirte Verkleinerungswort von Henriette, und

dieser Name findet sich im Alten Testamente nicht. Ich kann mich auf den Namen von Mosis Frau nicht besinnen."

„Ich frage ja doch nach dem Namen der Schwiegermutter des Mose, zur Schlichtung einer Wette?"

„Junger Mann," sagte jetzt Seine Ehrwürden in streng verweisendem Tone. „Sie treiben Spott mit ernsten Dingen. Was wollen Sie damit sagen, daß Sie den Moses zur Schlichtung einer Wette haben wollen?"

Da langte Petrus Lämmlein nach einem auf dem Piano liegenden Notenheft, rollte dasselbe zusammen, hielt es an des Pfarrers Ohr und brüllte hinein:

„Ich — hab' — gewettet — daß — ich — den Namen — von — Mose'n seiner — Schwiegermutter — erfahren könnte. — Wissen — Sie — ihn?"

„In der Bibel ist derselbe nicht genannt," erwiderte der Pfarrer; „und wenn Sie keinen Geisterbeschwörer finden können, der Sie mit Mose'n in directe Beziehung bringt, — so glaub' ich, werden Sie Ihre Wette verlieren."

Herr Petrus Lämmlein gab seine fruchtlosen Bemühungen auf und zahlte die gewettete Summe, soll sich aber vorgenommen haben, in Zukunft weniger Heißsporn zu sein.

*　　*　　*

Herr Petrus Lämmlein ist, wie theilweise schon aus den vorhergehenden Zeilen erhellt, ein überaus wißbegieriger Mensch. Fortwährend ist er mit der Untersuchung dieses oder jenes Gegenstandes beschäftigt. Vor ein paar Tagen nun las er, daß zwei Tropfen vom flüchtigen Oel der Tabakspflanze, einer Katze auf die Zunge getropft, das Thier sofort umbrächten. Die Sache

erschien ihm nicht recht glaublich, und darum beschloß
er, sich durch eigene Anschauung zu überzeugen. Der
alte Schwalbe, der zweite — der Anciennetät nach erste
— Apotheker von Blechlingen hat eine Katze, die wohl
ihre fünfzehn Pfund wiegen mag. Diese fing nun unser Freund Lämmlein ein und nahm sie mit sich in
sein Zimmer. Dort öffnete er ihr das Maul und träufelte ihr ein paar Tropfen des Giftes ein. Einen
Augenblick später erschallte ein wildes, übernatürliches
„M-i-i-i-au-u-u-i-i-au-u-u!" — und zu Herrn Lämmlein's
größter Bestürzung fing Schwalbe's Katze an, mit zu
Berge stehendem Haar und krampfhaft sich windendem
Schweife, pfauchend wie das Nebelhorn auf der Wiener
Weltausstellung, im Zimmer herumzujagen. Herr Lämmlein ist seiner Sache nicht ganz sicher, aber er meint der
Wahrheit ziemlich nahe zu kommen mit der Behauptung,
daß die Katze die Runde durch das Zimmer über Tisch
und Stühle weg etwa siebenzigmal in der Minute gemacht habe, ohne die zahlreichen Schwenkungen in Be-
tracht zu ziehen, die sie, um nach Lämmlein's Hosen zu
schnappen, unternommen haben soll. Gerade als Herr
Lämmlein die Meinung in seinem Geiste Wurzel fassen
fühlte, daß das rasende Vieh seine gymnastischen
Exercitien damit endigen würde, ihm an die Kehle zu
springen und ihn todt zu beißen, machte sie einen riesigen Satz, sprang durch das Thürfenster in's Freie,
raste in Schwalbe's Apothekerladen zurück, setzte über
den Ladentisch hinüber, riß dabei zwei Glaskruken voll
Süßholzmehl und Zahnbürsten, die Ipecacuanha-Flasche
und vier Flacons Haarfärbe-Essenz herunter, stieß bei
ihrem Sprung zur Erde eine auf dem Boden stehende
Flasche voll peruvianischen Balsams um, jagte dann an
einer hageren Frau herauf, die eben in den Laden ge-

treten war, um ein Glas Schwalbe'schen „Original=Sel=
terser Wassers" zu trinken, saßte auf dem umfangreichen
Hute der zum Tode erschreckten Dame einige Secun=
den Posto, zuckte drei= bis viermal krampfhaft zusam=
men und stürzte in den Grünseifen=Behälter hinunter,
wo sie verendete.

Herr Petrus Lämmlein ist nun überzeugt, daß eine
Katze in der vorerwähnten Weise um ihr Leben gebracht
werden kann. Er würde indessen mit diesem neuerlichen
Resultate seines Forschungsdranges weit mehr zufrieden
sein, wenn der alte närrische Schwalbe nicht Schaden=
ersatz für seine Katze, Medicamente und Glasscheiben
begehrt hätte.

*   *
*

Im letztverflossenen Sommer wurde unser Petrus
Lämmlein von einem seiner Brüder, Cyprian, in Blech=
lingen besucht. Cyprian besaß einen Pistolen=Stock, den
er gewöhnlich scharf geladen mit sich herum zu tragen
pflegte. Seltsamer Weise ließ er denselben bei seiner
Abreise stehen. Zum bessern Verständniß des hier Fol=
genden, wie auch zur Ehrenrettung unseres Petrus
müssen wir bemerken, daß Cyprian nie über die ge=
fährliche Natur besagten Stockes ein Wort verloren hatte.

Wenige Tage nun nach Cyprian's Abreise traf es
sich, daß Petrus Lämmlein in einer Viehkaufs=Ange=
legenheit sich auf die Farm von Nehemias Lilienstengel
begeben mußte, und daß er zu dem weiten Marsche
sich mit Cyprian's Stocke ausrüstete. Lilienstengel ging
sogleich mit ihm nach den Viehställen und zeigte ihm
neben verschiedenen Pracht=Exemplaren von Zuchtochsen
und Widdern eine neue Eigenart von Schwein, die durch
Racenkreuzung erzielt worden war.

„Diese Sau, da, Herr Lämmlein," sagte Lilien=
stengel, „übertrifft alle anderen Säue an der ganzen Küste
des Oceans. Sehen Sie sich's an, wie Sie wollen:
diese Sau bleibt ein prächtiges Vieh. Fett — das lau=
tere, reine Fett ist sie! Nicht eine einzige magere Stelle
an ihr, alles derber, fester Speck. Stellen Sie die Sau
zu einem Kamin heran, und in zwanzig Minuten wird
das nackte Gerippe in einer Fettlache dastehen. Das
ist ganz zweifellos! Befühlen Sie blos einmal das
Thier an den Schultern und Seiten!"

Hierauf nahm Herr Lämmlein seinen Stock und
stieß mit demselben nach dem Schweine. Er hatte das
zwei= bis dreimal gethan und eben ausgerufen: „Das
ist wirklich ein Pracht=Exemplar!" — als plötzlich ein
Schuß krachte, das Schwein zur Erde stürzte, noch ein
kurzes Röcheln ausstieß und verendete. Lämmlein sah
Lilienstengel, und Lilienstengel sah Lämmlein verblüfft
an. Dann endlich rief Lilienstengel in heftigem Zorn:
„Was zum Teufel haben Sie da gemacht?!"

„Ich? — Was hab' ich denn gemacht? — Daß ich
nicht wüßte! — Der Stock da muß aus irgendwelchem
alten Flintenlauf gemacht sein, in dem noch die Ladung
gesteckt hat. Sie können sich darauf verlassen, daß ich
nicht das Geringste davon gewußt habe."

„Das ist eine ziemlich windige Ausrede," versetzte
Lilienstengel. „Sie haben einen Groll auf das Schwein
gehabt, weil Sie ein Schwein, wie das, nicht kriegen
konnten; und darum haben Sie's umgebracht."

„Ach! reden Sie doch nicht so albern!"

„Wenn Ihnen das albern erscheint, so ist das Ihre
Sache. Aber zweihundert Dollar werden Sie für
dieses Stück Schweinefleisch berappen, wenn ich bitten
darf!"

„Da seh' ich Sie eher beim Teufel und seiner Großmutter!" rief Petrus Lämmlein.

Und Lämmlein blieb Sieger; wenn aber Lilien=stengel auch zuerst nachgab, so kehrte Lämmlein doch mit blutiger Nase heim und wurde am nächsten Tage wegen Schweinetödtung verhaftet. Wie die richterliche Ent=scheidung ausfallen wird, ist bis auf Weiteres noch nicht bekannt. Cyprian ist wieder da, um zu Gunsten seines Bruders zu zeugen.

Vierzehntes Capitel.
Seltsame Wilde.

Als der junge Herr Abel Schnabel, der Neffe des Herrn Gerichtsrath Amadeus Watschler, seine Gymnasial=Studien beendigt hatte, faßte er den Entschluß, sich dem geistlichen Stande zu widmen und Missionär zu werden. Eines Tags begegnete er dem See=Capitän Nelson Kidd. Nachdem er diesem erzählt hatte, daß er im Sinne habe, als Missionär in die Heidenwelt zu wandern, fragte ihn der Capitän: „Nach welchem Lande gehen Sie denn?"

„Nach den Ci=go=rien=Inseln. Ich segele im Oc=tober ab."

Kidd (den Kopf mitleidig schüttelnd): „Armer junger Mensch! Das ist recht schade — wirklich recht schade! — Nach den Ci=go=rien=Inseln! — Noch nicht verhei=rathet, vermuthe ich? Nein? Ah! um so besser. So ist kein Weib und kein Kind da, das zur Wittwe und Waise werden könnte. Gott sei Dank! Aber traurig ist es doch

recht sehr! Ein so vielversprechender junger Mann wie
Sie. Mir blutet das Herz!"

S.: „Was meinen Sie denn eigentlich?"

K.: „Ach, nichts! Ich will Sie nicht abschrecken.
Ich weiß wohl, daß Sie aus Pflichtgefühl handeln.
Aber sehen Sie — ich bin auf den Ci-go-rien-Inseln
gewesen, und kenne die kleinen Eigenthümlichkeiten ihrer
Bewohner, und ich — nun, ich — ich — es ist eben
nicht anders. Sehen Sie, daß — doch ehe ich die Wahrheit
verberge, will ich Ihnen lieber gerade heraussagen, daß
am letzten Tage meines Aufenthalts daselbst die Insulaner eines meiner Beine aufgespeist haben — abgesägt
und aufgespeist haben. Darnach können Sie selbst ur-
theilen, wie die Sachen dort stehen. Diese Kerle haben
mein Bein mit einem wahren Wohlgefallen vertilgt —
bis auf den letzten Knochen. Mein Bein war Ihrem
Beine erschrecklich ähnlich — nur ein wenig schwerer
noch, kommt's mir vor."

S.: „Gerechter Himmel! Sie setzen mich in Erstaunen!"

K.: „O! das ist noch gar nichts. Das haben sie
bloß als einen kleinen Spaß angesehen. Der Häuptling erzählte mir Tags zuvor, daß sie gar nichts Anderes als Menschenfleisch äßen. Er sagte, seine Familie
verbrauche jahraus jahrein, Sonn- und Festtage mit-
gerechnet, etwa drei Menschen täglich; er selbst sei ein
mäßiger Esser, da er sich Anno '47 an einem zähknochigen
Australier den Magen gründlich verdorben habe und
seitdem noch immer an Verdauungsbeschwerden leide.
Aber seine Mädels und seine Alte, die wären mit einem
prächtigen Appetite gesegnet, und er hätte infolgedessen
gerade genug zu thun, wenn er den Haushalt immer
mit dem nöthigen Menschenfleisch versorgt wissen wollte.

13

Die Alte, meinte er, zöge kleine Kinder vor, weil ihre Zähne schon etwas stark angegriffen seien; die Mädels aber könnten den verwettertsten alten Matrosen verspeisen, der je die See befahren hat."

S. (schaudernd): „Das ist ja fürchterlich!"

K.: „Und weiterhin hat mir dieser Häuptling noch gesagt, daß manchmal der Vorrath an Menschenfleisch sehr karg sei; seit neuerer Zeit könnten sie sich aber mehr auf die importirte Waare als auf ihre eigenen heimischen Producte verlassen. Diese sei zudem auch besser, und Jedermann zöge das weiße Fleisch vor. Er hat gemeint, die Missionsgesellschaften schickten ihnen manch' schöne Ladung Fleischwaaren zu, und Thränen kamen ihm in die Augen, als er davon sprach, wie mitleidig und fürsorglich man gegen den armen freundlosen wilden Mann auf ferner Insel sei. Er hat gemeint, er liebe alte Missionäre nicht sonderlich, allzu junge jedoch auch nicht. Aber lassen Sie 'mal sehen! Wie alt sind Sie denn eigentlich?"

S. (dem die Haare zu Berge standen): „Ich bin achtundzwanzig Jahre alt."

K.: „Ich dächte, er hätte 'was von siebenundzwanzig gesagt. Aber wie dem auch sei, er hat sie gern, wenn sie alt genug sind, um fest, und noch jung genug, um zart zu sein. Er meinte auch, er liebe das Fleisch von den Missionären darum so, weil sie gewöhnlich viel Schnaps tränken und Tabak rauchten oder kauten; das Fleisch erhielte dadurch so eine Art haut-goût. Ich kann mich erinnern, einen jungen Mann gesehen zu haben, der von Boston aus dahinaus kam. Dieser glaubenseifrige Jüngling berief eine Lagerversammlung in dem mächtigen Urwalde, und während er eben eine Hymne anstimmte, schlug ihn einer aus der versammelten

Gemeinde mit einer Keule über den Kopf, und wenige
Augenblicke später brodelte er schon über dem Feuer
gerade vor dem Altare. Mit dem Gesangbuche wurde
das Feuer angezündet und mit den Predigtbüchern
wurde es unterhalten. Er war ein Mann so von
Ihrem Caliber ungefähr, mein lieber Abel Schnabel —
vielleicht noch ein wenig magerer. Fette Leute sind
aber bei diesem Feinschmecker=Volke weit beliebter; das
Fleisch derselben ist besser verdaulich und läßt sich leichter
beißen."

S. (den eine Gänsehaut überlief): „Ich hatte
keine Ahnung, daß dortzulande solche Gewohnheiten
herrschen."

K.: „Ich hab' Ihnen noch nicht die Hälfte von allen
den grausigen Dingen erzählt, die ich weiß, weil ich Sie
nicht entmuthigen möchte. Ich weiß ja, daß Sie nur
Edles wollen; und vielleicht läßt man Sie auch Ihr
Dasein fristen. Ich kann mich aber entsinnen, daß, als
ich dem Häuptling sagte, bei uns zu Lande studirten
eine ganze Menge junger Leute Theologie, um dann
als Missionäre in die heidnische Welt hinaus zu wan=
dern, er sich ganz vergnügt die Hände rieb und seine
Alte anwies, im nächsten Frühjahr mehr Meerrettig
und Zwiebeln anzupflanzen. Für solch' einen Heiden=
wilden ist dieser Häuptling ein ganz fürsorglicher Mann.
Er nagte gerade an einem Missionärsknochen, als er
mit mir redete, und aus einem andern machte seine
Alte gerade eine Keule. Es sind haushälterische Leute,
diese Wilden — sie lassen nichts zu Grunde gehen."

S. (zitternd): „Das ist ja gräßlich, was Sie mir
da sagen. Wenn das Alles wahr ist, da bleib' ich lieber
zu Hause."

K.: „Ich will Sie keineswegs von Ihrem löblichen

Vorhaben zurückschrecken. Ich hätte gar nichts darüber gesagt, wenn Sie nicht so zu sagen mich mit Gewalt dazu veranlaßt hätten. Und da ich nun doch einmal so weit gegangen bin, kann ich Ihnen wohl auch noch sagen, daß ich vorgestern einen Brief erhalten habe von einem Manne, der gerade erst von dort zurückgekommen ist. Der Mann schreibt mir, daß in Folge der Mißernte im letzten Jahre eine wahre Hungersnoth auf den Inseln herrsche, und daß die Insulaner heißhungrig an allen Küstenfelsen herumhockten und sehnsüchtig den Missionsschiffen entgegen sähen. So! Und nun muß ich weiter gehen, mein lieber Abel Schnabel. Seh' Sie doch vielleicht zum letzten Male. Also geben Sie mir Ihre Hand! Und nun Adieu!"

Capitän Kidd ging von dannen, und Abel Schnabel gab seinen Missionär-Gedanken auf. Er ist jetzt der letztangestellte jüngste Unterlehrer in Placidus Klopfer's Abtheilung der Blechlinger Schul-Anstalt.

*　　*　　*

Ein anderer, noch mehr enthusiastisch gesinnter Freund des „Armen Wilden" ist Herr Rufus Hasenkleber. Dieser wackere Mann kam eines Tages in das Redactionsbureau des „Hochwächter für Intelligenz und Handel" und trat zu dem, in Abwesenheit des Herrn Typophil Griesgram die Redactions-Geschäfte leitenden Reporter Giftmichel heran. Dieser lud ihn ein, sich niederzusetzen. Während Hasenkleber dies that und sich bequem nach hinten lehnte, trat ein heiteres, menschenfreundliches Lächeln auf sein Antlitz, und er begann also zu Giftmichel:

„Sie wissen, ich bin der Freund des Armen Rothen

Mannes. Er sieht mich an als seinen Großen Weißen Bruder, und ich erwidere sein Vertrauen und seine Liebe damit, daß ich Alles, was in meinen Kräften steht, thue, um seine Leiden und seine dermalige unglückliche Lage zu heben und zu mildern. Junger Mann! Sie kennen das Gefühl der Qual und der Sorge nicht, welches die Seele des Armen Rothen Mannes erfüllt, je weiter die fortschreitende Civilisation ihn von seinen geliebten Jagdgründen zurückdrängt in rauhe, unwirthliche Felsen-striche. Mannhaft unterdrückt er den in ihm nagenden bitteren Schmerz, und wir Philanthropen gewahren den-selben nur an dem Umstande, daß der arme Wilde eine größere Sehnsucht nach Feuerwasser an den Tag legt und eine tiefere Abneigung, sich zu waschen und zu säubern, bekundet. Welcher Natur nun mag — was glauben Sie wohl, mein junger Herr? — das letzte peinvolle Leiden sein, das über den Armen Wilden Mann hereingebrochen ist, um das Lebensglück dieses verfolgten Wesens gänzlich zu zerstören?"

„Das weiß ich nicht — ist mir auch sehr gleichgültig," versetzte Giftmichel mürrisch.

„Ich will es Ihnen sagen. Es ist die um sich greifende Neigung des Weißen Mannes zur Kahlheit. Je weiter die Civilisation nach oben strebt, desto weiter tritt das Haar des Bleichgesichtes zurück. In kurzer Zeit wird, glaube ich, jeder weiße Mann eine Glatze haben. Ich bemerke auch an Ihnen, mein werther junger Herr, daß Ihr Haar nach und nach bis auf eine Krause um den Rand Ihres Schädels reducirt wird. Jetzt erwägen Sie, was ein Indianer empfinden muß, wenn er solchen Verlauf der Dinge beobachtet. Ist's da wohl ein Wunder, daß die Zukunft ihm düster und trübe erscheint? Das Scalpiren ist und bleibt

ihm nun einmal eine heilige Stammeseigenthümlichkeit,
an die sich für ihn die theuersten Traditionen vom Ur-
Ur-Ur-Urgroßvater her knüpfen. Verliert er auch dies
Letzte noch, das ihm geblieben, so muß er, ob er will
oder nicht, an gebrochenem Herzen sterben. Was, frage
ich Sie, ist da zu machen?"

„Ach, zum Henker, seien Sie still und scheeren Sie
sich!" rief Giftmichel, der dem kühnen Flug von Hasenkleber's Logik nicht zu folgen vermochte, ärgerlich aus
und trat an sein Pult zurück.

„Es gibt nur einen Weg," fuhr Hasenkleber fort,
indem er sich von seinem Stuhle erhob und Giftmichel
folgte, „nur einen Weg, um dieser ernsten Calamität vor-
zubeugen. Wir dürfen nicht zugeben, daß dieser edle
Enkel der großsinnigen Race, die einst unbehindert auf
diesem großen Continent schalten und walten durfte, an
solchem Gebreste zu Grunde gehe. Die Möglichkeit
des Scalpirens seiner ihm feindlich gesinnten Nebenmenschen muß als letzte und heiligste Stammeseigenthümlichkeit dem armen wilden Manne gelassen werden,
— auch wenn selbst die ganze weiße Menschheit kahl-
köpfig ihm gegenübertritt. Wie aber ist das möglich?"

„Jetzt hören Sie auf, Mann! Ich habe keine Zeit zu
solchem Unsinn," schrie Giftmichel, dem die Galle aufstieg.

„Hier hilft mir nun der mir innewohnende rege
Geist," sprach Hasenkleber unbeirrt weiter. „Sehen Sie,
mein lieber junger Herr! ich habe da so eine kleine Maschine erfunden, der ich den Namen ‚Patentirter atmo-
sphärischer Scalp-Heber' gegeben habe. Die Erfindung
besteht aus einer Scheibe dünnen Leders, die etwa sechs
Zoll im Durchmesser hat. In der Mitte ist ein Loch,
durch welches eine Schnur gezogen ist. Wenn nun ein
Indianer mit einem Weißen, der eine Glatze hat, zu

thun bekommt, so verfährt er in der folgenden Weise
— ich bitte, mein Herr! geben Sie Acht auf diese
Einzelnheiten und auf die ungeheuere Einfachheit des
ganzen Verfahrens! Er feuchtet also das Leder an,
drückt dasselbe vorsichtig auf die Scalp-Fläche nieder,
kerbt mit dem Messer ringsherum oberhalb der Ohren
ein, zieht an der Schnur und — schwupp! — der Scalp
ist herunter, so schön und sauber, wie Absalom's Haarschopf." Bei diesen Worten öffnete Hasenkleber seine Umhängetasche. „Sie verstehen die Genialität meines Gedankens? Natürlich! Vielleicht aber wär' Ihnen damit gedient,
den Apparat selbst in Thätigkeit zu sehen? Warten
Sie nur eine Minute — ich werde Ihnen sofort zeigen,
wie ungeheuer praktisch er arbeitet."

Und während Giftmichel, ohne den Schwätzer Hasenkleber noch eines Blickes zu würdigen, mit fast auf dem
Papier liegender Nase emsig der Vollendung seines begonnenen Localberichts über „die Ursachen des zuneh-
menden Pauperismus" oblag, holte der wackere Freund
des vielgeplagten rothen Mannes plötzlich einen seiner
angefeuchteten „Scalp-Heber" hervor, klappte ihn fest auf
Giftmichel's Glatze — und ehe noch das vor Wuth
schäumende Opfer von Hasenkleber's Philanthropie sich
wehren konnte, rannte der Große Weiße Bruder ein
paarmal in dem geräumigen Redactionszimmer herum
und zerrte den hilflosen Journalisten an der Schnur
hinter sich her. Während er sodann die Maschinerie
von der Glatze des Unglücklichen löste, sagte er mit
vergnüglichem Schmunzeln:

„Ausgezeichnetes Ding, nicht wahr? Es ließe sich
ein Pferdebahnwagen damit vom Platze ziehen. Sie thäten
mir einen sehr großen Gefallen, wenn Sie mit mir nach
Washington reisten und mir Ihre Glatze liehen, damit

ich dem Minister des Innern zeigen könnte, wie praktisch
mein Apparat arbeitet. Sie haben den besten Scalp
zum Festhalten, den ich noch je probirt habe. Ich be-
zahle die Fahrtkosten."

Giftmichel aber stand schon am Sprachrohr, um einem
Austräger den Befehl zu ertheilen, sofort zur Polizei
zu laufen und einen Polizisten zur Stelle zu bringen.
Da Hasenkleber nun sah, daß Giftmichel nichts von ihm
mehr hören wollte, packte er seinen Scalp-Hebe-Apparat
wieder zu den übrigen, schloß sie in seine Umhängetasche
ein und schritt mit frohbewußtem Lächeln zur Thüre
hinaus, als sei ihm eine unentgeltliche Reclame für seine
Erfindung versprochen und diese selbst mit dem größten
Enthusiasmus aufgenommen worden. Er eilte auf der
Treppe an dem Polizisten vorüber und war rasch aus
dem Sehbereich entschwunden.

*　　*　　*
*

Die seltsame „Scalp-Heber"-Erfindungsgeschichte ruft
mir einen andern Fall in Erinnerung, der seinerzeit in
Blechlingen viel Aufsehen gemacht hat: zeigte er doch
so recht die Schlauheit, mit welcher die Indianer sich
an den Blaßgesichtern zu rächen wissen. Das seltsame
Abenteuer, das ich jetzt erzählen will, widerfuhr dem
Herrn Tobias Quintlein, einem Handelsmann in Blechlingen, der vielfach mit den Rothhäuten in Verkehr
trat.

Herr Quintlein war einmal vor Jahren einige
Monate in Colorado gewesen; und kurz vor Antritt
seiner Rückreise hatte er seiner Frau Nachricht von dem
wahrscheinlichen Tage seiner Ankunft in Blechlingen
gegeben. Als Postscriptum zu dem Briefe hatte er

die folgenden Zeilen an sein Söhnlein, einen ungefähr
achtjährigen Knaben, gerichtet:

„Unserem Karlchen sage, daß ich ihm einen allerliebsten
kleinen Spielbär mitbringen werde, den ich von einem India=
ner gestern gekauft habe."

Natürlich war Karlchen ob dieser Nachricht hoch=
erfreut; seine Gedanken und Gespräche waren während
der nächstfolgenden zwei Wochen fast ausschließlich auf
den versprochenen Bär gerichtet, und sehnlichst wünschte
er, daß sein Papa bald mit dem neuen Liebling kom=
men möchte. Der Abend, den Papa Quintlein für
seine Rückkehr festgesetzt hatte, verstrich, ohne daß er
gekommen wäre, — und die Familie Quintlein war
sehr traurig ob der verdorbenen Freude; Karlchen
besonders war des nicht erhaltenen Bären halber untröstlich.

Am nächstfolgenden Abend, als Frau Quintlein und
die Kinder im Vorzimmer bei offener Thüre saßen,
hörten sie plötzlich Jemand durch den Hof gerannt
kommen, die Hausthüre aufreißen und zuschlagen, und
sahen dann durch die offene Thür hindurch einen Mann
ohne Hut in rasender Eile den Gang entlang und die
Treppe hinauf stürzen. Frau Quintlein wollte eben
über die Person des Eindringlings sich Gewißheit ver=
schaffen, als ein großes, schwarzes Thier, wie Frau
Quintlein noch niemals eins gesehen, sich zur Haus=
thür herein den Weg bahnte und mit fürchterlichem
Gebrumme dem die Treppe hinauf rasenden Manne nach=
galoppirte. Da fuhr es ihr plötzlich durch den Sinn,
daß der fliehende Mann ihr Gemahl und das ihn ver=
folgende Ungethüm der für Karlchen bestimmte Spielbär
sein möchte. In demselben Augenblick ließ sich auch
vom obersten Treppenabsatze her die Stimme ihres
Tobias hören:

„Um Gotteswillen, Loni, macht, daß ihr so schnell
wie möglich aus dem Hause kommt, und schließe alle
Thüren und Fensterläden!"

Frau Appollonia Quintlein schickte die Jungen zum
Nachbar Piepenbrink hinüber, schloß hierauf die sämmt=
lichen Fensterläden, verriegelte alle Thüren und ging
sodann in den Hofraum, der Dinge zu harren, die da
kommen sollten. Als sie ihren Blick zum Hause hinauf
richtete, sah sie ihren Tobias auf das Dach hinaus=
schlüpfen und eiligst die Fallthür hinter sich zuschlagen,
die er dann dadurch, daß er darauf kniete, mit Auf=
gebot aller seiner Kräfte zuzuhalten sich bemühte. Gleich
darauf hörte sie ihn schreien, daß Jemand auf das
Dach hinaufklettern und ihm zu Hilfe kommen sollte.
Peter Piepenbrink holte in Folge dessen eine Leiter,
ein Beil und einige Nägel, und stieg zu Quintlein hin=
auf. Rasch wurde nun von beiden Männern die Fall=
thüre zugenagelt; dann kletterte Quintlein zur Erde
hernieder, und Piepenbrink folgte ihm.

Jetzt erst war es dem wackern Tobias vergönnt,
seine Familie zu begrüßen; und als Frau Loni ihn
fragte, was denn eigentlich los sei, antwortete er:

„Ja, Loni, du weißt doch, daß ich dem Karlchen
einen kleinen Spielbären mitbringen wollte? Den hatte
ich also in einen Kasten eingesperrt, und so lange ich
auf der Bahn fuhr, hab' ich mich nicht weiter um die
Bestie bekümmert. Als ich aber heut Nachmittag auf
dem Bahnhof hier ausstieg, da dacht' ich, du nimmst
ihn heraus und führst ihn durch die Gassen von Blech=
lingen an der Kette. Sobald aber die Bestie heraus
war, biß sie sogleich nach meinem Bein, und als ich
zurückprallte, fuhr mir die Kette aus der Hand. Da=
rauf blieb mir nichts übrig, als, so schnell mich meine

Beine tragen wollten, davonzulaufen; aber die Bestie
von Bär blieb mir immer dicht auf den Fersen. Hätt'
mich das Vieh erwischt, dann wäre dein Tobias in einer
Minute verspeist gewesen. Dieser verteufelte Indianer
hat mich hinter's Licht geführt; er sagte, der Bär
wäre ein Junges von ungefähr zwei Monaten und hätte
noch gar keinen Zahn. Und ich glaube, 's ist ein voll=
ständig ausgewachsener alter Bär."

Als Tobias seine Erzählung beendet hatte, warf Pie=
penbrink die Frage auf, wie man den Bär nun wieder aus
dem Hause herauskriegen werde. Das gab Veranlassung zu
lebhafter Debatte. Quintlein meinte, das Beste würde sein
wenn man ihn erschösse, und ersuchte seine Nachbarn, ihn
in seinem Beginnen mit ihren Schrotflinten unterstützen
zu wollen. Diese kamen denn auch zahlreich angerückt;
und sobald man nun den Bären an einem der Fenster
kratzen hörte, wurde eine Salve dorthin abgefeuert.
Trotzdem aber jeder Fensterladen im Parterre zu einem
wahren Sieb zerschossen war, konnte man doch noch
immerfort den Bären im Hause rumoren und brummen
hören. Baldamus Bohnenstengel schlug nun vor, in
den Keller hinunter zu klettern, weil man dort besser
würde hören können, als man es vom Hofe aus durch
die geschlossenen Fensterläden sehen könnte, wo der Bär
sich aufhalte. Gesagt, gethan: die sämmtlichen Schützen
krochen in den Keller hinunter und sobald sie den Bär
über den Boden hinschreiten hörten, schossen sie hinauf
nach der Stelle ungefähr, wo sie ihn zu treffen hofften.
Aber das ungewohnte Geknatter und Gepuffe machte
das Thier, wie es schien, nur noch rasender, und nach
jedem Schusse konnten die im Keller Befindlichen hören,
wie oben etwas zertreten und zertrümmert wurde.
Capitän Rohrdommel schlug nun vor, ein paar tüchtige

Bullenbeißer dem Bären auf den Hals zu schicken. Tobias Quintlein lieh sich von Piepenbrink eine mächtige Bulldogge und von Typophil Griesgram einen stattlichen Jagdhund. Beide Hunde wurden zur Vorderthüre hinein in das Haus geschoben. Die draußen versammelt stehenden Schützen lauschten nun aufmerksam wohl eine halbe Stunde lang dem im Innern des Hauses entbrannten fürchterlichen Kampfe. Griesgram wollte wetten, daß sein „Herkules‘ es gut und gerne mit zwei der größten Bären des Felsengebirges aufnehmen würde. Dann wurde mit einem Male Alles still und ein paar Augenblicke später hörten sie, wie der Bär etwas verzehrte und Knochen mit seinen Zähnen zermalmte.

Zuletzt schlug Quintlein eine strategische List vor. Er holte einen riesigen eisernen Haken mit einer scharfen Spitze daran aus Lautenschlager's Eisenwaarenladen, band denselben an einem Seile fest und steckte ein paar Pfund frisches Fleisch daran. Dann stieg er auf das Dach hinauf, gefolgt von Piepenbrink, Bohnenstengel und Rohrdommel, und ließ den sonderbaren Köder hinab. Nach einer Weile fühlten die drei Männer, wie etwas an dem Fleische anbiß. — Ruck! — zogen alle drei kräftig an dem den Haken festhaltenden Seile, und zogen —– Griesgram's Jagdhund herauf, der sich furchtsam in der Dachkammer verkrochen hatte. Tobias Quintlein war wüthend, entschloß sich aber doch, das Verfahren zum zweiten Male zu versuchen. Er steckte frisches Fleisch an den Haken und ließ denselben wieder in das Innere des Hauses hinab. Eine Stunde lang wohl hatten die Tapferen das Hakenseil gehalten, als Meister Petz sich endlich bemüßigt fand, anzubeißen. Nun wurde er heraufbugsirt und mit Knüppeln vollends todtgeschlagen.

Und jetzt erst wagten es die streitbaren Blechlinger, in Quintlein's Haus hinein zu gehen. Der Hausflur war mit den Ueberresten von Piepenbrink's Bulldogge bedeckt, und in den Parterre-Zimmern waren Teppich und Möbel und Fenster mit Kugeln durchlöchert. Den großen Spiegel, in welchem der Bär wahrscheinlich sein eigenes Ebenbild bekämpft hatte, hatte das Thier völlig zertrümmert; die Stühle waren fast sämmtlich zerrissen, die Leuchter und Lampen umgeworfen und alles Por-zellan in Stücke gebrochen. Tobias knirschte mit den Zähnen, als er die Zerstörung überblickte. Frau Apol-lonia meinte, es wäre gescheidter gewesen, Tobias mit-sammt seinem Bären wäre in Colorado geblieben, und verließ im größten Aerger das Zimmer. Und als in diesem Augenblicke Karlchen herein und auf den endlich angekommenen Papa mit der Frage zustürzte: „Ach, Papa! wo hast du denn nun meinen Bären?" — da hatte Tobias endlich einen Ableiter für seinen maßlosen Zorn gefunden: er sah sich um, ob seine Loni das Zim-mer verlassen und gerbte dann seinem Karlchen dafür, daß er nicht nach dem Papa, sondern bloß nach dem langersehnten Bären gefragt hatte, weidlich das Fell durch.

Fünfzehntes Capitel,

meldet gar jämmerliche Erfahrungen eines liebekranken Jünglings.

Gracchus Zwiebel, ein Commis in einem der Blech-linger Ellenwaaren-Geschäfte, wurde vor wenigen Mo-naten von einer heftigen Leidenschaft für eine junge,

hübsche Nachbarin, Fräulein Julia Braun, des Dr. Braun
Töchterlein, erfaßt.   Das Schicksal aber schien der er=
folgreichen Entfaltung seiner Minne = Schwingen nicht
hold zu sein; denn er gerieth in Gegenwart der jungen
Dame in eine solche Menge schiefer Lagen, daß seines
Herzens zarte Regungen lächerlich erscheinen mußten.

An einem Sommer=Abend zum Beispiel, zur Zeit,
als er seine ersten Annäherungsversuche an Fräulein Braun
machte, kam das junge Mädchen zur Schwester unseres
Gracchus auf Besuch.   Die beiden Mädchen begaben sich
in der Dunkelheit auf die Veranda hinaus und plauderten.
Gracchus bläst das Horn ein wenig, und er dachte nun,
es möchte sich vielleicht ganz hübsch machen, wenn er
seine Kunstfertigkeit in der Hornmusik vor Fräulein Julie
producirte.   Er trat also, um nach seinem über dem
Piano hängenden Piston zu langen, in das noch un=
erhellte Zimmer zurück.   Nun hatte es der Zufall ge=
fügt, daß am Tage vorher seine schwerhörige Tante
Sibbe von Großschnettern zum Besuche bei Zwiebel's
in Blechlingen gewesen war und ihre messingne Ohr=
trompete vergessen hatte, welcher unseres Gracchus Mutter
über dem Piano einen einstweiligen Platz angewiesen
hatte.   Diese ergriff nun Gracchus und ohne seinen
Fehler zu bemerken, schritt er mit ihr auf die Veranda
hinaus, und fragte nun Fräulein Julie, ob sie Horn=
musik gerne höre.   Fräulein Julie antwortete, daß sie
Hornmusik leidenschaftlich liebe, und auf die weitere
Frage des jungen Mannes, ob er ihr das Lied „Ewig
gedenk' ich dein!" vorspielen solle, erklärte die Angebetete,
daß dies eine der hübschesten Melodieen sei, die sie kenne.

Gracchus setzte nun die Ohrtrompete seiner Tante
Sibbe an die Lippen.   Er blies und blies.   Dann blies
er mit noch größerer Anstrengung, holte von Neuem tief

Athem und blies wieder. Der einzige Ton aber, den
er der Trompete zu entlocken vermochte, war ein hohles,
dumpfes Gestöhn, welches sich bei der herrschenden Dunkel=
heit so sonderbar anhörte, daß Fräulein Braun den liebe=
durstigen Jüngling besorgt fragte, ob er etwa unwohl
sei. Als Gracchus ihr darauf antwortete, daß ihm gar
nichts fehle, meinte sie, die Töne, die er durch die
Trompete von sich gebe, hörten sich gerade so an, wie
das Geächze und Gehuste ihres an Asthma leidenden
Vetters.

Hierauf erklärte Gracchus, daß sich „Ewig gedenk' ich
dein" auf dem Horne heute nicht blasen lasse; wenn
Fräulein Braun aber „Allabendlich, eh' ich zur Ruhe
geh'" hören wolle, das würde sich, glaube er, blasen
lassen. Fräulein Braun erwiderte auf seine Worte, daß
„Allabendlich, eh' ich zur Ruhe geh'" ein sanftes Echo in
ihrem Herzen wachrufe.

Gracchus setzte nun die Trompete wieder an und
wandte die ganze Kraft seiner Lungen auf in dem Ver=
suche, den ersten Ton zu jener zweiten Melodie aus ihr
hervorzulocken. Aber auch diesmal wieder entrang er
dem Instrumente nur jenes dumpfe hohle Gestöhn, welches
der jungen Dame Ohren nichts weniger als angenehm
berührte. Gracchus meinte, es müsse Jemand das Horn
mit Werg oder etwas dergleichen verstopft haben, und
ersuchte seine Schwester, das Gas im Hausgange aufzu=
drehen, damit er das Horn ausputzen könne. Als diese
seinem Wunsche nachkam, gewahrte er zu seinem
namenlosen Schrecken, daß er die Chrtrompete seiner
Tante Sibbe statt seines Pistonhornes in der Hand hielt.
Beide Mädchen lachten laut auf, und als Gracchus inne
wurde, daß auch Julie lachte, sah er mit schmerzlichem
Ausdruck im Gesichte zu ihr empor, stülpte seinen Hut

auf den Kopf und stürmte auf die offene Heerstraße
hinaus, wo er seinen Gefühlen in wilderregten Worten
Ausdruck verleihen konnte.

*   *   *

Einige Abende später gaben die Eltern von Fräulein
Julie eine Thee = Gesellschaft, zu welcher auch Herr
Gracchus Zwiebel geladen war. Er ging mit dem Ent=
schlusse dorthin, seinen redlichen Theil zur Unterhaltung
der Gesellschaft beizutragen. Während man beim Abend=
essen saß, rief unser Zwiebel mit lauter Stimme:

„Apropos! haben die Herrschaften die drollige Ge=
schichte im „Hochwächter‘ gelesen, die jener Frau in
Possenhausen passirt sein soll? Es ist die amüsanteste
Geschichte, die ich je gelesen habe. Der Name der Frau,
müssen Sie wissen, war Emma. Zwei junge Bursche
machten ihr den Hof, und nachdem sie den Einen erhört
hatte, machte ihr auch der Andere einen Antrag. Weil sie
die Gewißheit zu haben wähnte, daß der erste nicht ernstlich
gemeint war, nahm sie auch den zweiten Antrag an. Wenige
Tage später nun sprachen beide Bewerber vor; beide be=
gehrten ihre Hand, und beide bestanden darauf, daß die
Ehe sogleich geschlossen werden sollte. Daraufhin kam Emma
natürlich in ein höchst unangenehmes — unangenehmes —
äh, äh, äh — warten Sie ’mal! Wie heißt doch gleich das
Wort? In ein unangenehmes — unangenehmes — äh,
äh — Donnerwetter! das Wort hab’ ich vergessen!“

„Verhältniß vielleicht,“ half Kandelsieder ein.

„Nein, das ist es nicht. Wie heißt doch das Ding
mit zwei Hörnern? Unangenehmes — äh, äh — Sapper=
lot! das Wort ist mir total entfallen.“

„Eine Kuh,“ meinte Fräulein Honigseim.

„Nein, eine Kuh nicht.“

„Vielleicht ein Büffel," bemerkte Herr Barnabas Speidel mit lächelnder Miene.

„Nein, nein, ein Thier war es nicht. Etwas An=deres mit zwei Hörnern. 's ist doch merkwürdig, daß mir das Wort nicht einfallen will."

„Vielleicht ein Blechmusik=Corps," sprach Baldamus Bohnenstengel.

„Oder ein Mann, der ein paar Schoppen über den Durst getrunken hat," meinte Dr. Braun.

„Ach, nicht doch!" rief Gracchus verdrießlich.

„Sie meinen doch nicht etwa eine Sprißen = Com=pagnie?" fragte Frau Müller=Möller=Miller=Meisel, nun=mehrige Bitterwasser.

„N-nein! Donnerwetter! Das ist doch wirklich sonder=barer als Alles, was mir je passirt ist. Warum mir bloß das Wort nicht einfallen will!" meinte unser Zwiebel, den ein unbehagliches Gefühl überkam.

„Na, so erzählen Sie uns den Schluß von der Ge=schichte und lassen Sie den Namen fort!" sagte Kandelsieder.

„Das ist ja gerade das Dumme bei der Sache," versetzte Gracchus. „Der ganze Witz dreht sich gerade um dieses verwünschte Wort."

„Zwei Hörner — sagten Sie?" fragte Herr Bar=nabas Speidel. „Vielleicht ist's 'ne Groppe."

„Oder eine Schnecke," meinte Gerichtsrath Amadeus Watschler.

„N-nein! n-nein! keins von dem Allen!" rief Gracchus ärgerlich.

„Etwa ein Elephant oder ein Walroß?" fragte Frau Speidel.

„Ich glaub', ich werde die Geschichte unbeendet lassen müssen," sagte schließlich Gracchus Zwiebel und wischte sich den Schweiß von der Stirn.

14

„Na, hören Sie, Kandelsieder, das ist die lahmste Geschichte, die mir noch je zu Ohren gekommen ist," meinte Bohnenstengel, zu diesem gewendet. Hierauf brach Alles in lautes Gelächter aus; und unserm Zwiebel war es, als er verstohlen auf Fräulein Julie blickte, so unheimlich, daß er in die Erde sinken zu müssen vermeinte.

Das Geheimniß, um welches Wort es sich dabei gehandelt, ist noch nicht gelöst; Herr Barnabas Speidel aber ist der Meinung, daß Herr Zwiebel auf den Namen der Frau „Emma" ein Wortspiel mit „Dilemma" habe machen wollen.

Zwiebel behauptet ferner, ein geschickter Taschenspieler zu sein, und erschien an einem späteren Gesellschafts-Abend bei Braun's mit der festen Absicht, einige seiner gelungensten Kunststückchen zum Besten zu geben. Als sich nun die Gesellschaft nach eingenommenem Mahle im Salon versammelt hatte, war er entschlossen, die Scharte jenes früheren Abends wieder auszuwetzen.

Es gibt ein beliebtes Taschenspielerstückchen, welches „die verzauberten Goldfische" genannt wird, und wobei es folgendermaßen zugeht: der Künstler wirft ein Taschentuch über seinen Arm und bringt dann rasch hintereinander drei, manchmal auch vier mit Wasser gefüllte flache Glasbehälter zum Vorschein, in denen lebende Goldfische herumschwimmen. Natürlich sind die Behälter irgendwo am Körper des Vorstellenden verborgen gewesen.

Unser Zwiebel nun hatte herausbekommen, wie das Kunststück gemacht wird, und wollte dasselbe jetzt zum Besten geben. Alle Anwesenden versammelten sich darum erwartungsvoll an dem einen Ende des Empfangszimmers, und nach wenigen Augenblicken trat Gracchus

zur Thür auf der entgegengesetzten Seite herein. Er
stellte sich auf das zu diesem Behufe errichtete Podium
und hub also an:

„Meine Herren und Damen! Sie werden sehen,
daß ich nichts an mir habe als meine gewöhnliche Klei=
dung; und dennoch werde ich sogleich zwei mit Wasser
angefüllte Behälter hervorzaubern, in denen lebende
Fische herumschwimmen. Dieselben werden nachher ver=
loost werden. Bitte beobachten Sie mich genau!"

Herr Gracchus Zwiebel warf nun das Taschentuch
über Hand und Arme, und wir konnten sehen, daß
er emsig an etwas unterhalb desselben zupfte und zerrte.
Das dauerte einige Minuten lang, ohne daß indessen
die Goldfische zum Vorschein gekommen wären. Mit
einem Male wurde Gracchus sehr roth, und wir konnten
deutlich sehen, daß etwas nicht ganz in Ordnung war.
Jetzt traten ihm zahllose Schweißtropfen auf die Stirne,
und Doctor Braun fragte, ob ihm etwas Unange=
nehmes zugestoßen sei. Darauf brach die Gesellschaft in
Lachen aus, und Zwiebel's Gesicht wurde röther als Zin=
nober. Aber noch immer setzte er sein Zupfen und Zerren
unter dem Taschentuche fort und mühte sich allem Anscheine
nach ernstlich ab, unterhalb seiner Rockschöße etwas in die
richtige Lage zu bringen. Da hörten wir plötzlich, wie
etwas auseinander riß, und im andern Augenblick floß
ein Maß Wasser durch des Zauberers linkes Hosenbein
hernieder und breitete sich zu einer Lache auf dem
Zimmerteppich aus. Zwiebel's Gesicht hatte einen ver=
zweifelten Ausdruck angenommen; aber noch immer setzte
er sein Herumsuchen unter dem Taschentuche fort. Da
plötzlich platzte wiederum etwas, und ein zweites Maß
Wasser floß durch sein rechtes Hosenbein hernieder,
worauf der Zauberer, dem es nun klar ward, daß sein

Kunststück mißlungen sei, zur Thüre hinaus und in das daneben gelegene Speisezimmer rannte.

Wir folgten ihm dorthin und fanden ihn auf dem Sofa sitzend, wo er sich vergeblich abmühte, die Bein= kleider herunter zu ziehen. Als er uns erblickte, rief er:

„Um Christi Willen! kommt geschwind und zieht mir die Hosen herunter! Schließt aber vorerst die Thüre ab! Ich bin patschnaß, und an die fünfzehn Goldfische jagen in meinen Hosen herum und reiben mir mit ihren Flossen derartig an den Beinen herum, daß ich schier rasend werden möchte. Au-u-u! Schnell mit dem Schuh herunter und fangt den Fisch da an meinem linken Knie — sonst muß ich laut aufschreien!"

Darauf zogen wir ihm die Schuhe und die Bein= kleider aus, holten die Fische aus seinen Kleidern her= vor und entdeckten, daß er zwei Behälter voll Wasser, die mit Gummideckeln versehen gewesen waren, hinten an seinen Hosengurt festgeschnallt hatte. In seinen Versuchen, dieselben zu erfassen, hatte er die Deckel losgerissen. Wir zogen ihm nun ein Paar von Doctor Braun's Hosen an, die ihm aber um sechs Zoll zu kurz waren. Dann kletterte der unglückliche Zwiebel über den hinteren Hofzaun hinüber und eilte nach seines Vaters Hause.

Derartiges Mißgeschick hätte sicher jeden Andern um allen Humor gebracht. Unser Zwiebel aber war bis über die Ohren verliebt, und ein paar Wochen nach dieser Zauber=Goldfisch=Geschichte machte er seiner hol= den Angebeteten einen Antrag. Sie wies ihn natür= lich kurz zurück. Gracchus wurde darüber fast wahn= sinnig, und seine Freunde befürchteten einen unglück= lichen Ausgang. Ihre Ahnungen sollten nur zu bald

verwirklicht werden. Gracchus ging zum jungen Kandelsieder und fragte diesen, ob er einen Revolver habe?
Kandelsieder junior bejahte, und Gracchus bat, ihm denselben zu leihen. Kandelsieder that dies, und nun
theilte Zwiebel ihm mit, daß er den Entschluß gefaßt
habe, seinem Leben ein Ende zu machen. Seit Fräulein Julie ihm ihre Hand verweigert, sei ihm das Leben
eine unerträgliche Last, von der ihm nur das Grab
Erlösung bringen könne. Er wolle zum Flusse hinunter
gehen und dort sich das Gehirn ausblasen; dann hätte
alle Pein und Qual ein Ende, und er sei diesem irdischen Jammerthal per saldo entrückt. Er mache diese
Mittheilung seinem Freunde Kandelsieder ganz im Vertrauen, weil er wünsche, daß dieser ihm noch einige
kleine Gefälligkeiten erweisen solle, sobald er nicht mehr
hienieden weile. Nach diesen Worten überreichte Gracchus Zwiebel seinem Freunde Kandelsieder junior ein
an Julie Braun gerichtetes Sonett, das den Titel „Ein
letztes Lebewohl" trug. Dieses sollte er dem theuren
geliebten Weibe zu eigenen Handen übergeben, sobald
sein Leichnam gefunden worden sei. Das würde ihr doch
wenigstens zeigen — und dabei wischte sich Zwiebel mit
dem Sacktuch zweiundeinhalb Thränen aus den Augen —
wie heiß ihr Zwiebel sie geliebt. Darauf gab Gracchus
noch seinem Freunde Kandelsieder seine Uhr zum Zeichen
der Erinnerung, händigte ihm seine Baarschaft ein, für
deren Betrag Herr Kandelsieder senior einen Grabstein
kaufen solle, und zwar einen einfachen mit nur dem
Namen „Gracchus Zwiebel" darauf — das Begräbniß
solle auch so einfach und anspruchslos als möglich hergerichtet werden.

Kandelsieder junior versprach, diese letzten Wünsche
zu erfüllen. Beim Abschiede trug er dem Gracchus ein

Bowiemesser an, womit er sich, für den Fall die Pistole
den Dienst versagen sollte, den Hals abschneiden könne.
Der Selbstmörder in spe aber meinte, daß er sein
Vorhaben mit dem Revolver schon zur Durchführung
bringen werde — nichts destoweniger aber sei er dem
Freunde für seinen wohlgemeinten Vorschlag dankbar.
Gracchus äußerte dann noch, daß es ihm angenehm sein
würde, wenn Kandelsieder am folgenden Morgen zu
der unglückseligen Frau, die ihn — Zwiebel — geboren,
und ihr die Trauerkunde in möglichst schonungsvoller
Weise mittheilen wollte. Er — ihr Gracchus — lasse
ihr sagen, daß sein letzter Gedanke, sein letzter Seuf=
zer der theuren Mutter gegolten habe; der einzige
Wunsch, den er noch an sie richte, sei: sie solle keine
Trauergewänder um ihren verirrten und verlorenen
Sohn anlegen.

Dann setzte er seinen Freund Kandelsieder noch da=
von in Kenntniß, daß der schauervolle Act am Strande
des Flusses, dicht bei der Gasfabrik, vollzogen werden
würde, und bat ihn, am andern Morgen mit einem
Fuhrwerk herausgefahren zu kommen und die Leiche
nach Blechlingen zu überführen. Für den Fall Fräu=
lein Julia Braun dem Begräbniß anwohnen sollte, so
sei ihr ein Platz in der Kutsche hinter dem Leichen=
wagen anzuweisen. Wenn besagtes Fräulein den Wunsch
aussprechen würde, sein Herz zu besitzen, so solle es ihr
in Spiritus präparirt zugestellt werden; — „es habe,"
wie er auch in seinem Sonett sich ausgedrückt, „es
habe dieses Zwiebel=Herz für sie allein geschlagen."
Und zuletzt bat er Kandelsieder, zu seinen — Zwiebel's
— Principalen zu gehen und ihnen zu sagen, daß er
mit Bedauern von ihnen scheide, er habe aber die feste
Ueberzeugung, daß sie einen ihrer Achtung und ihres

Vertrauens würdigeren Mann finden dürften. Wo man
ihn zur ewigen Ruhe bestatten würde, sei ihm gleich=
giltig; am liebsten aber wäre ihm ein einsames, abge=
legenes Fleckchen — weit fort vom Gedränge und Ge=
tümmel der Welt — ein Plätzchen, wo im Sommer
„ewig grün" das Gras wachse und wohin im Lenz
die Vöglein kämen, um „heitere Lieder und muntere
Nester zu bauen."

Kandelsieder junior fragte ihn dann noch, ob er ein
tiefes oder ein seichtes Grab haben wolle; Gracchus aber
meinte, auch das sei ihm ganz gleichgiltig — wenn die
Seele sich in das bessere Jenseits aufgeschwungen habe, so
sei die leere irdische Hülle von wenig Belang mehr.
Siebenzig Cents schulde er noch an Pievenbrink junior
für eine Partie Billard; diese solle Kandelsieder von
dem in seiner Hand befindlichen Gelde bezahlen; —
den Pfarrer Speidel lasse er ersuchen, keine Rede an
seinem Grabe zu halten. Dann schüttelte er Kandel=
sieder junior, dessen liebevolle Theilnahme er niemals
vergessen werde, kräftig beide Hände und ging „seinem
schrecklichen Schicksal entgegen."

Am Morgen des folgenden Tages schrieb Kandel=
sieder junior an Fräulein Julia Braun und ging dann
zu der alten Zwiebel, die von der entsetzlichen Nachricht
beinahe zu Tode getroffen wurde. Hierauf borgte er
sich Kosmos Abele's Wagen, nahm den Leichenbe=
schauer mit sich und fuhr am Flußufer entlang bis hin
zur Gasfabrik, um seinem Versprechen gemäß den ent=
stellten und gewiß gräßlich verstümmelten Leichnam auf=
zuheben und nach Blechlingen zu überführen. Nirgendwo
aber am ganzen Flusse fanden sie, trotz eifrigsten Suchens,
eine Leiche; und da zuletzt Kandelsieder die Befürchtung
aussprach, daß am Ende die Hochfluth sie fortgespült

haben möchte, fuhren sie zu Lilienstengel hinüber, dessen
Farm=Grundstück sich unterhalb der Gasfabrik bis an
das Flußufer hinab erstreckte, um Nachfrage zu halten,
ob dort vielleicht ein Schuß gehört worden sei.

Als sie die Holzhaufen am untern Ende des Hof=
raums überschritten, sahen sie Lilienstengel, einen Vor=
stehhund mit dem Hintertheil gegen einen Holzklotz stem=
mend, auf der Erde knieen. Der Schweif des Hundes
lag quer über den Klotz, und ein zweiter Mann stand,
die Art zum Streiche hochhaltend, neben dem Holzklotze.
Einen Moment später sauste die Art hernieder und hackte
den Schweif dicht am Hintertheil des Hundes ab; und
während Lilienstengel das vor Schmerz rasend gewordene
Thier festhielt, rieb der andere Mann den blutigen
Stumpen mit Höllenstein ein. Dann ließen die Beiden
den Hund laufen, und Kandelsieder erkannte nun zu
seinem größten Erstaunen in dem Manne, welcher die
Art geführt hatte, den unglückseligen Selbstmörder Gracchus
Zwiebel. Ehe jedoch Kandelsieder ein Wort an diesen
richten konnte, rief Gracchus, an ihn herantretend: „Sti-i-ill!
Sag' nichts von der Geschichte, weder zu Lilienstengel,
noch zu Braun's, noch zu sonst Jemandem. Ich hab'
mich eines Andern — und Bessern besonnen. Die
Pistole sah so donnermäßig gefährlich aus, als ich den Hahn
spannte, daß ich das Schießen sein ließ und zu Lilienstengel
herüberging, bei dem ich die Nacht über geblieben bin.
Ich will jetzt dem Braun'schen Mädel gerade zum Trotz
am Leben bleiben."

Der Leichenbeschauer meinte hierauf, es käme ihm
fast vor, als habe man sich einen Spaß mit ihm erlaubt,
und daß er eigentlich große Lust habe, Herrn Zwiebel
eine tüchtige Tracht Prügel zu verabfolgen. Ein paar
Stunden später aber fuhren sie Alle mit einander in

Lilienstengel's Wagen nach Blechlingen zurück, und gerade als Zwiebel's Mutter ihren wiedergefundenen Gracchus herzte und küßte, trat eine Dienstmagd herein mit einem Briefe von Fräulein Julia Braun, die das Lebewohl=Sonett zurückschickte mit dem Bemerken, daß ihr ein größerer Blödsinn niemals vor Augen gekommen sei, und daß sie wohl wisse, wie Gracchus Zwiebel nicht der Mann dazu sei, sich das Leben zu nehmen.

Am andern Tage ging Gracchus wieder seinen Berufspflichten nach, war aber höchst unangenehm berührt, als er wahrnehmen mußte, daß seine Principale Fühllosigkeit genug besaßen, ihm die Zeit, während welcher er seinen Selbstmord begangen hatte, von seinem Gehalte in Abzug zu bringen. Was er nun gern wissen möchte, ist: ob er den pfiffigen Kandelsieder junior gerichtlich zur Herausgabe seiner Uhr und seiner Baarschaft wird zwingen können. Kandelsieder sagt, er halte das Angedenken seines unglücklichen Freundes zu hoch, um sich von den ihm zur Erinnerung an den Verstorbenen gegebenen Gegenständen trennen zu können; aber gewaltig ärgert es den wackern Freund, daß er den Grabstein schon bestellt hatte, als er Zwiebel wieder unter den Lebenden fand, und nun das Denkmal aus dessen Hinterlassenschaft bezahlen muß.

Sechzehntes Capitel.
Leberecht Schmalz, der Magnetiseur, als Nimrod und als Ehemann.

In den letzten Jahren war der Wildstand in den Blechlinger Forsten so zahlreich, daß unser alter Bekannter, Herr Leberecht Schmalz, den Entschluß faßte,

in seinen Freistunden sich dem Waidmannshandwerke zu
widmen. Er kaufte sich zu diesem Behufe eine Doppel=
flinte, probirte sie, indem er einige Schüsse nach einer
Scheibe aus ihr abfeuerte, lud sie dann wieder und
stellte sie so lange, bis er sie brauchen würde, hinter
die Hausthüre.

Ein paar Tage darauf kam ihm der Gedanke, in
den Wald hinauszugehen und ein paar Hasen zu schießen.
So schulterte er denn sein Gewehr und zog von dannen.
Als er ungefähr eine Stunde weit von Blechlingen ent=
fernt war, traf er auf einen Hasen — flugs das Ge=
wehr an die Backe und losgedrückt! aber — der Schuß
versagte. Darauf spannte er den zweiten Hahn, das
Zündhütchen knallte; aber der Schuß versagte auch dies=
mal. Leberecht stieß eine gottlose Verwünschung aus,
zog eine Stecknadel aus seinem linken Rockaufschlag und
stocherte damit in der Pfanne herum. Dann schüttete
er ein wenig frisches Pulver auf die Pfanne, legte ein
neues Zündhütchen vor und setzte seinen Marsch weiter
fort. Kurze Zeit darauf sah er wieder einen Hasen.
Er zielte gut, aber wieder knallten bloß die beiden Zünd=
hütchen los. Der Hase bemerkte den Schützen Leberecht
nicht, und dieser setzte zwei neue Zündhütchen auf, die
aber ebenfalls wieder wirkungslos verknallten.

Darauf putzte Leberecht die Pfanne neuerdings aus,
schüttete abermals Pulver darauf und zielte diesmal
nach einem Zaune. Die Zündhütchen knallten wiederum,
der Schuß aber — versagte ebenfalls wieder. Nun
wurde Schmalz wüthend, und verknallte in seiner blinden
Wuth bei dem Versuche, seine Flinte zum Schusse zu
bringen, gegen vierzig Zündhütchen. Nachdem auch das
vierzigste ohne Wirkung verknallt war, dachte Schmalz,
daß am Ende im Innern der Flinte etwas nicht ganz

richtig sein müsse, und untersuchte die Läufe mit dem Ladestock. Zu seiner nicht geringen Verwunderung nahm er wahr, daß beide Läufe leer waren. Frau Trine Schmalz, welche vor Schießwaffen eine heillose Angst besitzt, hatte die Schüsse herausgezogen, ohne ihrem Leberecht ein Wort davon zu sagen. Die Sprache, deren sich Herr Schmalz nach Entdeckung dieses Umstandes bediente, war nichts weniger als zart und liebevoll; einen Augenblick später aber bereute er seinen Zorn schon wieder. Dann lud er beide Läufe frisch und ging von Neuem auf die Hasenjagd. Nach wenigen Schritten schon sah er wieder einen Hasen, und wollte gerade auf ihn abdrücken, als er inne wurde, daß noch kein Zünd= hütchen aufgesetzt war. Er griff rasch in die Tasche, und nun bemerkte er, daß er nicht ein einziges Zündhütchen mehr vorräthig hatte. Da knirschte er wüthend mit den Zähnen und trollte heimwärts. Auf dem Nachhausewege sah er eine größere Anzahl Hasen, als er jemals in seinem Leben gesehen hatte, und wie er die nichts Böses ahnenden Thiere gemüthlich Männchen machen sah und dann seine Gedanken zu seiner Trine schweifen ließ: da regten sich in seiner Brust wilde, mordlustige Gefühle.

In jenem Herbste ging er wohl noch acht= bis zehnmal auf die Jagd, immer mit Pulver und Blei und allem Waidwerk=Zubehör ausgerüstet; allein niemals wieder ist ihm ein Hase, noch sonst ein Wild vor die Flinte gekommen.

Seiner Trine aber hat Leberecht verziehen, und eine Zeit hindurch war sein von vielfachen Stürmen durch= tobtes eheliches Glück ungetrübt. Eines Abends jedoch, als sie nach dem Essen einander gegenüber saßen, kamen sie auf ihr eheliches Zusammenleben, ihre überstandenen Sorgen und durchlebten Freuden zu sprechen, bis endlich

beide ganz weich gestimmt waren. Schließlich fing Frau
Schmalz an zu weinen und meinte, daß es vielleicht
das Feuer ihrer Liebe wieder neu anfachen könnte,
wenn sie beide ihre Fehler sich gegenseitig bekennen und
einander versprechen wollten, sie abzulegen. Leberecht
entgegnete hierauf, daß der Gedanke ihm nicht übel zu
sein scheine. Er für seinen Theil sei gern gewillt, volle
Offenheit walten zu lassen, schlage aber vor, daß Trine
den Anfang machen solle. Sie überlegte einen Augen=
blick, und dann entspann sich das folgende Gespräch:

„Nun," sagte Frau Trine Schmalz, „ich will
gern zugeben, daß ich das hitzigste Weib auf der
Welt bin."

Herr Schmalz (sich umwendend und sie anblickend):
„Trine! das ist wohl das erste Mal in deinem ganzen
Leben, daß du die Wahrheit — die volle reine Wahr=
heit gesagt hast."

Frau Schmalz (aufgebracht): „Leberecht! das ist
geradezu abscheulich! Du solltest dich schämen!"

Leberecht: „Na, du weißt doch recht gut, daß es
wahr ist. Du kannst doch nicht abstreiten wollen,
daß du das hitzigste Temperament von allen Frauenzim=
mern hast, die ich noch jemals kennen gelernt habe —
ja, das aller= — allerhitzigste — mußt du das nicht
selber sagen?"

Trine: „Nein, das ist nicht wahr! Ich bin gerade
so gutmüthig wie du bist."

Leberecht: „Ach! was du nicht sagst! Trine, du
bist brummig wie ein Bär. Und wärest du mit einer
Wachsfigur verheirathet, so würdest du sicher Ursache zu
Zank und Streit finden."

Trine: „Das ist eine ganz schändliche Lüge! In
der ganzen Nachbarschaft gibt's keine Frau, die sich so

viel gefallen läßt wie ich. Du bist eine wahre Bestie, Leberecht!"

Leberecht: „Nein — du bist 'ne Bestie, Trine!"

Trine: „Du lügst, du erbärmlicher Kerl! Das bin ich nicht."

Leberecht: „So bissig bist du, wie ein toller Hund, Trine! Ich möchte den Mann sehen, der außer mir noch mit dir auszukommen im Stande wäre!"

Trine: „Wenn du mir das noch einmal sagst, so kratz' ich dir die Augen aus!"

Leberecht: „Versuch' es nur einmal, deine Hand gegen mich zu erheben, du — Xanthippe!"

Trine: „Was? — du forderst mich auch noch heraus? Da! nimm das! und das! und das! und das!" (ihn links und rechts ohrfeigend und am Haar-Schopfe packend.)

Leberecht: „Laß meine Haare los! — oder ich bringe dich um!"

Trine: „Meinethalben! — Noch in dieser Nacht verlasse ich dies Haus. Ich will nicht eine Stunde länger mit einem solchen Scheusal leben!"

Leberecht: „Gut dann! So mach', daß du fort= kommst! Und zwar je früher, desto besser. Bin recht froh, daß ich dich auf so gute Manier los werde. Nimm dir auch all' deinen Kleiderkram mit!"

Trine: „Mich reut's in jeder Minute, mich hat's in jeder Minute gereut, daß ich dich zum Manne ge= nommen! Du kannst mit 'nem reputirlichen Frauen= zimmer nicht zusammen sein, du Ungeheuer — du er= bärmlicher Wicht du!"

Leberecht: „Na, dich reut's nicht halb so sehr, wie 's mich reut und 's immer gereut hat, so lang' ich denken kann." (Seiner Gattin die Thür öffnend.) „Leb'

wohl, mein saures Trinchen! Und laß dich nicht bald
wieder bei mir sehen!"

Und Frau Trine Schmalz setzte empört ihren Hut
auf und ging heim zu ihrer Mutter; — stellte sich jedoch
am andern Morgen schon wieder ein. Leberecht hat in
Folge der frühzeitigen Unterbrechung der gegenseitigen
Beichte seine Hauptfehler bis heut noch nicht eingestanden.

*   *   *

Papa Schmalzens Lebenspfad ist nicht mit Rosen
bestreut gewesen. Vor Kurzem, als wir in Kraul's
Bierstube bei einem gemütlichen Gläschen saßen, erzählte er mir unter Anderm, daß er in einer Nacht mit
einem Male von Schlaflosigkeit befallen worden sei.
Nachdem er sich vergebens bemüht hätte, wieder einzuschlummern, sei ihm eingefallen, daß er vor Zeiten einmal
im Kalender gelesen habe, man könne den Schlaf sicherlich wiederfinden, sobald man sich einbilde, eine Heerde
Schafe einzeln über einen Zaun springen zu sehen, und
jedes derselben mit geschlossenen Augen zähle. Er nahm
sich vor, dies Experiment zu machen, schloß seine Augen,
bildete sich ein, eine Heerde einzeln über einen Zaun
springender Schafe zu sehen und fing an zu zählen.
Er war beim hundertundvierzigsten Schafe angelangt und
gerade im Begriffe, darüber einzuschlummern, als Frau
Trine plötzlich rief:

„Leberecht!"

„Na — was ist denn los?" gähnte Papa Schmalz.

„Ich glaube, unsere gelbe Henne will brüten."

„Ach! störe mich doch nicht mit solchem Unsinn!
Sei ruhig und schlafe!"

Darauf drehte sich Trine auf die linke Seite, und

Leberecht ließ seine Schafe wieder springen und zählte wacker. Er war schon wieder bei Nummer Hundertundzwanzig angelangt und glaubte jeden Augenblick, in Morpheus' Arme sinken zu sollen, — da, gerade als das hundertundzwanzigste Schaf über den Zaun springen sollte, da fing sein zarter Säugling an zu schreien.

„Zum Henker mit dem Balge!" schrie er seiner Trine zu. „Warum nimmst du dich denn seiner nicht an und bringst es zur Ruhe?! — Halte dein Maul, du kleiner Satan! — oder ich wichse dich durch, daß dir Hören und Sehen vergeht!"

„Hätt'st du nicht Lust, es wieder zu magnetisiren, du — unausstehlicher Grobsack du!" rief Frau Schmalz giftig, stand aber doch auf und brachte den kleinen Schreihals zur Ruhe.

Leberecht, obgleich schon in ziemlichem Grade nervös erregt, entschloß sich dennoch zum dritten Male, seine Schafe springen zu lassen. Er war glücklich bis zum vierundsechzigsten Schafe gekommen, als seine alte Tante an die Thüre klopfte und hereinrief, ob Leberecht vielleicht munter sei? Als ihr mit einem „Ja!" seitens der Frau Trine geantwortet ward, da schrie die alte Tante herein, sie glaube, er habe die hinteren Fensterläden zu schließen vergessen, und es sei ihr ganz so, als höre sie Diebe hinten im Hofe herumhantieren.

Da stand Papa Schmalz wüthend vor Zorn von seinem Lager auf und ging in den untern Raum des Hauses, um nachzusehen, ob die Fenster geschlossen seien. Wie alle Tage, so waren dieselben auch heute geschlossen, und als er dann mit seiner Flinte nach dem Hofe hinausschritt, um nach Diebesgesindel zu spähen, da hörte er kein Mäuschen sich rühren. Mit dem festen Vorsatze legte er sich wieder zu Bette, daß, wenn er nicht

selbst gehen sollte, seine alte Tante das Haus verlassen
müsse. Trotz alledem aber wollte er jene Kalender=
Anweisung noch einmal erproben und ließ also unbeirrt
seine Schafe wieder springen. Er zählte wieder munter
darauf los und kam ohne irgend welche Störung bis
zu Nummer Zweihundertundvierzig; wahrscheinlich wäre
er auch eingeschlafen, bevor er bis zum dreihundertsten
Schafe gekommen, wenn nicht plötzlich Quintlein's Hund
im Nebenhofe, den sich dieser seit der erschrecklichen Bären=
Episode angeschafft, Heimweh bekommen und angefangen
hätte, seinen Gefühlen in einer Reihe von langge=
zogenen, herzzerreißenden Stoßseufzern Ausdruck zu
verleihen.

Leberecht Schmalz war rasend vor Zorn. Er ver=
gaß Schafe und Zählen, und Trine und Kind; und
fing an, mit Stiefeln, Seifenbechern und andern leichten
Gegenständen mehr, wie sie ihm gerade zur Hand kamen,
den Hund zu bombardiren. Endlich traf er denselben
mit einer Gipsbüste von Benjamin Franklin vor den
Kopf, und dies bewog die Canaille endlich, sich in die
Hütte zurückzuziehen und im Stillen über Heimath und
Heimweh nachzudenken.

Es erschien beinahe lächerlich, wieder an das Expe=
riment mit dem Schafe=Zählen zu gehen; Leberecht aber
war unverwüstlich, und sobald die Schafe in seinem
Wahne wieder über den Zaun sprangen, fing er auch
wieder an zu zählen. Er hatte gerade das zweiund=
achtzigste Schaf glücklich expedirt und war eben im
Begriffe in das Reich der Träume hinüber zu wandern,
als Frau Trine, die durch die Schall=Schwingungen
allmälig in Bewegung gekommen sein mochte, mit einem
Male aus dem Bette fiel, der zarte Schmalz'sche Säug=
ling vor Schreck ein wehmüthiges Concert anstimmte

und Leberecht's Tante, vier Stufen auf einmal über=
springend, die Treppe herabgejagt kam und in's Zim=
mer herein zeterte: ob sie denn das Erdbeben auch
gehört hätten?

Die Situation hatte nun einen zu entsetzlichen Cha=
rakter angenommen, als daß sie in Worten sich hätte
ausdrücken lassen. Leberecht hatte sie auch mit einem
Blicke ermessen, in verbissenem Zorn ein Kopfkissen
emporgerafft und sich in das hintere Wohnzimmer
begeben, wo er sich auf das Sofa niederlegte.

Zehn Minuten später war er, diesmal ohne Hülfe
jener Kalender=Anweisung, eingeschlafen; aber er träumte
die ganze Nacht in Einem fort von Widdern, die ihn
um den Aequator herumjagten. Leberecht ist nun zu
der Ansicht gekommen, daß Schafe wohl wegen ihrer
Wolle und der aus ihrem Fleische herzustellenden Cote=
letten sehr nützliche Hausthiere seien, daß sie aber als
narkotisches Mittel nicht eben sonderlich viel taugten.

*   *   *

Herr Leberecht Schmalz hat einen starken Hang zur
Aufschneiderei; und davon gab er vor Kurzem, als er
mir bei Gelegenheit eines Besuches, den ich ihm machte,
ein Histörchen erzählte, einen schlagenden Beweis. Die
Sache betraf ein Ereigniß, das sich in einem nahe gele=
genen Städtchen vor wenigen Tagen zugetragen haben
sollte. Papa Schmalzens Erzählung lautete etwa fol=
gendermaßen:

„Sehen Sie, mein lieber Nachbar! der alte Piepen=
brink drüben ist jetzt, seitdem es mit seinem Garten
nichts ist, ganz versessen auf Gase und Luftschichten und
dergleichen Dinge — rein wie toll ist er darauf. Eines

Tages hat er mit dem alten Menzel drüben disputirt, wie hoch über der Oberfläche der Erde wohl thierisches Leben bestehen könne, und dabei hat Piepenbrink behauptet, daß ein Thier vierzig Millionen Meilen über der Erde leben könne, wenn —"

„Nicht vierzig Millionen Meilen, mein Lieber," unterbrach ihn Frau Trine, — „er sagte nur vierzig Meilen."

„Vierzig war's — so? Dank' schön! Nun also, der alte Menzel meinte, das sei ganz lächerlich, und erbot sich, mit Piepenbrink ein paarmal hunderttausend Dollar zu wetten, daß thierisches Leben nicht halb so hoch oben existiren könne; und so —"

„Leberecht! Du irrst dich — er wollte ja nur fünfzig Dollar wetten," unterbrach Frau Trine neuerdings.

„Nun, wie dem auch sei — Piepenbrink nahm die Wette im Handumdrehen an, und sie kamen nun dahin überein, eine Katze in einem Ballon hinaufzuschicken und auf diese Weise die Wette zur Entscheidung zu bringen. Was macht nun unser Piepenbrink? Er geht und kauft einen Ballon — einen Ballon, Nachbar, der etwa zweimal so groß ist wie unsere Scheuer, und fängt an —"

„Er war nur circa zehn Fuß im Durchmesser, Herr Nachbar; der Leberecht hat es vergessen."

„— fängt an ihn zu füllen," fuhr Herr Schmalz fort, ohne seiner Gattin Einreden zu achten; „und als er gefüllt ist, langten achzig Mann kaum hin, um ihn zu halten und —"

„Achtzig Mann?!" rief lachend Frau Trine. „Aber, Leberecht! Du weißt doch recht gut, daß Herr Piepenbrink den Ballon allein gehalten hat."

„So, wirklich? Na, mir auch recht! Was macht das aus? Nachdem nun Alles fertig gemacht war, da haben sie Piependrink's Kater angeschleppt gebracht, haben ihn in einen Korb gethan und festgebunden, so daß er nicht herausspringen konnte. Circa hunderttausend Menschen standen versammelt, um zuzuschauen; und der Lärm, als man die Stricke abschnitt und der Ballon stieg, war wirklich —"

„Es waren kaum zweihundert Menschen bei der Geschichte," schalt Frau Trine Schmalz wieder ein. „Ich habe sie selbst gezählt."

„Ach was! unterbrich mich doch nicht in Einem fort! — Ich sage, man hat noch nie einen solchen Höllenlärm gehört, wie an jenem Tage, als der Ballon in die Lüfte stieg und beinahe außer Sehweite kam. Piependrink sagte, er sei etwa tausend Meilen hinaufgestiegen, — und — jetzt unterbrich mich nicht, Trine! ich weiß, was er gesagt hat — und da habe die Katze in Einem fort geschrieen, geschrieen wie hundert Nebelhörner zusammengenommen, so daß man sie von hier bis Peru hätte hören können. Nachdem also der Ballon so hoch gestiegen war, daß er nur noch so groß wie etwa ein Stecknadelknopf aussah: da platzte plötzlich etwas. Ich weiß nicht, wie die Geschichte gekommen ist, aber kurz, es dauerte nicht lange, so kam der Ballon gegen die Erde herabgestürzt mit einer Geschwindigkeit von fünfzig Meilen in der Minute, und der alte —"

„Aber, Leberecht! Du weißt doch ganz gut, daß der Ballon so sanft wie ein —"

„Halte doch den Mund, Trine!" rief Papa Schmalz ärgerlich aus. „Frauen verstehen von derlei Dingen gar nichts. Also — der alte Piependrink hatte so eine Art Registrir-Thermometer in dem Korbe angebracht, —

das Ding hatte ihm gegen tausend Dollar gekostet, — und
damit wollte er Untersuchungen anstellen. Menzel aber
war der festen Ueberzeugung, daß er eine todte Katze
aus dem Korbe nehmen und den Gewinn würde ein=
streichen können. Da plötzlich, als der Ballon hernieder=
gesaust kam, da wird er von einem Orkan erfaßt —
— was, zum Teufel! starrst du mich so an, Trine?
— ein Orkan war's, ein fürchterlicher Wirbelwind,
Nachbar — und der hat ihn erfaßt, just wie ich sage,
und gegen den Blitzableiter auf dem Thurm der Bap=
tistenkirche geworfen. Auf diesem Thurm hat er fest=
gesessen — circa achthundert Fuß hoch in der Luft, und
Jedermann hat geglaubt, daß er ewig dort hängen
bleiben würde."

„Du magst meinethalben so wild werden, wie du
willst," rief Frau Schmalz; „aber ich weiß sicher, daß
der Thurm nicht einen Zoll über fünfundneunzig Fuß
hoch ist."

„Trine! ich ersuche dich eindringlichst, in dein Zimmer
hinauf zu gehen und nach den Kindern zu sehen. Lassen
Sie mich weiter fortfahren, Herr Nachbar! — Also,
etwa eine halbe Minute, nachdem der Ballon auf der
Kirchthurmspitze festgehakt ist, klettert der Kater auf die
Wetterfahne heraus. Menzel, dem alten Geizkragen,
wurde es grün und gelb vor den Augen. In demselben
Augenblick nun packt der Orkan die Wetterfahne, dreht
sie in rasendem Kreislauf sechshundert bis siebenhundert
Mal in der Minute herum — der Kater stößt ein
Geschrei aus, so wild und heftig, daß man sein eigenes
Wort nicht mehr verstehen konnte, und — du hast
nichts weiter zu sagen, Trine, du bist jetzt still —
der Kater ist etwa zwei Monate auf der Wetterfahne
oben hängen geblieben —"

„Leberecht! das ist ja eine gräßliche Lüge. Die ganze Ballon-Geschichte ist ja erst am letzten Donnerstag passirt . . ."

„Achten Sie nicht auf meiner dummen Trine Salbadereien!" sagte Herr Schmalz, sich vertraulich zu mir wendend. — „Die Art und Weise nun," fuhr er in seiner Erzählung fort, „wie die Katze sich am Sonntage aufführte und, mit dem Schweife stracks nach Osten gerichtet, heulte, war so arg, daß der Gottesdienst nicht abgehalten werden konnte. Am Sonntag Nachmittag ist Herr Barnabas Speidel zum Peter Piepenbrink gegangen und hat ihm gesagt, daß, wenn er — Piepenbrink — die Katze nicht vom Kirchthurm entferne, er — Speidel — ihn auf eine Million Dollar Schadenersatz verklagen würde. Da hat denn Piepenbrink seine Flinte genommen und circa 1400mal nach der Katze auf der Wetterfahne geschossen, — sei still, Trine! du hast die Schüsse nicht gezählt, aber ich hab' sie gezählt — netto 1400mal — hat die Thurmspitze zu lauter kleinen Splittern zusammengepfeffert und endlich den Kater heruntergepafft, der aber schier zu einem Fetzen verwandelt schien und in dessen Magen man den kostbaren Thermometer Piepenbrink's fand. Das Vieh hat ihn, während der Ballon in die Lüfte hinauf stieg, gefressen; und als man ihn aus ihrem Magen heraus zog, stand er auf 1100 Grad. Der alte —"

„Kein Thermometer steigt jemals auf 1100 Grade," rief Frau Trine Schmalz dazwischen.

„Na, du dummes Ding," brüllte Leberecht wüthend: „wenn du dir einbildest, daß du die Geschichte besser erzählen kannst, als ich — warum erzählst du sie denn dann nicht selbst? Du kriegst es wirklich fertig, das Leben aus einem Menschen heraus zu cujoniren, du — Scheusal du!"

Und Schmalz schlug zornig die Thüre hinter sich
zu. Ein paar Augenblicke später verabschiedete ich mich
von Frau Trine. Ueber den Ausgang der Menzel-
Piepenbrink'schen Wette ist mir nie etwas zu Ohren gekommen.

Siebzehntes Capitel.
Wie in Blechlingen eine Wahlschlacht geleitet wird.

Die Einwohnerschaft von Blechlingen nimmt an politischen Fragen ein ungeheuer lebhaftes Interesse, und
während jeder Wahl-Campagne herrscht in dem ganzen
Städtchen eine riesige Aufregung. Der erbittertste Kampf,
den Blechlingen seit langer Zeit in seinen Mauern gesehen, war derjenige gewesen, welcher bei der vorletzten
Wahl-Periode ausgefochten wurde. Ich selbst hatte mich
damals in Blechlingen noch nicht niedergelassen. Der
Fall hatte aber so viel Aufsehen erregt, daß noch viele
Jahre nach demselben davon erzählt wurde. Und da
nun viel Halbes, aber nichts Ganzes über die dabei
stattgehabten Vorgänge zu meinen Ohren gedrungen war,
so fragte ich eines Tages den wackern Florian Kandelsieder nach dem eigentlichen Sachverhalt. Dieser berichtete
mir denselben in der folgenden Weise:

„Sie müssen nämlich wissen, mein lieber Nachbar!"
hub Kandelsieder an, „wir hatten den Wenzel Schilling
gegen den Zeno Willing zum Congreß-Mitglied vorge-
schlagen. Ein paar Tage darauf, nachdem die Ver-

sammlung auseinander gegangen war, stand Wenzel
Schilling draußen auf der Straße und sprach mit Bohnen=
stengel über die Wahlaffaire.

„‚Die Mehrheit werde ich haben,‘ sagte Schilling
mit triumphirendem Gesichte zu Bohnenstengel im Laufe
des Gesprächs; ‚ich bin meiner Sache völlig sicher, ich
will den Sieg angesichts eines ganzen Regiments Wil=
linge bekommen!‘

„In diesem Augenblicke war gerade Frau Martin
vorbeigegangen, und da Wenzel, wie Sie ja wissen,
sehr schnell spricht, so hatte sie zu hören gemeint, Schilling
habe ‚Zwillinge‘ bekommen. Und Frau Martin, nach
Weiber=Art, posaunte die frohe Kunde, daß Frau Schil=
ling Zwillinge geboren habe, sofort im ganzen Städt=
chen aus.

„Natürlich entstand hierüber in allen Familien große
Aufregung: viele der Frauen bedauerten, andere wieder
beneideten Frau Schilling; während die Männer, da
der Wenzel doch jetzt Candidat und, wie sich durch dies
Ereigniß wieder bekunde, ein in jeder Hinsicht gedie=
gener Mann sei, es nicht mehr als billig fanden, ihm
durch eine öffentliche Kundgebung anläßlich dieser Zwil=
linge von der aufrichtig freundschaftlichen Gesinnung, die
er allgemein genieße, Beweise zu geben. Und ich sage
Ihnen, Nachbar,“ — rief Kandelsieder aus — „einen
solchen Enthusiasmus haben Sie noch niemals erlebt.
Mit welcher Freudigkeit der Gedanke aufgenommen
wurde, war geradezu wunderbar — und alles stimmte
dahin überein, daß eine Parade veranstaltet werden
sollte. Man hißte also in Folge dessen die städtischen
Flaggen auf dem Rathhause auf, desgleichen wurden
die Hotels und die beiden auf der Werft liegenden
Schooner beflaggt; Gerichtsrath Watschler vertagte die

Gerichtssitzung bis zum folgenden Donnerstag, die Schul=
directoren gaben den Schülern einen Ferientag und die
Strafanstalts = Vorgesetzten gaben den Sträflingen ein
Festessen.

„Einige Leute thaten sich zu einer Blechmusik zu=
sammen und marschirten dem Zuge voran — dann
folgte Typophil Griesgram mit dem rosenbekränzten
Sternenbanner; dann kam die Geistlichkeit in Kutschen,
der die ‚Freimaurer‘, die ‚Liedertafel‘ und der ‚Turner=
bund‘ zu Fuße folgten. Dann kam die zahlreiche Schaar
des ‚Christlichen Jünglingsvereins‘ nebst den ‚Söhnen
der Mäßigkeit,‘ die letzteren mit fliegenden Fahnen,
welche, wie Ihnen vermuthlich bekannt ist, eine
Theekanne im Bild tragen. Dann ritt der Commandant
unserer Stadtgarde, der alte Maultrommel, den Blechlinger
Stadt=Garden auf einem grauen Apfel=Schimmel vorauf.
Ihnen folgte das gesammte Richter=Collegium zu Fuß,
diesem der Stadtrath, die Schuldirectorien, die Angestellten
der Gasanstalt und der anderen städtischen Etablissements,
die Mitglieder der Bibel=, der Dorcas= und der Patrio=
tischen Gesellschaft. Den Schluß des Festzuges bildeten
die sonstigen Bürger Blechlingen’s, die zu zwei und
zwei marschirten, und hinterher wälzte sich der ganze
Troß von Kindern, Dienstboten und sonstigen Zu=
schauern.

„Während dieser ganzen Zeit spielte die rasch for=
mirte Musik=Capelle die prächtigsten Piècen, wie ‚Lieb=
lich strahlt im Ost die Sonne,‘ ‚Ich hatt’ einen Kame=
raden‘ und ‚Der kleine Rekrut‘ mit Pauken und Becken,
Cymbeln, großer Trommel und was sonst noch von
musikalischen Instrumenten in Blechlingen aufgeboten wer=
den konnte. Unser Held, Wenzel Schilling, der kein Wort
von der ganzen Geschichte gehört hatte, wußte gar nicht,

wie ihm geschah. Die Ueberraschung, die der Mann hatte,
hätten Sie sehen sollen. Und als der Festzug vor seinem
Wohnhause hielt, da wurde ihm ein dreimaliges Hoch
ausgebracht — er kam auf den Balcon herausgestürzt,
um zu sehen, was denn los sei. In diesem Augenblick stimmte die Musik „Heil dir im Siegesglanz‘ an
— Typophil Griesgram senkte die Flagge, und General Maultrommel lüftete den Hut, während die Stadt-
Garde Salve auf Salve abfeuerte und Alles schrie
und johlte.

„Wenzel Schilling verneigte sich und hielt eine kleine
Ansprache, worin er zum Ausdruck brachte, wie ungeheuer geehrt er sich durch diese Kundgebung fühle; er
sei seines Wahlsieges gewiß, und wenn er einmal im
Amte sei, so wolle er sein Möglichstes thun, um seinen
Mitbürgern redlich zu dienen. Wenzel war der Meinung, es sei ihm ein politisches Ständchen gebracht
worden. Als er aber seine Rede beendet hatte, rief
Commandant Maultrommel mit weithin hallender Stimme:

„‚Zeigen Sie das Zwillingspaar!‘

„Wenzel blickte erstaunt darein und sagte dann:

„‚Ich glaube, ich verstehe Sie nicht recht, Commandant! Was wünschen Sie?‘

„‚Zeigen Sie das Zwillingspaar!‘ rief nun Gerichtsrath Watschler. ‚Lassen Sie uns die beiden Jungens
'mal sehen!‘

„‚Zwillingspaar? Zwei Jungens?‘ rief Wenzel
herunter. ‚Was meinen Sie denn eigentlich, Doctor?‘

„‚Na, das Zwillingspaar, womit Sie beglückt worden! Heraus damit! Halten Sie die Jungens an's
Fenster, damit wir sie sehen können,‘ rief nun Typophil Griesgram.

„‚Meine Herrschaften,‘ erläuterte der verblüffte

Wenzel Schilling, ,hier muß ein kleiner Irrthum —
oder — Fehler — unterlaufen sein hinsichtlich der —
das heißt, Sie müssen falsch berichtet worden sein über
die — äh — die — äh — hier in diesem Hause sind
keine Zwillinge.'

„Da dachten vorerst die versammelten Leute, er
treibe Scherz, und die Musik stimmte ‚Ja, ich bin klug
und weise' an. Nun aber kam Wenzel herunter, um
den Sinn von Gerichtsrath Watschler's Bemerkungen zu
erhaschen; und als er die Menge überzeugt hatte, daß
sich thatsächlich keine Zwillinge in seinem ganzen Hause
befänden, da hätten Sie sehen sollen, wie aufgebracht
die Menschen vor dem Schilling'schen Hause wurden.
Eine solche Aufregung haben Sie noch nie in Ihrem
ganzen Leben gesehen. Alle waren teufelswild, und
Jedermann sagte, sie hätten es nun und nimmer für
möglich gehalten, daß Wenzel zu so schändlichen Mitteln
greifen würde.

„Darauf löste sich die versammelte Menge auf und
Alles ging nach Hause. Gerichtsrath Watschler betrat
in so wüthender Gemüthsstimmung den Richtersaal, daß
er einem Arrestanten zwanzig Jahre Gefängniß zudic=
tirte, obgleich ihm nach dem Gesetze nur zehn zufallen
konnten. Die Schuldirectoren ließen ihren Zorn dadurch
aus, daß sie dem Lehrer=Corps einen halben Tag vom
Gehalt in Abzug brachten. Die Strafanstalts=Vorgesetz=
ten strichen von dem nun zwecklosen Festessen noch recht=
zeitig die Preißelbeer=Sauce. Commandant Maultrommel
spülte seinen Groll in geistigen Getränken hinunter und
torkelte Abends im höchsten Stadium der Trunkenheit
nach Hause. Der Stadtrath hielt eine Extrasitzung
und beantragte, die Wassermiethe auf das Schilling'sche
Haus höher zu fixiren. Kurz, Alles war rasend vor Zorn.

„Und diese Geschichte hat den Wenzel Schilling um den Sitz im Abgeordnetenhaus gebracht. Zeno Willing schlug ihn mit großer Majorität einzig und allein, weil die alte Martin für ‚Willing‘ — ‚Zwilling‘ verstanden hatte. Denn sonst hätte Jeder zehnmal lieber den Schilling als den Willing zum Abgeordneten gewählt. Das ist doch schändlich, nicht wahr? Mir will's freilich scheinen, als ob das dem Wenzel Schilling gegenüber nicht sehr anständig gehandelt war. Aber — was ist dem öffentlichen Vorurtheil gegenüber zu machen? Nichts — rein Nichts!“

*   *   *
*

Wenzel Schilling war, wie wir soeben gesehen haben, nicht gewählt worden, obgleich er die Wahl gewünscht hatte; umgekehrt, aber nicht minder drollig, ist es einem höchst verdienstvollen Einwohner Blechlingen's, Herrn Dietrich Senft, ergangen, den seine Mitbürger mit Gewalt zum Stadt=Director ernannt haben.

„Sie wissen ja,“ erzählte mir Senft mit Bezug auf diese Wahl, „daß ich mir aus dem ganzen Posten wenig mache, und ich wollte damals auch das Amt gar nicht haben. Als davon gesprochen wurde, mich zu wählen, da hab' ich zu den Leuten gesagt — sagt' ich — daß es ganz verlorene Mühe sei, wenn sie mich wählen wollten; annehmen würde ich doch nun und nimmer. Glaubt ihr etwa — hab' ich ihnen gesagt — daß ich mein ehrsames Geschäft an den Nagel hängen würde, um meine Nase in Euer Aller dummes Zeug zu stecken?

„Und — werden Sie's glauben, Nachbar? trotzdem

stellt man mich auf gegnerischer Seite als Can=
bidat auf — trotzdem schlägt man mich zur Wahl vor.
Ich erließ eine öffentliche Adresse, in welcher ich auf
jede Wahl im Vorhinein Verzicht leistete. Aber sie
waren unverschämt genug, mich trotz alledem auf der
Wahlliste zu belassen und Massenversammlungen abzu=
halten, in denen sie zu meinen Gunsten agitirten. Ich
war in hohem Grade ungehalten über solches Vorgehen,
weil sich darin eine totale Nichtachtung aller meiner
Empfindungen bekundete. So neigte ich mich denn zu
der Gegenpartei hinüber, ging etwa zwei Monate lang
zu allen Versammlungen derselben und hielt Reden
über Reden gegen mich selbst und zu Gunsten meines
Gegners. Ich glaubte, auf diese Weise müßt' ich ganz
sicher zum Ziele kommen, da ich meine eigenen Schwä=
chen doch besser als jeder Andere kennen muß. Und
ich versichere Sie, Nachbar, ich hab' sie vergrößert, bis
in's Unendliche vergrößert, so daß ich ein vollständiger
— nun, Sie können's mir glauben, ich hab' manchmal
so dick aufgetragen, daß ich mich vor mir selbst geschämt
habe und mir als ein ärgerer Sünder vorgekommen
bin, als ich es je in meinem Leben wirklich gewesen.
Es war aber sehr heilsam für mich; ich habe mich
dadurch gebessert. Seit jener Zeit bin ich ein ver=
nünftigerer Kerl.

„Nun hätte man doch meinen sollen, ich müsse der
beste Richter über meine Fähigkeit oder Unfähigkeit für
jenes Amt sein. Aber — hol' mich der Henker! — laufen
dennoch die Bürger von ganz Blechlingen und Zubehör
an die Wahlurne wie besessen, und wählen mich mit
wenigstens 800 Stimmen Majorität! Ich war der un=
glücklichste Mensch auf Gottes Erdboden. Am Abend
des Wahltages kam gar noch das niederträchtige Wahl=

Comité, dem ich diesen Schabernack zu verdanken hatte, und stellte sich vor dem Hause in Positur, um mir ein Ständchen zu bringen. Sobald aber die ersten Töne erschallten, öffnete ich das Fenster und schoß mit meiner Schrotflinte auf die Musikanten — eine Ladung fuhr dem Paukenschläger in die Beine; aber sie spielten unbeirrt und unverdrossen weiter. Und als die Musik zu Ende war, da haben sie Gratulations= besuche zur Thüre hereingestopft, mich hoch leben lassen und sind dann nach langer Zeit erst wieder nach Hause gegangen. Ich hab' mich in meinem ganzen Leben nicht so geärgert wie an jenem Tage.

„Am dritten Tage darauf wurde mir meine Wahl= bestätigung zugesandt; aber ich habe mich geweigert, sie anzunehmen. Da haben mich die Kerle gepackt und Baldamus Bohnenstengel und Piepenbrink haben mich festgehalten, während der Rohrdommel mir die Bestäti= gung in die Rocktasche hinten geschoben hat, worauf sie Alle zusammen wie der Wind zum Tempel hinaus waren. Und so mußte ich denn am Ende daran glau= ben. Sauer genug ist mir das Amt geworden, das kann ich Sie versichern, denn wissen Sie, wenn man seine Pflicht thun will, ist so ein Posten keine Kleinig= keit. — Fünfzehn Mal mindestens hab' ich schon mein Entlassungsgesuch eingereicht, aber — immer ohne Wir= kung; stets ist es auf die eine oder andere Weise unter= drückt oder umgangen worden. Ich hab' nie etwas davon zu hören bekommen.

„Und was sagen Sie dazu, Nachbar? Als meine Amtszeit zu Ende ging, da haben diese Blechlinger Subjecte die verrückte Arroganz, mich zur Wiederwahl vorzuschlagen. Ist das nicht zum Tollwerden? Die Politiker wollten durchaus, daß ich noch einmal auf=

treten sollte. Sie sagten, ich wäre der populärste Stadt-
Director im ganzen Lande; Jedermann gefiele die Art
und Weise, wie ich mit den Leuten umginge, ich sei so
gefühlvoll, so theilnehmend und was dergleichen Dinge
mehr gesagt wurden. Was aber that ich? Ich wollte
mich dieser Gefahr nicht wieder aussetzen — verreiste
deshalb in die Bundeshauptstadt, und ließ am Tage
vor der Wahlversammlung das Gerücht aussprengen, daß
ich plötzlich durch einen Sturz in's Wasser um's Leben
gekommen sei, als ich das Fährschiff über den Fluß
hätte betreten wollen. Als diese Kunde bekannt wurde,
da hat man das Versammlungszimmer schwarz decorirt,
hat Beileids-Kundgebungen beschlossen, und dergleichen
mehr. Schließlich haben sie den Wendelin Pfeffer gewählt
an meiner Statt.

„Am Tage der Wahl zeigte ich mich wieder; und
nie hab' ich Männer so tiefverletzt, so im innersten
Herzen gekränkt gesehen, wie die Blechinger Politiker
es ob dieser Täuschung gewesen sind. Sie äußerten
sich, daß es eine beispiellose Infamie sei, ehrsame Leute
also hinter das Licht zu führen; und drohten mir, mich
beim nächsten Wahlgange zum Polizeimeister vorzuschlagen.
Wenn sie das wirklich thun sollten, so zieh' ich ganz
aus Blechingen weg. Dann geh' ich nach Colorado
oder sonst einem anständigen Orte, wo die Leute Einen
mit dergleichen Geschichten ungeschoren lassen. Eher
will ich mit Tod abfahren, als noch einmal in
diesem Blechingen ein Amt verwalten. Das steht bom-
benfest!"

Achtzehntes Capitel.

Ein lustiges Histörchen vom Wecker Kikeriki.

Horatio ruft seinem Freunde Hamlet zu: „Da krähte laut der Morgenhahn!" und ich für mein Theil, werther Leser, hege nicht im Geringsten Zweifel, daß der Hahn in jenem Falle wirklich gekräht hat: er thut dies ja jeden Tag beim Grauen der Früh=Dämmerung, vor= nehmlich wenn er gezwungen ist, sein Morgen=Vocal= Concert in einem engen Hofe der Stadt anstimmen zu müssen. Ist doch ein solcher Hof gemeinhin rings von Backsteinmauern umschlossen, die eine Art von Resonanz= Boden bilden und die Schall=Vibrationen sorgfältiglich dem Ohre des hinter ihnen weilenden Stadtbewohners zuführen, der zumeist in Folge der dumpfen Hitze der Sommermonate und vom unaufhörlichen Gesumme früh= geschäftiger Fliegen geplagt, sich ruhelos in seinem Feder= bette umherwälzt. Einem solchermaßen aus seinem Bette gejagten und darob zornergrimmten Menschen drängt sich die feste Ueberzeugung auf, daß der städtische Hahn weit lärmlustiger ist, als seine ländlichen Collegen; daß er weit lauter krähen, den Ton viel länger aushalten und in weit kürzeren Pausen wieder einsetzen kann, als der bucolische Hahn, der mit Mutter Natur in ungetrübtem Zusammenhang bleibt, die mistischen Wechselbeziehungen zwischen Ursache und Wirkung von einem erhabenen Standpunkt aus betrachtet, und keinerlei neidisches Ge= lüste kennt, den frühzeitig die Straßen der Stadt durch= eilenden Milchhändler oder Semmelverkäufer zu über= schreien. Und der also heimgesuchte Städter mag viel= leicht bis zu einem gewissen Grade im Rechte sein, wenn

er „den Meister Kikeriki, den Früh-Trompeter," als eine
unausstehliche Beschwerniß betrachtet, deren Vorhandensein
einzig und allein der Umstand entschuldigen und begründen kann, daß ein feister Hahn, wenn er, braun
und knusperig gebraten und vor Füllsel beinah platzend,
in einer schmackhaften Sauce auf der Anrichteschüssel liegt,
Augen und Gaumen in versöhnender Weise labt.

Derjenige Mensch aber, der glücklich genug ist, während der drückend heißen Sommertage auf dem Lande
leben zu können, hat eine andere und freundlichere Meinung über den Wecker Kikeriki. Wenn der Landbewohner
— vorausgesetzt, daß er sich zeitig am Abend zur Ruhe
begeben hat — am frühen Morgen durch das vom Nachbarhofe her erschallende muntere Krähen aus dem Schlafe
geweckt wird, so wird er nicht, wie in der Stadt, verdrossen darüber sein, denn er bekommt hier in der Regel
ein Concert zu hören, das sein Gemüth in erfreulicher Weise
erheitert. Der Hahn im Nachbarhofe giebt die Melodie
an. Seine Stimme ist ein tiefer, aber gebrochener Baß;
sie läßt darauf schließen, daß er die Nacht an einem
luftigen Orte geschlafen hat, daß hierdurch seine Stimm-
ritze entzündet worden und die seiner Kehle entströmenden
Töne ihre Schönheit verloren haben; sie hört sich
genau so an, als ob eine Kaffeemühle den Versuch zu
krähen unternehmen würde. Die angestimmte Melodie
wird ein paar Häuser weiter weg von einem Hahn mit
dünner, feiner Stimme aufgenommen; und kaum hat
dieser die letzte Note erschallen lassen, als auch schon
in weiterer Entfernung ein Hahn-Bariton die Cadenz
wiederholt und in größerer Nähe von einer Mittelstimme,
die den in der Fuge anzuschlagenden Ton genau zu
wissen scheint, accompagnirt wird. Und so erschallt denn
ein fröhliches Kikeriki nach dem andern, schwächer und

schwächer in der Entfernung werdend, bis zuletzt Stille
eintritt. Da erschallt mit einem Mal aus weiter, weiter
Ferne eine überaus zarte Fistelstimme, die von einem, im
Keller sich übenden Miniatur-Hahne herstammen könnte,
und gleich darauf stimmt der Hahn im Nachbarhofe, der
den Morgengesang intonirt hat, mit seinem heisern tiefen
Basse den Refrain an, und fort und fort erschallt die
Fuge aus allen Hahnen-Kehlen, ohne daß der Lauscher
müde würde, zuzuhören — bis endlich die Sonne völlig
am Horizont heraufgetreten ist, bis alle Hennen erwacht
sind und des Tages Gescharre und Gekratze seinen Anfang nehmen kann.

Die gemeinhin mit „Ki-ke-ri-ki" abgefertigte musikalische
Sprache des Hahns ist ein Thema, welches eingehend
studirt und zum Gegenstand wissenschaftlicher Abhandlungen
gemacht werden sollte. Man erwäge nur, welche historische
Bedeutung ihm inne wohnt! Diese nämliche Combination
von Tönen, welche den schlafenden Stadtbürger der
Jetztzeit aus dem Bette jagt und ärgerlich und zornig
macht, ist schon von Noah und dessen Familie, als sie
in der Arche auf den Wogen der Sündfluth umher-
schwammen, in ganz der nämlichen Folge und Weise
gehört worden. Das nämliche Gekräh war es, welches
Petrus vernahm, als er seinen Herrn und Meister ver-
leugnete, — ein Gekräh, das sich vom Paradiese her bis
auf uns herab fast ohne alle Unterbrechung fortgepflanzt
hat, das Jahrhundert um Jahrhundert auf der Welt
erschallt ist und jetzt noch ebenso wie vormals als
Herold der aufsteigenden Sonne betrachtet wird. Vielleicht daß das Hahnen-Gekräh schließlich doch noch als
Vorwurf einer großartigen musicalischen Composition
gewählt wird, zumal ja Wagner der Menschheit jetzt
gezeigt hat, wie man auf einer Phrase ein lyrisches

16

Drama aufbauen kann. Vielleicht daß die Zukunfts-Nationalhymne Amerika's diesen allseitig bekannten Ton des Kikeriki zu ihrem Refrain erhält. So sehr schlimm wäre es gerade nicht, den Hahn zu unserem National-Emblem zu erwählen, selbst wenn wir seinen Sang als Basis unserer National-Hymne verwerfen. Wir haben den Adler von Rom genommen, wie Frankreich den seinen; wäre es nicht klüger gewesen, wir hätten statt seiner den Hahn erwählt, wie Frankreich es nach der Revolution gethan? Die alten Römer und Griechen betrachteten den Hahn als geheiligten Vogel. Das Hauptsächlichste, dessen sich durchschnittlich der Schulknabe über Sokrates erinnert, ist, daß dieser sich, unmittelbar nachdem er Befehl gegeben hatte, dem Aesculap einen Hahn zu opfern, selbst um's Leben brachte; und gewisse Leute haben die Behauptung aufgestellt, daß die Ursache zu seinem Selbstmorde der laute Lärm des Hahnes gewesen sei, und daß er den verhaßten Ruhestörer aus Rache für all' den Schmerz und all' das Elend habe umbringen wollen, was ihm diese Species durch beständige Unterbrechung seiner Denk- und Schlaf-Bestrebungen allezeit verursacht hatte.

Der Hahn ist ein tapfrerer Vogel als der Adler. Er ist von jeher ein kühner und schlagfertiger Krieger gewesen und trägt die Sporen seiner Ritterschaft seit seiner Erschaffung. Er besitzt eine hohe militärische Eigenschaft: er weiß, wenn er geschlagen ist; denn wer hat ihn nicht schon gesehen, wie er nach Unterliegung im muthigen Streite sich in irgend eine entfernte Ecke fortgestohlen hat und mit gesträubten Federn auf einem Beine dagestanden ist, das wahre Bild der Demüthigung und Verzweiflung? Und Meister Kikeriki ist wachsam; denn hat er nicht schon seit undenklicher Zeit sich auf den Kirchthürmen als Sinnbild der Wachsamkeit gedreht? Er besitzt ferner alle häuslichen Tugenden. Er ist ein liebender Vater und ein zärtlicher, wie auch urkräftiger Gatte. Er weiß seine Familie vor fahrenden und schlecht beleumdeten Hähnen zu schützen, und ist allezeit bereit, mit unbefriedigtem Appetit beiseite zu treten, um ihnen Gelegenheit zur Verzehrung einiger delicater Brosamen, die er gefunden, zu geben. Er ist nützlich und vortrefflich in seiner Beziehung zu dieser Welt, und ist nicht ohne Werth für das Jenseits, denn der Volksglaube hat ihm das Amt zugewiesen, spukende Geister von der Erde zu verscheuchen; und wenn er die ganze Nacht hindurch kräht, so sind die Gespensterkönige und andere geisterhafte Personen, wie Katie King,*) die aus dem unbegrenzten Raume kommen, um Tische zu rücken und Guitarren disharmonische Töne zu entlocken, taub für alle verlockenden Bitten der ehrenwerthen Be= schwörer.

Vielleicht beruht die einzig richtige Methode, den Teufel aus der Welt zu jagen und die das Land heimsuchende Corruption zu stauen und zu heben, darin, daß wir den Hahn auf unsere Standarten erheben und veranlassen, in Einem fort zu krähen. Das wäre eine Idee, die Eingang in die politischen Grundsätze unserer Parteien finden sollte. Eine Gans hat Rom gerettet;

---

*) Katie King ist der Name eines Frauenzimmers, das zuerst im Jahre 1875 als Geister=Erscheinung, sogen. Medium, — sie gab vor, die Tochter eines im 17. Jahrhundert umge= kommenen Seeräubers zu sein — in Philadelphia viel von sich reden machte. Das Ganze entpuppte sich als der höhere Schwindel. Robert Dale Owen, der Verschiedenes über K. K. schrieb, gehörte in erster Linie zu denjenigen, welche sich in hervorragender Weise ihrer Sache annahmen und in hervor= ragender Weise von ihr mystificirt wurden.   H.=A.

warum sollte nicht ein Hahn Amerika erlösen? Möge der patriotisch gesinnte Mann, der dem geräuschvollen Vogel flucht, weil er durch dessen Gekräh zu unzeitiger Stunde von seinem müßigen Lager aufgescheucht wird, sich Alles, was ich hier gesagt, überlegen und seinen Zorn mit Reflexionen über den wohlverdienten Ruhm des Morgenhahnes dämpfen!

Ich habe einen Nachbar, welcher den krähenden Hahn nicht mit dem gebührenden Enthusiasmus betrachtet, sondern vielmehr geneigt ist, mit Mißgunst auf den Vogel herabzusehen. Da er aber ein Opfer der Lärm= lustigkeit desselben gewesen, so ist vielleicht sein Wider= wille gegen den stolzen Vogel · theilweise zu entschul= digen.

Der landwirthschaftliche Verein von Blechlingen und Umgegend hat im letztverflossenen Herbste eine Geflügel= ausstellung abgehalten; und unser werther Bekannter, Herr Peter Piepenbrink, der seit seinen Gartencultur= Bestrebungen zu den Mitgliedern des obigen Vereins gehört, ist aufgefordert worden, die Eröffnungsrede der Ausstellung zu halten. Herr Piepenbrink arbeitete einen Vortrag über die Geflügelzucht aus, den er für sehr gelehrt hielt; und als die Zeit herankam, da stand er auf dem Podium, bereit seinen Zuhörern Belehrung zu schaffen. Die Vögel waren in Käfigen an der Wand herum aufgestellt; und nachdem die Ausstellung vom Vorsitzenden formell eröffnet worden war, trat der Festredner mit dem Manuscript in der Hand vor. In demselben Augenblick, als er mit dem Vorlesen begann, stieß ein schwarzer polnischer Hahn ganz in der Nähe des Podiums ein lautes herausforderndes Gekräh aus. Es befanden sich in dem Ausstellungssaale unge= fähr zweihundert Hähne, und unverzüglich fingen diese alle an, auf die maßloseste Weise mitzukrähen, welcher Lärm die sämmtlichen Hennen so ungeheuer aufregte, daß sie sämmt=lich, so laut sie es vermochten, ebenfalls zu krähen anfingen.

Natürlich konnte die Stimme des Redners nicht gehört werden; er hielt also inne, während das Pu=blicum lachte. Nach Verlauf von zehn Minuten war die Ruhe wieder hergestellt, und Herr Peter Piepen=brink begann zum zweiten Male.

Kaum jedoch hatte er die Worte: „Meine Herren und Damen!" ausgesprochen, als auch der polnische Hahn, welcher einen heftigen Groll gegen den Sprecher gefaßt zu haben schien, wiederum sein abgeschmacktes Gekrähe erschallen ließ, und alles andere Geflügel im Zimmer den betäubenden Chorus wieder anstimmte. Das anwesende Publicum wälzte sich vor Lachen, während Herrn Piepenbrink die Zornesröthe in's Gesicht stieg. Als aber der Lärm sich wieder gelegt hatte, begann der Redner zum dritten Male. Er hatte die Worte: „Meine Herren und Damen! Das Geflügel im Scheuer=hofe bietet ein Thema vom höchsten Interesse für den —" als der polnische Hahn mit einem ausgewachsenen Kale=kut=Hahn in Streit gerieth, was die Hennen der beiden Kämpfenden zu glucken veranlaßte, so daß in kurzer Zeit die ganze Gesammtheit des Geflügelvolks in die höchste Aufregung gerieth. Das war Herrn Peter Pie=penbrink denn doch zu viel. Er war vor Zorn außer sich, warf sein Manuscript weit fort, stürzte auf den Käfig los, und indem er wild seine Faust gegen den Störenfried Hahn schüttelte, zischte er:

„Du teuflische Canaille! ich hätte große Lust, dich umzubringen!"

Darauf trat er den Käfig mit den Füßen ein, riß den Hahn heraus, drehte ihm den Hals um und warf

ihn zu Boden. Wüthend verließ er dann den Saal, gefolgt
von dem homerischen Gelächter der Anwesenden und dem
noch ärgeren Spectakel der Hähne und Hähninnen.
Die Geflügel-Ausstellung wurde ohne weitere Ceremonie
eröffnet, und die Abhandlung des Herrn Peter Piepen=
brink erschien in den diesjährigen Vereins-Annalen der
Blechlinger landwirthschaftlichen Gesellschaft als erster
Artikel abgedruckt.

Eines Tages, als ich mit Herrn Nehemias Lilien=
stengel über den Gegenstand sprach, deutete er auf
einen Hahn, welcher auf einem neuerrichteten Zaune
saß, und erzählte mir eine Geschichte über diesen Vogel,
die ich absolut nicht glauben kann.

„Sie haben sich den Hahn jedenfalls noch nicht
genau angesehen," sagte Lilienstengel; „wahrscheinlich
hätten Sie ihn gar nicht bemerkt. Aber es ist mir
gleichgiltig, in welchem Lichte Sie ihn betrachten; je
mehr man ihn ansieht, desto talentvoller erscheint er.
Man spricht da immer von Adlern und dergleichen;
aber dieser unscheinbar aussehende Vogel kann ihnen
allen zwanzig Points vorgeben und wird dennoch das
Spiel gewinnen. Dieser Hahn besitzt Charakter-Eigen=
schaften, die jeden Lebensweg zieren würden.

„Das Hühnervolk im Großen und Ganzen ist, was
man so sagt, dumm. Aber was mir an diesem Hahn
da gefällt, ist, daß er Mitgefühl besitzt, daß er eine
theilnehmende Seele in sich birgt. Ich erinnere mich,
daß er im Herbst des letzten Jahres, als meine Kale=
kut-Henne während des Brütens erkrankte, so viel Gatten=
liebe an den Tag legte, daß er zu ihrem Neste hinging
und stundenlang auf demseben saß, um ihr aus der
Noth zu helfen und die Möglichkeit zu Bewegung und
Erholung zu verschaffen. Und als sie später dennoch

crepirte, da hat er sich ihrer mütterlichen Obliegenheiten
mit wirklicher Zartheit angenommen: er schien das Bewußt=
sein zu haben, als ob er jenen ungeborenen Kleinen
Alles sein müsse, und hat seine Flügel lange, lange Zeit
über die Eier gespreizt. Viel Befriedigung hat er aber
nicht geerntet für all' seine väterliche Mühe und Sorge;
als die Eier nämlich ausgebrütet waren, mußte er
gewahr werden, daß es zumeist Enteneier gewesen —
und das ist ihm, wie es mir hat scheinen wollen, ernst=
lich zu Herzen gegangen.. Zu verschiedenen Malen ist
er zur Seite getreten und hat ganz allein — zumeist
auf einem Bein in irgend einem Winkel des Zaunes —
gestanden und seinen Geist grübeln lassen über die
Sorgen und Schmerzen, die sein väterliches Herz bedrück=
ten, so daß man wahrhaftig nicht umhin konnte, ihn
vollen Ernstes zu bedauern. Man sah es ihm an,
daß ihm der Anblick dessen, was seine Brüt=Arbeit
hervorgebracht, große Kümmerniß verursachte.

„Man sollte meinen, daß ein solcher Hahn keinen
Muth haben könne; aber mein Hahn dort hätte, ohne
sich zu besinnen, den Kampf mit einer ganzen Wagen=
ladung Tiger aufgenommen. Einmal hatte er es sich
in den Kopf gesetzt, daß der Hahn da drüben auf der
Baptisten=Kirche lebendig sei, und der Gedanke, daß
dieser windige Kumpan da oben sitzen und sich drehen
und wenden und ihm gegenüber den hohen Herrn sollte
spielen können, war ihm schier unerträglich. Da habe ich
denn zum Oefteren gesehen, wie er sich angestrengt hat,
um zu ihm hinauf zu fliegen und sich in einen Kampf
mit ihm einzulassen. Als er jedoch einsehen mußte,
daß es mit dem Hinauffliegen nichts war, so krähte er
den Baptisten=Hahn in Einem fort an und forderte ihn
laut heraus, zu ihm herunterzukommen. Und zuletzt,

als ihm das Vergebliche all' seiner Bemühungen ein=
leuchtete, da — Sie werden das kaum glauben, Nach=
bar — da hat er eines Tages den Meßner angekrallt
und seine Sporen so tief in dessen Waden eingehakt,
daß der Aermste eine Woche lang an Krücken gehen
mußte! Ich versichere Sie auf Farmer=Ehre, Nachbar,
daß ich noch nie in meinem Leben einen Hahn gesehen
habe, der einen solchen Muth besessen und einen so
zarten Instinct bekundet hätte.

„Ein prächtiger Kampfhahn ist er ebenfalls; sehen
Sie sich ihn nur an, wie er dasteht! Vor einiger Zeit
hatte er einen kleinen Streit mit Meier's polnischem
Hahne; aber anstatt über diesen ohne Weiteres herzu=
fallen, auf die Gefahr hin geschlagen zu werden, geht
mein Hahn vierzehn Tage lang mit dem Plane und
dem Gedanken über seine Absicht umher, paukt sich förm=
lich auf einen Zweikampf ein, frißt weiter nichts als
Korn, macht sich regelmäßige Bewegung, geht frühzeitig
schlafen, nimmt jeden Morgen ein kaltes Bad, und läßt
sich von einer Henne täglich mit einem Maiskolben
abreiben. Das war doch wirklich wunderbar! Nach
circa einer Woche war mein Kikeriki lauter Knochen
und Muskel, und nun erst stieg er zu Meier's Hahn
hinüber, den er auch nach dem vierten Gange schon in
eine bessere Hahnen=Welt spedirte.

„Sie können 's mir glauben, Nachbar, einen solchen
Hahn, wie den meinen dort, hab' ich noch nie gesehen
— Sie gewiß auch nicht, was? Werden Sie es glau=
ben, Nachbar, wenn ich Ihnen sage, daß dieser Hahn
sich auch allem Anscheine nach mit Politik befaßt? O!
lachen Sie nur! aber im letzten Herbst während der
Wahl=Campagne war er so ungeheuerlich aufgeregt, daß
er nichts zu sich nehmen konnte; und an dem Abend,

an welchem hier die republicanische Massenversammlung
abgehalten wurde, da hat er sich auf den Kronleuchter
im Saale gesetzt, und jedesmal wenn Commandant Maul=
trommel etwas Gutes sagte, da hat mein Hahn mit
den Flügeln geschlagen und gegluckt und gegluckt, als
ob er sagen wollte: „Das ist auch meine Ansicht!“
Und am Tage des Wahl=Umzuges ist er auch mit aus=
gerückt und hinter dem letzten Wagen hergetrippelt,
immer im richtigen Tacte und immer in stolzer, gra=
vitätischer Haltung.   Er ist nie aus Reih’ und Glied
herausgetreten, außer ein einziges Mal, wo er aber
nur deßhalb stehen blieb, um dem demokratisch gesinnten
Hahne des alten Wühlhuber, dessen Name in großen
Lettern auf dem Wahlzettel der Demokratenpartei prangte,
einen gehörigen Denkzettel zu geben.   Und am Morgen,
nachdem bekannt geworden war, daß die Republicaner
gesiegt hatten, ist er auf die höchsten Spitzen meines
Zaunstackets geklettert und hat so laut und kräftig gekräht,
daß man ihn auf dem andern Flußufer hat hören können,
und lauter und kräftiger noch wurde der Schall seiner
Stimme, als er gewahrte, daß ich die amerikanische
Flagge aufhißte und die Wahlresultate mit lauter Stimme
verkündete.

„Ja, ja, mein lieber Nachbar.   Ich weiß, daß Sie
darüber lachen werden, wenn ich Ihnen sage, daß, als
am selben Tage meine Tochter auf dem Klaviere die
National=Hymne spielte, der Hahn, sobald er nur die
ersten Klänge gehört hatte, in das Zimmer hereingeflogen
kam, sich auf das Piano gesetzt und die Melodie so
natürlich gekräht hat, als ob er ein geschulter Musiker
wäre.   Aber wahr ist es, durchaus wahr; und mit dem
Kamme hat er obendrein den Tact dazu geschlagen.   Er
kräht nicht so wie unsere andern Hähne.   Jeden Morgen

singt er ausgewählte Stücke, Cantaten von Gluck und
Hähndel und dergleichen gediegenen Musikern mehr; an
Sonntagen läßt er sich sogar in Choralmusik hören. Ob
er's mit Wagner noch versuchen wird, weiß ich nicht
zu sagen; zutrauen thu' ich's dem Burschen schon. Ich
weiß, daß er zeitweise stundenlang auf dem Zaune dort
gesessen und Tonleitern probirt hat; einmal sogar hat
er einen anderen Hahn beinahe todtgetreten, einfach
darum weil dieser einen Ton zu tief gekräht hat. Das
hab' ich selbst mit angesehen.

„Jetzt aber muß ich fort, Nachbar. Ich steh' da
und plaudere — und vergesse darüber ganz, daß ich
meiner Artemisia Holz zum Abendbrot-Herrichten spalten
und dann die Kühe melken soll. Adieu für heute,
Nachbar, und gehaben Sie sich wohl!"

„Immer der Alte!" sprach ich zu mir. Je länger
ich aber nachher über Lilienstengel's Hahnbericht nach=
sann, desto fester wurde der Vorsatz in mir, diesem
Hahne aller Hähne sobald als möglich den Hals umzu=
drehen, damit sein Besitzer künftighin einen Gegenstand
weniger hat, über den er lügen kann.

Neunzehntes Capitel,

enthält allerlei Unsinn — womit übrigens nicht gesagt sein soll, daß in
den vorhergegangenen Capiteln nicht auch Unsinn enthalten gewesen.

Im letztvergangenen Winter, als es einmal recht
bitterkalt war, fror mir der Gasmesser ein, trotzdem ich
ihn im Keller untergebracht hatte. Ich versuchte ihn

durch Aufschütten heißen Wassers aufzuthauen; aber
nachdem ich mich fruchtlos wohl eine Stunde lang ab=
gequält hatte, kehrte ich mit nassen Füßen, die Haare
voll Staub und Spinnweben, das Gesicht vor Anstren=
gung und Aufregung puterroth, wieder in meine Stube
zurück. Nachdem ich dort die Ruhe wiedergefunden,
mir trockene Strümpfe angezogen und mich gesäubert
hatte, setzte ich mich an's Fenster und sann darüber nach,
wie ich am besten das Eis aus meinem Keller entfernen
könnte. Ich versuchte daraufhin alles Erdenkliche; als
aber nichts helfen wollte, da riß mir die Geduld, ich
packte einen glühenden Schürhaken, stieß ihn durch eines
der Luftlöcher hindurch und rührte nun im Innern des
Gasmessers mit Aufgebot aller meiner Kräfte herum.
Ich fühlte, wie das Eis nachgab, dann hörte ich die
Räder mit etwas größerer Vehemenz herumschnurren als
gewöhnlich, — und dann ging ich befriedigter als das
erste Mal wieder in meine Stube hinauf.

Drei bis vier Tage hindurch machte ich die Wahr=
nehmung, daß die Maschinerie im Innern meines Gaso=
meters auf eine wirklich sonderbare Weise schnurrte und
surrte; allerorten im Hause konnte man das eigenthüm=
liche Getöse hören. Aber ich war froh und guter Dinge:
mein Gasometer kam ja trotz des hohen Kältegrades,
den wir damals in Blechlingen hatten, seinen Functionen
augenscheinlich überaus exact nach. Ich ließ mich also
nicht irre machen.

Zwei Wochen später nun bekam ich meine Gas=
rechnung. Ein heilloser Schreck packte mich, denn dort
stand Schwarz auf Weiß die Anschuldigung zu lesen,
daß ich während des letzten Vierteljahrs eine Million
und fünfmalhundert tausend Cubikfuß Gas verbrannt
haben sollte. Dafür begehrte man von mir Entrichtung

des allerliebsten Sümmchens von dreimalhundertund=
fünfzigtausend Dollar.

Ich stülpte meinen Hut auf den Kopf und rannte
nach dem Gas=Büreau. Dort redete ich den Ersten
Besten der mir entgegentretenden Beamten an:

„Wieviel Gas haben Sie während des letzten Viertel=
jahrs fabricirt?“

„Ich weiß nicht genau,“ lautete die Antwort. „Etwa
eine Million Cubikfuß, denke ich.“

„So! — und mir stellen Sie eine halbe Million
Fuß mehr in Rechnung, als Sie Alles in Allem fabri=
cirt haben!?“

„Lassen Sie mich Ihre Rechnung sehen! — Hm-m-m!
Die Rechnung ist ganz in Ordnung — ist nach Aus=
sage Ihres Gasmessers aufgestellt. Diese Zahl gibt Ihr
Gasmesser an.“

„Was kann denn darauf ankommen! Ich kann doch
nicht mehr Gas verbrennen, als fabricirt worden.“

„Kann ’s nicht ändern, mein Herr! Der Gasmesser
kann nicht lügen,“ beharrte der Beamte.

„Ja, aber sagen Sie mir doch: wie wollen Sie denn
den Ausfall begründen?“ rief ich.

„Weiß ich nicht, mein Herr! Es ist nicht unsere
Sache, uns mit wissenschaftlichen Fragen oder Forschungen
zu beschäftigen. Unsere Richtschnur ist der Gasometer
— nichts Anderes. Wenn an ihm angezeigt ist, daß
Sie sechs Millionen Fuß Gas verbrannt haben, so
müssen Sie sie eben verbrannt haben, selbst wenn wir
keinen einzigen Cubik=Fuß aus der Anstalt gelassen
hätten.“

„Um Ihnen die Wahrheit zu gestehen,“ wandte ich
mich zu dem Beamten, „mein Gasometer war einge=
froren, und um ihn aufzueisen, hab’ ich mit einem Schür=

haken in ihm herumgestochert, so daß er in Einem fort
geschnurrt und gesurrt hat."

„Der Betrag der Rechnung bleibt der gleiche," ant=
wortete der Beamte. „Wir rechnen Schürhaken gerade
so hoch wie Gas."

„Sie werden doch nicht in Wirklichkeit die Frechheit
besitzen und von mir Bezahlung der dreimalhundertund=
fünfzigtausend Dollar verlangen?" fragte ich.

„Und wären es siebenmalhunderttausend Dollar, so
würde ich sie mit einer Ruhe in Empfang nehmen, die
Sie in Erstaunen setzen sollte," entgegnete der Gas=
beamte. „Bezahlen Sie nur ohne Zögern; sonst drehen
wir Ihnen das Gas ab."

„Drehen Sie es ab und laufen Sie zum Henker
mit Ihrer ganzen Gasanstalt!" rief ich und riß meine
Rechnung in kleine Fetzen. Darauf ging ich heim, er=
griff den segenwirkenden Schürhaken und trat zu dem
Gasometer heran. Dieser hatte seit Ausstellung der
Rechnung schon wieder eine Million Cubikfuß registrirt;
in jeder Minute vermehrte sich die registrirte Zahl um
mindestens hundert weitere Fuß, und in vier Wochen
hätte ich der Gasfabrik von Blechlingen mehr geschuldet,
als die Vereinigten Staaten allen ihren Gläubigern zu=
sammengenommen. Kein Wunder, daß der Zorn mich
packte, daß ich den Meter zu einer formlosen Masse
zerschlug und die einzelnen Stücke auf die Straße
hinaus feuerte. Ein Glück, daß ich Besinnung genug
noch behielt, um das Abdrehen des Gashahnes nicht zu
vergessen.

Darauf begab ich mich nach dem Redactions=Bürean
unseres „Hochwächter," um Herrn Typophil Griesgram
zur öffentlichen Bloßstellung des von der Blechlinger
Gasfabrik=Gesellschaft in Scene gesetzten Schwindelver=

fahrens zu überreden. Währenddem ich mich in dem
Redactionszimmer befand, traten einige Besucher ein.
Der erste derselben benahm sich in einer erregten und
sonderbar mysteriösen Weise. Er begrüßte den Re=
dacteur damit, daß er einen Stuhl nach ihm warf; dann
packte er ihn am Schopfe, stieß ihn mit der Nase drei=
bis viermal auf den vor ihm stehenden Tisch und ver=
setzte ihm mehrfach Püffe in die Rippen. Nachdem
diese stärkende Motion vorüber war, schüttelte der Besucher
seine Faust dicht unter Griesgram's Nase und rief:

„Sie Esel und Schubiack! wenn Sie die Notiz nicht
morgen im Hochwächter bringen, so komme ich hierher
und bringe Sie um! Verstehen Sie mich?"

Darauf applicirte er Griesgram noch ein paar derbe
Rippenstöße, zerrte ihn am Ohrläppchen, schüttete ihm
das Tintenfaß über den Kopf, streute den Sand aus
der Büchse auf die nämliche Stelle, warf den Tisch um
und ging von dannen. Während des ganzen Vorganges
blieb Typophil Griesgram ruhig und gleichmüthig, kein
Wort trat auf seine Lippen, nur ein abgespanntes Lächeln
umspielte dieselben. Sobald der sonderbare Eindringling
die Thüre hinter sich geschlossen hatte, hob Typophil
Griesgram den Tisch auf, wischte sich den Sand und
die Tinte aus dem Gesichte und sagte, indem er sich zu
mir wandte:

„Der Hansnarr thut's schon nicht anders, er muß
eben immer seine kleinen Späße treiben!"

„Hm! hm! Scheint mir aber ein etwas überquellender
Humorist, dieser Hansnarr," versetzte ich. „Was war
denn die Ursache zu diesem Spaße?"

„Ach! der Mann will sein Mobiliar im Auctions=
wege verkaufen. Ich hatte ihm versprochen, in der
heutigen Nummer des Hochwächter auf die Sache

hinzuweisen, habe es aber ganz vergessen, und so kam
er denn, um mich daran zu erinnern."

„Frischen denn alle Ihre Bekannten Ihr Gedächtniß
in so lebhafter Weise auf? Wenn ich an Ihrer Stelle
gewesen wäre, Herr Griesgram, ich hätte kein Glied an
diesem Patron ganz gelassen."

„Nein! Das hätten Sie nicht gethan! Ganz gewiß
nicht!" antwortete Typophil. „Herr Knödler hat in
seiner Stellung als Magistrats=Rath die Vergebung der
städtischen Anzeigen und Bekanntmachungen zu besorgen,
und diese repräsentiren im Jahre eine Summe von circa
zweitausend Dollar. Ich sage Ihnen unverhohlen, mein
Herr! weit lieber ließe ich mich durch Magistrats=Rath
Knödler von Blechlingen bis Bessarabien und wieder
zurück mit Fußtritten spediren, als daß ich durch falsch
angebrachten Stolz dem Hochwächter jene Annoncen
entzöge. Was macht denn das, wenn ich hie und da
im Jahr ein paar Püffe erhalte, oder wenn mir wirklich
einmal die Schienbeine wund geschlagen werden? Was
ist das im Vergleich zu jenem Nutzen? Nein, nein,
mein Herr! Unser verehrter Herr Magistrats = Rath
Knödler kann sich soviel Spaß mit mir erlauben, als
er nur immer Lust hat!" —

Der zweite Besucher, der bei Typophil Griesgram
vorsprach, war weniger demonstrativ in seinem Auftreten.
Er war ein langer, hagerer Mann und trug Trauer=
kleidung. Gemessenen Schrittes trat er in's Bureau
und setzte sich auf einen Stuhl. Dann nahm er seinen
Hut ab, wischte sich die Thränen aus den Augen, rieb
sich einen Moment lang nachdenklich die Nase, legte
dann sein Taschentuch in den Hut, stellte den Hut auf
die Diele und richtete die folgende Frage an Herrn
Redacteur Griesgram:

„Sie haben Frau Brinz nicht gekannt?"

„Nein, ich hatte nicht das Vergnügen!" antwortete Typophil. „Was war sie?"

„Meine Gattin, Herr Redacteur! Lange, lange Wochen ist sie krank gewesen. Vorgestern jedoch verschlimmerte sich ihr Zustand ernstlich, sie wurde schwächer und schwächer, und das dauerte ungefähr bis zum Abend. Als die Nacht ihre Fittiche über unser irdisches Jammerthal hienieden gebreitet hatte, da zuckte sie noch einige Male hintereinander heftig zusammen und dann entfloh ihr Geist, um fortan in schöneren Regionen zu wandeln. Sie ist nicht mehr."

„Thut mir herzlich leid, Herr Brinz," sagte Griesgram.

„O! auch mir!" sprach Brinz weich. „Und ich komme nun aus dem Grunde zu Ihnen, Herr Griesgram, um mich zu unterrichten, ob ich nicht einen von Euch Herren von der Feder bewegen kann, ein Gedicht abzufassen, welches die Eigenschaften ihres Charakters und ihres Herzens in würdiger Weise besingt, und das ich dann in die Zeitung einrücken lassen könnte."

„Hm! weiß nicht," entgegnete der Redacteur. „Vielleicht ließe sich's machen."

„Sie meinten vorhin, Herr Redacteur," sprach Brinz weiter, „Sie hätten sie nicht gekannt. O! so lassen Sie mich sie Ihnen schildern. Sie war eine sonderbare, sehr sonderbare Frau. Sie hieß Aurora und war eine geborene Gans. Sie hatte scharf ausgeprägte charakteristische Merkmale. Ihre Nase war die krümmste weit und breit im Lande — ganz seitwärts herumgebogen. Die alte Seeratte, der Nelson Kidd, pflegte immer von ihr zu sagen, sie sähe aus wie das Klübersegel einer Austern-Schaluppe an der Luvseite. Das war nur im Spaß gemeint — Sie verstehen doch! Aurora aber kehrte sich niemals

daran. Sie sagte oft selbst, daß ihre Nase so scharf um
die Ecke ziele, daß sie sich jedesmal, wenn sie kräftig
niese, den Chignon vom Kopfe herunterblase. O, Herr
Redacteur! in dem Herzen jener Frau lag ein unend=
lich tiefer Humor verborgen. Ich habe gar nichts
dagegen, wenn Sie in dem Gedicht irgend eine pitto=
reske Anspielung auf den Stand ihrer Nase machen,
so daß ihre Freunde sie zu erkennen vermögen. Auch
könnten Sie fernerhin ein oder zwei Strophen auf ihr
schadhaftes Auge verwenden."

„Was war denn los mit ihrem Auge?" fragte
Griesgram.

„Ausgelaufen, Herr — rein ausgelaufen! Mit
einem Spahn herausgeschlagen, noch als sie Kind war,
beim Kleinspalten von Brennholz. Sie richtete sich, so
gut es eben ging, mit einem gläsernen Auge ein, und
das gab ihrem Antlitz das wunderlichste Gepräge, das
Sie jemals gesehen. Das falsche Auge stand ganz still
und starr, während das andere geflissentlich umherrollte,
so daß man die meiste Zeit nicht wußte, ob sie astro=
nomische Betrachtungen anstellte oder das Küchenmädchen
beim Kartoffelschälen beaufsichtigte. Zur Nacht lag sie
da, mit dem weit offen stehenden Glasauge mich unver=
wandt anstarrend, während das andere gesunde festge=
schlossen war, so daß ich manchmal von Entsetzen gepackt
wurde, sie rüttelte und schüttelte und mit allen mög=
lichen Mitteln zum Aufstehen und Schließen des künst=
lichen Auges zu veranlassen suchte. Einmal hab' ich ihr
das Augenlid mit Gummi arabicum festgeklebt; aber
davon wollte sie nichts wieder hören, weil sie — Sie
verstehen, mein Herr? — ihr Auge lange Zeit in war=
mes Wasser hat tauchen müssen. Nun meine ich, Herr
Redacteur! Sie könnten in dem Gedichte mit ein paar

17

Worten auch der Excentricität ihrer Seh=Organe gedenken
— nicht? Es mir gleichgültig, wie Sie dies thun —
wenn nur die Hauptpunkte berührt sind."

„War Ihre verstorbene Frau in sonst noch einer
Weise absonderlich?" fragte Griesgram.

„Hm — ja! Ein Bein fehlte ihr — als Aurora
noch ein kleines Kind war, da ist sie einmal von einem
Wagen überfahren worden, und das linke Bein hat ihr
in Folge dessen amputirt werden müssen. Sie trug
aber ein Patent=Bein, welches ihr ganz gute Dienste
leistete. Es war ihr zwar manchmal unbequem; im
Ganzen genommen fühlte sie sich jedoch damit äußerst
behaglich. Sie hatte eine Vorliebe für Maschinerieen.
Sie war dem Himmel für die seltenen kunstreichen Vor=
richtungen, die er ihr eingeräumt, im Allgemeinen zwar
sehr dankbar; manchmal wurde sie aber doch auch recht
niedergeschlagen, wenn etwas daran nicht ganz in Ord=
nung war. So versahen z. B. die Federn der Bein=
maschine den Dienst nicht richtig und liefen in der ver=
kehrten Richtung, wo es dann hin und wieder in der
Kirche vorkam, daß ihr Bein einen heftigen Ruck that
und gegen die Scheidewand im Kirchenstuhle laut zu
hämmern und zu poltern anfing. 's war zeitweise
ärger wie in einer Kesselschmiede. Mir will scheinen,
Herr Redacteur, als läge in dem, was ich Ihnen gesagt,
herrliches Material für ein Trauer=Gedicht! — Oder
nicht? O! meine Aurora war eine sehr eigenwillige
Frau. Zum Oeftern, wenn sie zu einem Näh=Kränzchen
gehen oder sonstwo herumstreichen wollte, hab' ich ihre
Bein=Maschine im Kamin oder Holzstoß versteckt. Aber
Aurora wußte sich zu helfen. Wie aber? Wissen Sie,
was sie gemacht hat?"

„Nun, was denn?" fragte Herr Typophil.

„Sie schnallte sich einen Regenschirm an den Bein-
stumpen an und lief die Straße hinunter so munter,
als ob der Schirm dort angewachsen wäre. Aurora war
ungemein erfinderisch. — Und nun habe ich mir gedacht,
Herr Redacteur, Sie könnten die Ihnen mitgetheilten
Einzelheiten zusammenwürfeln und in Reime bringen.
Ich komme an einem der nächsten Tage wieder mit
heran und hole mir das Gedicht ab gegen Erlegung
des dafür schuldigen Betrages. An welchem Tage?
Am Dienstag? Ganz recht. Ich komme also am
Dienstag und will dann sehen, wie Sie das Ding zurecht-
gestutzt haben."

Nach diesen Worten glättete Herr Brinz seinen Hut
mit dem Taschentuche, wischte sich den angesammelten
Schmerz aus den Augen, stülpte den Hut auf den Kopf
und ging gemessenen Schrittes, so wie er gekommen
war, zur Thüre des Redactionszimmers hinaus.

Dann erst wurde es mir möglich, Herrn Redacteur
Griesgram mein Anliegen auseinander zu setzen. Er
hörte mir scheinbar mit warmem Interesse zu, meinte
aber, nachdem ich meinen Bericht geendigt, daß es ihm
doch nicht gerathen erscheine, in einer die Gasanstalt
bloßstellenden Weise vorzugehen: die Revenuen, welche
der „Hochwächter für Intelligenz und Handel" durch
dieses Institut der Oeffentlichkeit genieße, machten ihm
dies zur Unmöglichkeit. Alles Reden half nichts. Das
einzige Zugeständniß, welches Herr Typophil Griesgram
mir machte, war: ein von mir unterzeichnetes, in nicht
zu scharfem Tone gehaltenes Inserat unter der Bedingung aufzunehmen, daß auch die anderen, im Orte
erscheinenden, resp. gelesen werdenden Blätter das Inserat zur gleichen Zeit bringen würden. Das geht aber
einfach nicht, weil dieselben theils aus Concurrenz-,

theils aus localen oder anderen Rücksichten zu ganz
verschiedenen Tagen erscheinen. So mußte ich denn,
ob ich wollte oder nicht, meinen Aerger über die Blech=
linger Gas=Anstalt hinunterschlucken und hatte in Folge
dessen mehrere Tage hindurch an acuter Indigestion zu
leiden.

<hr />

Zwanzigstes Capitel,

erzählt vom König Johann Butterweck und wie es dem armen
Trompeter Säuseler ergangen, sowie des ehrsamen Habakuk Purz=
pichler grausiges Mißgeschick beim Zahn=Ausziehen.

Vor wenigen Monaten hatte in unserem, trotz des
realistischen Grundzugs seiner Bewohnerschaft der Kunst
nicht abholden Blechlingen Wolf's „Künstler=Theater"
für längere Zeit Fuß gefaßt. Die Vorstellungen dieser
wandernden Thespisjünger waren ziemlich befriedigender
Natur, und erfreuten sich daher eines, in Anbetracht der
schlechten Zeitverhältnisse recht günstigen Besuches.

In der Mitte der Saison wurde Shakespeare's
„König Johann," in welchem Stücke der „berühmte
Tragöde Herr Butterweck" auftreten sollte, mit großem
Pomp angekündigt. Die Annahme ist berechtigt, daß
die Vorstellung als eine durchaus gelungene hätte be=
zeichnet werden dürfen, wenn nicht ein unglückseliges Miß=
verständniß stattgefunden hätte. In dem Stücke erschallen
bekanntlich viele Trompeten=Fanfaren, und der Regisseur
sah sich genöthigt, da die Truppe keinen eignen Trom=
peter bei sich führte, einen deutschen Musiker Namens

Säuseler für diesen Abend zum Blasen der verschiedenen
Signale, Fanfaren zc. zu engagiren. Säuseler ist der
englischen Sprache noch nicht recht mächtig; und der
Regisseur, der ihn hinter den Coulissen auf der linken
Seite der Bühne postirt hatte, während er selbst ihm
gegenüber auf der rechten Seite Platz nahm, instruirte
Säuseler dahin, jedesmal sobald er mit der Hand
das Zeichen geben würde, seine Trompete erschallen
zu lassen.

Alles ging vortrefflich von Statten, bis König Johann
(Herr Butterweck) zu dem Passus kam: „Weh' mir!
dies böse Fieber zehrt mich auf!" Gerade als König
Johann im Begriffe war, diese Worte auszusprechen,
sah sich der Regisseur genöthigt, eine Fliege von der Nase
wegzuscheuchen. Und Herr Säuseler, der diese Hand=
bewegung des Regisseurs für das verabredete Signal
angesehen hatte, ließ ein mächtiges Geschmetter aus seiner
Trompete erschallen. König Johann war wüthend; der
Regisseur gesticulirte aus allen Kräften, um Säuseler
zum Innehalten zu veranlassen; der würdige Germane
aber vermeinte hierin eine Aufforderung zu noch lau=
terem Trompeten zu erblicken, und bei jedesmaliger
neuer Handbewegung des Regisseurs ertönte ein mäch=
tigeres Geschmetter aus Säuseler's Blasinstrument. Die
Scene, die sich infolge dieses Mißverständnisses ent=
wickelte, spielte sich ungefähr wie folgt ab:

König Johann: „Weh mir, dies böse —"

Säuseler (mit aufgeblasenen Backen und mit durch
die Brille funkelnden Augen): „Ta-ta-ra-ta, ta-ta-ta-ta
ta-ta-ra-ta ta-ta-ta-ta, ta-ta-ra-ta ti-ra-ta!"

König: „ — — — Fieber zehrt —"

Säuseler: „Ra-ta-ta-ta, ra-ta-ti-ra-ta-ti, ti-di-ra-ta,
pu-u-u-u-di-ra-ta, ta-ta-ri-ta pu-da-ti-ta, ti-ta-ta-ta, ti-

ta-ti-ta, da-ri-ta-ta ti-ta-ti-ta, pu-u-bi-ra bi-ra bi-ra, ti-ta-ta-ta-ti-ta-ta!"

König: „Weh' mir, dies —"

Säuseler (einen wahren Orkan aus seinen Lungen stoßend): „Ra-ta-ta-ta-ta-ti-ta-ti, ra-ta-ta-ta-ti-ta-ti-ta-ti-ta-pu-u! ra-ta-ta-ta-ra-ta-ta-ta-pu-a-pu-a-pu-u-u! ra-ta-ta-ta, ti-ra-ta-ta, ti-a-ri-ta, ti-a-ri-ta, pu-pu-pu-u-u!"

König (hastig): „ — — böse Fieber zehrt mich auf!"

Säuseler (dem der Schweiß auf der Stirne steht): „Ti-ra ti-ra, pu-ta pu-ta, ra-ta-ti ra-ta-ti, pu-ta-pu-ta-pu-ta-pu-u-ti—ta-ti-ta-ti! ra-ta-ta-ta, ra-ta-ti ra-ta-ti! ra-te-ra-ta, ra-te-ra-ta, ra-ta-ta-ta-ta—pu-u-u-u-u-u-h!"

König (zum Publicum gewendet): „Meine Herren und Damen —"

Säuseler: „Ra-ti-ti ra-ti-ti, u-u-p'u-ta-ta, pu-u-p'u-ta-ta, ra-ta-ta-ta-ra-ta-ti, ra-ta-ti! ri-ta-ti-ta-ti-ta-pu-ta-pu-ta-puh-ta—pu-u-uh!"

König (schnell fortsprechend): „Wir haben hier hinter den Coulissen einen deutschen Tollhäusler, welcher—"

Säuseler: „Ti-a-ta, ri-ta ti-ta, puh-ta puh-ta, ri-ta-ti-ta-ti-ta-ti-ta pu-u-u-uh!"

König: „ — — unmenschlich auf einem Horn bläst, und —"

Säuseler: „Ti-a-ta puh-ta puh-ta!"

König: „Wenn Sie mich einen Augenblick entschul= digen wol—"

Säuseler: „Ra-ta-ta-ta!"

König: „So will ich hinter die Coulissen gehen und seinem unvernünftigen Treiben Einhalt thun."

Säuseler: „Pu-ta-ti, pu-u-u-ti-ta-ti-ta, ri-ta-ta-ta, ra-ta-ta!"

Darauf verschwand König Johann hinter den Cou=

lissen, und eine nicht eben sanfte Scene spielte sich nun
hinter diesen ab. Zehn Minuten später hätte man den
wackeren Säuseler mit blutender Nase vor dem Theater
auf dem Trottoir stehen sehen können, wie er sich vor
Verwunderung die Stirne rieb und zu den Sternen
hinaufschaute, als wolle er dort oben Aufklärung suchen
für alle die Räthsel hier unten auf der Erde.

Inzwischen war König Johann (Herr Butterweck)
auf die Bretter zurückgekehrt, und die Vorstellung ward
ohne Trompeten-Geschmetter zu Ende geführt.

*　　*　　*
　　*

Herr Habakuk Purzpichler — dessen sich der freundliche Leser gewiß noch aus dem Capitel über Verbesse-
rung der Schifffahrtsverhältnisse auf Blechlingen's Binnen-
Canal zu Anfang dieses Buches erinnern wird — war
Wochen hindurch von Zahnschmerzen der heftigsten Art
geplagt gewesen. Mehr als einmal schon hatte er den
Entschluß gefaßt, die Hilfe des in Blechlingen seßhaften
Zahnarztes Dr. Quirl in Anspruch zu nehmen und
sich den schadhaften Zahn ausziehen zu lassen; aber —
Herr Habakuk Purzpichler war ein geiziger Patron und
ein furchtsamer Hasenfuß: das ansehnliche Honorar, das
Dr. Quirl für Ausreißung eines Zahnes sich bezahlen
ließ, bedauerte er in dem gleichen Maße, wie die Angst
vor dem gewaltigen Schmerze, der dabei auszustehen
war, ihn zurückschreckte.

Am Sonnabend der letztvergangenen Woche aber
hatte der Schmerz einen so intensiven Grad angenommen,
daß Herr Habakuk Purzpichler buchstäblich „an den
Wänden hinauf rannte." Mit jeder Stunde verschlimmerte sich sein Zustand, so daß er gegen elf Uhr sich

den Hut auf den Kopf stülpte und ohne weiteres Zaudern
nach Dr. Quirl's Wohnung, die sich am andern Ende des
Städtchens befand, raste. Was vielfach der Fall zu sein
pflegt, daß angesichts der Hausthüre von des Zahnarzts
Wohnung die Schmerzen nachzulassen oder gar aufzuhören
pflegen, traf bei Purzpichler nicht ein; die heftige Auf=
regung und das rasche Laufen hatten bei ihm vielmehr
das gerade Gegentheil bewirkt, so daß der Anblick der
zahlreichen Marterwerkzeuge in Dr. Quirl's Klinik
ohne jeden Eindruck auf sein furchtsamen Regungen
sonst überaus zugängliches Gemüth blieb.

Herr Zahnarzt Quirl hat sich einer ausgedehnten
Kundschaft zu erfreuen.   Um nun einerseits allen Zahn=
ziehungs=Anforderungen gerecht werden zu können und
um andererseits seine Kräfte möglichst zu schonen, hat
Herr Quirl jüngst eine Maschine zum Zahn=Ausreißen er=
sonnen und construiren lassen: sie besteht aus einem
ziemlich complicirten Mechanismus von Kurbeln und
Hebeln, die an einem beweglichen Krahn befestigt wer=
den und vermittelst eines Lederriemens, der durch die
Transmission einer Maschinen=Werkstätte im hintern Theil
des Gebäudes in Bewegung gesetzt wird, auf eine Zange
einwirken.   Der erfinderische Quirl hatte verschiedene
Versuche an Nägeln, die tief in ein Brett geschlagen
waren, gemacht und dabei gefunden, daß seine Ma=
schinerie sich ausgezeichnet bewährte.   Der erste Patient
nun, an dem er sie zur praktischen Verwendung brachte,
war der geplagte Habakuk. Quirl setzte also die Zange
an Habakuk's Zahn an, und nachdem diese fest gepackt
hatte, wurden die Transmissionsriemen zurecht geschoben
und das Dampfventil geöffnet. Es ist niemals mit Ge=
nauigkeit festgestellt worden, ob Dr. Quirl das Ventil
zu weit geöffnet hat, oder ob die Dampfmaschine in

jenem Augenblick gerade unter ausnahmsweise starkem
Drucke gelaufen ist; das Eine jedoch steht fest, daß Ha=
bakuk Purzpichler, kaum daß die Transmissionsräder zu
laufen begonnen hatten, mit einem gewaltigen Ruck aus
dem Stuhle nach oben gerissen wurde, während die be=
wegliche Krahn=Vorrichtung die erstaunlichsten Bewegun=
gen durch das ganze Zimmer hindurch machte. Einmal
riß sie Purzpichler in die Höhe und zerrte ihn an der
Zimmerdecke entlang, dann ließ sie ihn plötzlich unsanft
wieder zu Boden nieder, so daß der an ihr Hängende
mit dem einen Bein in seines Peinigers Marterwerk=
zeuge, mit dem andern in den Spucknapf gerieth und
diesen zertrümmerte.   Dann schnellte sie ihn mit jähem
Rucke drei=, viermal gegen den Kronleuchter, um ihn
hierauf in schräger Richtung gegen die Zimmerwände
zu jagen, wobei Habakuk's Hinterkopf in höchst unehr=
erbietiger Weise auf das über dem Kamin hängende
Oel=Porträt von Dr. Quirl's Vater stieß. Nachdem der
Krahn den unglücklichen Purzpichler zu verschiedenen
Malen noch über dem Ofen hatte auf= und niederzappeln
lassen, gab der festsitzende Backenzahn endlich nach, und
Purzpichler stürzte, mit dem rechten Ellbogen den Wand=
spiegel durchstoßend, zur Erde nieder.   Die Maschine,
die nun, befreit von der an ihr hängenden Last, wild
im Zimmer auf= und niederjagte, schlug zu öfteren
Malen nach Dr. Quirl herum und versuchte dessen
Bein mit der Zange zu erhaschen. Dr. Quirl aber
retirirte schleunigst aus dem Zimmer und sandte den
Barbiergehilfen hinein, welcher das Dampfventil schließen
und den unglücklichen Purzpichler, der besinnungslos
am Boden lag, in das Vorderzimmer zerren mußte.
Nachdem Quirl, aber ohne Erfolg, alle möglichen Wieder=
belebungsversuche bei seinem Patienten in Anwendung

gebracht hatte, ließ er ihn nach Hauſe tragen und über=
wies ihn der Behandlung des Doctor Braun. Vier
Stunden lang dauerte Purzpichler's ohnmächtiger Zu=
ſtand, und als der Arme dann ſein Bewußtſein wieder
erlangt hatte und des entſetzlichen Vorganges ſich zu
erinnern vermochte, da mußte er zu ſeinem Entſetzen
gewahr werden, daß ihm Dr. Quirl, ſtatt des ſchad=
haften, den kerngeſundeſten Zahn herausgeriſſen hatte,
der noch in ſeinem Munde ſaß.

Dr. Quirl hat dem geplagten Purzpichler auch nie=
mals eine Rechnung für jene Cur geſandt; den Con=
tract aber, den er mit der Maſchinenwerkſtätte im
Hintergebäude wegen In=Betriebſetzung ſeines neuen
Zahnausreißungs=Krahnhebels abgeſchloſſen hatte, hat er
ſchleunig wieder rückgängig gemacht, und fängt nun wieder
an, die Zähne nach alter Weiſe mit der Hand aus dem
Munde der Leidenden zu entfernen.

Ein paar Tage nach dieſem Ereigniß ſtellten ſich
bei Purzpichler die Zahnſchmerzen in ihrer früheren
Heftigkeit wieder ein. Er beſchloß nun, den ſchadhaften
Zahn ſelbſt herauszuziehen. Vor Zeiten hatte er ein=
mal geleſen, daß man einen Zahn raſch und ohne allen
Schmerz entfernen könne, wenn man eine Schnur feſt
um ihn herum ſchlinge, deren Ende an eine Kugel be=
feſtige und dieſe dann aus einer Flinte ſchieße. Er
nahm alſo einen Faden Hanfzwirn von entſprechender
Länge, befeſtigte deſſen eines Ende an ſeinen ſchadhaften
Zahn, ſchlang das andere Ende feſt um eine zu dieſem
Behuf eingekerbte Kugel, lud letztere in eine Flinte und
zielte zum Fenſter hinaus. In dieſem Augenblick er=
griff ihn ein ſeltſames nervöſes Zittern; er ſpannte die
Flinte, ließ aber den Hahn wieder herunter und wiederholte
dies Experiment unwillkürlich wohl zwanzigmal, je nachdem

sein Muth zum Abfeuern des Schusses wuchs oder nach=
ließ. Zuletzt gewann die Furcht doch die Oberhand in
Habakuk's Gemüth; und in der Absicht, den Zahn nicht
auf diese Weise zu entfernen, ließ er den Hahn lang=
sam wieder in Ruhe sinken. In diesem Moment aber
entglitt der Hahn seinem Daumen, und in der nächsten
Minute — flog der Zahn des Herrn Purzpichler mit einer
Schnelligkeit von zwanzig Meilen in der Minute durch
die Luft, während Purzpichler selbst heulend und
Blut spuckend sich auf dem Boden herumwälzte. Seine
Frau, ein resolutes Weib, hob ihn auf und reichte ihm
Wasser, damit er sich den Mund ausspüle. Und als
er seine Ruhe wieder gefunden hatte, ging er hinunter
in das Parterrezimmer und setzte sich an das nach der
Straße hinaus mündende Fenster. Während er dort
über den Vorgang nachdachte und eben die Meinung
zu gewinnen im Begriff war, daß es am Ende doch
das Beste gewesen sei, was er hätte thun können, kamen
einige Männer vorübergeschritten, die auf einer aus
einem Fensterladen improvisirten Bahre einen schein=
bar todten Menschen trugen. Er fragte zum Fenster
hinaus, was denn geschehen sei, und erhielt zur Ant=
wort, daß vor kaum einer Viertelstunde Martin Specht
von einem Unbekannten auf mysteriöse Weise geschossen
worden sei.

Herr Purzpichler beschloß, sich den Hut aufzusetzen
und nach dem Spital, wohin der Verwundete oder Todte
gebracht werden mußte, hinunterzugehen, um in Er=
fahrung zu bringen, welchen Verlauf dieses unheimliche
Ereigniß gehabt habe. Als er im Spital ankam, war
Specht wieder zu sich gekommen und erzählte dem ihn
untersuchenden Arzte den Hergang: er sei in Bohnen=
stengel's Garten mit dem Ausjäten der in üppigem Wachs=

thum stehenden Kermesbeer-Pflanzen beschäftigt gewesen,
als er plötzlich den Knall einer Flinte gehört und im
nächsten Augenblick schon eine Kugel in der Hüfte zu
sitzen gehabt habe, worauf er bewußtlos zusammengebrochen sei; wer ihm das anzuthun Veranlassung gehabt,
darüber vermöge er nicht die leiseste Vermuthung auszusprechen.   Der Arzt untersuchte sodann die Wunde
und fand einen Faden Hanfzwirn mit einer daran be-
festigten großen Kugel in derselben sitzen. Als er die
Schnur anzog, gab sie nach keiner Richtung hin nach.
Hieraus folgerte er, daß die Schnur an ein zweites,
im Fleische sitzendes Geschoß befestigt sein müßte. Er
meinte, daß dies der eigenthümlichste Fall sei, der ihm
noch je in seiner Praxis vorgekommen oder überhaupt in
den Annalen der medicinischen und chirurgischen Wissenschaft verzeichnet stehe.

Der Arzt reichte hierauf dem Martin Specht einen
stärkenden Trank, und eine Stunde später ungefähr ließ
er ihn Chloroform einsaugen, bis der Verwundete in
einem todtenähnlichen Zustande auf sein Lager zurücksank.
Dann fing er an, mit einem seiner Secirmesser in die
Stelle hineinzuschneiden, an welcher der Hanfzwirnfaden
saß.   Während dieses Vorganges fühlte Habakuk ein
sonderbares Weh in seinem Magen und zog in Erwägung, ob er nicht besser daran thue, wieder nach
Hause zu gehen.   Da hatte der Doctor endlich tief
genug geschnitten, und als er jetzt der Schnur einen
kräftigen Ruck gab, flog ein Backenzahn heraus, der ganz
darnach aussah, als ob er Zahnschmerzen verursacht
haben könne.   Darauf meinte der Arzt, der Fall sei
noch weit eigenthümlicherer Natur, als er zuerst angenommen hätte; der Zahn hätte aus einer Flinte nicht
abgeschossen werden können, weil derselbe dann hätte

zerbersten müssen; wie er aber in Specht's Hüfte habe dringen können, sei in keiner Weise zu erklären.

„Ich weiß nicht, was ich von dieser Sache denken soll," erklärte der Doctor, „daran geht all' mein Wissen zu Grunde. Daß Zahn und Kugel als Meteorsteine niedergesaust und in Specht's Hüfte gedrungen seien, läßt sich nicht annehmen, denn der Hanfzwirn ist augenfällig ein irdisches Product. Es könnte höchstens sein, daß — Sapperment! was ist Ihnen denn, Purzpichler? Ihr Mund blutet ja, und Ihr Hemd ist ganz mit Blut befleckt!"

„O nichts! nichts!" rief Purzpichler, sich vergessend. „Ich habe vor einigen Augenblicken einen Zahn verloren, und —"

„Sie haben einen Zahn verloren? — Wer hat ihn denn herausgezogen?" fragte der Arzt.

„Ach! wissen Sie, Herr Doctor!" stotterte Purzpichler, „ich habe ihn — ich habe ihn — mit einer Flinte 'rausgeschossen!"

Daraufhin wurde Herr Habakuk Purzpichler wegen versuchten Meuchelmordes unter Polizei-Aufsicht gestellt, und Martin Specht soll geäußert haben, daß er, sobald er wieder auf seinen Beinen stehen könne, dem Habakuk Purzpichler, so wahr er Specht heiße, die Zähne einzeln aus dem Munde schlagen wolle.

Habakuk aber hat schon am dritten Tage nach diesem Vorfall Reißaus genommen. Seine Frau ist bis auf Weiteres nach Eberfurt übergesiedelt.

Einundzwanzigstes Capitel.
Eine Gespenster-Geschichte.

Das Bodenterrain um Blechlingen gehört der Kalk=
stein=Formation an. Das Städtchen selbst steht, wie
früher schon gesagt worden, auf einem hohen Berge, an
dessen Fuße sich eine wunderbare Quelle befindet. Seit
Menschengedenken nun steht der Glaube bei den Bewohnern
von Blechlingen fest, daß der Berg voller Höhlen und
Risse sei, durch welche das die Quelle speisende Wasser
hindurchsickere.

Vor wenigen Jahren nun bildete sich in Blech=
lingen eine Friedhof=Gesellschaft, und eine kurze Strecke
von dem letzten Hause des Städtchens bergaufwärts
wurde ein Gottesacker angelegt. Als bereits einige
Leichen auf demselben beerdigt waren, starb plötzlich
Herr Fritz Wunderlich, der im Städtchen seit jeher für
einen Sonderling gegolten hatte. Auch dieses Todten
irdische Hülle wurde auf dem neuen Gottesacker bestattet.
Drei Tage ungefähr nach der Beerdigung sah plötzlich
Lilienstengel, als er den untern Theil seines Farm=
Grundstücks pflügte, einen Sarg auf dem Flusse ange=
trieben kommen. Er fischte mit Hülfe von ein paar
Knechten den Sarg heraus und erkannte bei Oeffnung
desselben die leiblichen Ueberreste des ihm wohlbekannten
Herrn Fritz Wunderlich. Die Polizeibehörden wurden
in Kenntniß gesetzt, der Thatbestand constatirt und der
Todtengräber des neuen Friedhofs angewiesen, den Sarg
der Erde wieder zu übergeben.

Das geschah denn auch; am nächsten Morgen aber
wurde Herr Wunderlich in seinem Sarge wiederum aus

dem Flusse herausgefischt — diesmal am Landungsplatze
bei der Gasanstalt. Die biederen Blechlinger fühlten
mit Sachtem eine furchtsame Regung in ihrem Herzen auf=
steigen, man fing an, zu munkeln, daß Herr Wunderlich
wahrscheinlich ermordet worden sei und nun im Grabe
keine Ruhe finden könne. Die Polizei Blechlingen's
aber — an ihrer Spitze Herr Stadtdirector Pfeffer
und Polizeimeister Schafskopf — ließ sich nicht irre
machen, sondern befahl die neuerliche Bestattung des
Sarges. Der Todtengräber, dem noch niemals so reich=
liche Sporteln bei Beerdigung eines und desselben Todten
geflossen waren, rieb sich vergnüglich schmunzelnd die
Hände. Zwei Tage darauf fanden Knaben beim Baden
im Flusse unterhalb der Sägemühle einen Sarg im
Ufergestrüpp festhängen — und wiederum hatte sich Herr
Fritz Wunderlich auf die Oberfläche der Erde gedrängt.
Nun wurde es denn doch nachgerade auch der Polizei
unheimlich. Die Geistlichkeit fing sogar an, den Fall
Wunderlich auf gespenstische Umtriebe zurückzuführen,
und kein Mensch wagte sich mehr bei nächtlicher Weile
allein auf die Straßen. Herr Pfeffer sowohl wie Herr
Schafskopf wußten jedoch, auch nachdem sie die Ansicht
des Magistratsrath Knödler eingeholt und schließlich Herrn
Senft ersucht hatten, seinen Rath dazu zu geben, keine
andere Auskunft, als den Sarg zum vierten Male zu
bestatten. Und so geschah es auch.

Am Morgen des hierauffolgenden Tages nun gewahrte
Gracchus Zwiebel, während er aus der segenspendenden
Quelle Wasser schlürfte, wie sich ein unbestimmtes Etwas
von dem Schlamm auf dem Grunde des Teiches los=
löste und langsam zur Oberfläche hinaufstieg. Gracchus
wurde weiß wie der Kalk an der Wand, als er den
Gegenstand erkannte und inne wurde, daß es ein Sarg

war, der den Quellbach hinunter nach dem Flußbette
zutrieb. Zwiebel setzte schleunigst den Magistratsrath
Knödler in Kenntniß, dieser ertheilte dem Polizeimeister
Schafskopf die betreffende Ordre, und beide kamen mit
Blechlingen's Sicherheitsmannschaften herbeigestürzt. Der
Sarg wurde geöffnet — und wiederum stierte Herrn
Fritz Wunderlich's fahles Todtengesicht den Umstehenden
entgegen.

Nun aber legten sich die Anverwandten des Ver=
storbenen in's Mittel und verlangten die Bestattung der
Leiche an einem andern Orte, da durch das fort=
während Zutagetreten des Sarges zur Evidenz nach=
gewiesen sei, daß von der dermaligen Begräbnißstätte
ein unterirdischer Kanal zur Quelle hinleite. Weder
Herr Stadtdirector Pfeffer, noch Herr Polizeimeister
Schafskopf wagten Einspruch gegen das Begehren der
Wunderlich'schen Verwandten zu erheben, nur die Actio=
näre der „Blechlinger Friedhofsgesellschaft" kratzten sich
bedenklich hinter den Ohren.

Eine Zeitlang hindurch hatte es jedoch den Anschein,
als sollten die anläßlich des Falles Wunderlich auf=
gestiegenen Befürchtungen, daß das ganze, unter so gün=
stigen Auspicien entrirte Unternehmen zu Wasser werden
möchte, sich nicht bestätigen.

Da geschah es, daß der alte Lucas, der bei Leb=
zeiten das Fischerhaus auf der andern Seite des Flusses
drüben bewohnt hatte, das Zeitliche segnete. Das Be=
gräbniß des alten Mannes fand am Donnerstag Abend
unter sehr lebhafter Theilnahme der Bevölkerung statt.
Den folgenden Tag sah Fräulein Lilienstengel am frühen
Morgen einen Mann in einer Art von Canoe auf ihre
Farm zusteuern. Von der Furcht übermannt, daß viel=
leicht Indianer oder anderes Raubgesindel ihres Vaters

Farm zu überfallen im Begriffe ſtünden, ſchrie ſie Zeter
und Mordio; worauf denn Nehemias Lilienſtengel, mit
Säbel und Revolver bewaffnet und gefolgt von allen
Knechten und Mägden der Farm, in eiligem Laufe zum
Flußufer herab gerannt kam. Nehemias, von ſeiner
Tochter in Kenntniß geſetzt, lugte den Fluß entlang
und hatte bald den im Canoe treibenden Mann bemerkt,
ſah jedoch zu gleicher Zeit, daß derſelbe ein unſchäd-
licher Kamerad war, der ſich mit Angeln die Zeit vertrieb. Wenige Augenblicke ſpäter ſchaute der Angler
auf und zu der am Ufer ſtehenden Gruppe hinüber.
Plötzlich rief er mit laut vernehmlicher Stimme:

„Ei ſieh da! Nehemias!"

„Wer ſeid Ihr?" fragte Lilienſtengel zurück.

„Wer ich bin? Na, der Lucas! wer denn ſonſt?"
fragte der Angler.

„Ach! redet keinen Unſinn!" rief Nehemias. „Der
Lucas iſt ja todt, den haben wir ja erſt geſtern Abend
um fünf Uhr begraben."

„Begraben?" rief der Angler, an's Land tretend.
„Hm! hm! Heiliges Kanonenrohr! Das löſt mir am
Ende das Räthſel! Ich hab' mir ſchon in Einem fort
den Kopf zerbrochen, um die Erklärung für einen ſonderbaren Umſtand, der mir paſſirt iſt, zu finden. Wiſſen
Sie, Lilienſtengel! ich entſinne mich, daß ich zu Hauſe
im Bette gelegen, und daß mich ein langer, tiefer
Schlaf überkommen hat. Als ich endlich wieder aus demſelben erwachte, da war es pechfinſter um mich her. Ich
ſtrecke mich aus, ich richte mich in die Höhe und ſtoße
dabei den Deckel von dem Ding herunter. Ich war
der Meinung, es ſei ein Canoe, und als ich mich umſah,
wurde ich gewahr, daß ich mich auf dem Fluſſe befand.
Ich nahm nun den Deckel und ſpaltete ihn mitten ent-

18

zwei, um ein paar Ruder daraus zu machen. Da sah ich eine Platte darauf, und auf ihr konnte ich die Worte ‚Lucas Kraut, 64 Jahr alt‘ lesen. Ich hab’ mir nicht enträthseln können, wie diese Worte auf den Deckel hinauf gekommen sind. Dann bin ich aber, ohne mich lange zu bedenken, zu meinem Fischkasten hinüber gefahren, hab’ mir Angeln und Fischköder geholt und bin wieder auf den Fluß hinausgefahren. Ich dachte, es könnte nichts schaden, wenn ich bei der Gelegenheit ein paar Fische zum Frühstück mit nach Haus brächte.

„Also ein Sarg ist das Ding da? und begraben hat man mich gestern? Das heißt doch dem Teufel ein Schnippchen schlagen — nicht wahr? Jetzt will ich aber nach Hause rudern. Na, der Schreck, der meiner Alten in die Beine fahren wird, wenn sie mich wieder ankommen sieht, so munter und gesund wie vordem. Da sollten Sie dabei sein, Nehemias!“

Und darauf ruderte der alte Lucas nach Hause. Die Actionäre der Blechlinger Friedhofs-Gesellschaft aber sollen ihre Actien jetzt, wie man im Städtchen erzählt, zu Fibibussen verwenden.

Zweiundzwanzigstes Capitel.

Eine Scene im Schwurgerichts-Saal und allerlei Enthüllungen eines privatisirenden Zuchthäuslers.

Die Rechtsverwaltung im District Blechlingen liegt zum größten Theil in den Händen des Herrn Gerichts= rath Amadeus Watschler. Während im Allgemeinen die richterlichen Entscheidungen dieses Herrn trefflich und weise sind, so unterläuft ihm doch mitunter manches recht unangenehme Versehen. So auch bei der letzten Schwurgerichts-Session, zu welcher Herr Harsch, der seit Kurzem an Kahlköpfigkeit leidet und alle möglichen „Haarbeförderungs-Mittel" auf seine Glatze schmiert, als Geschworener berufen war.

Am Tage der Verhandlung, kurz vor Beginn der Sitzung, fiel es Herrn Harsch, der schon vollständig zum Weggehen gerüstet war, noch ein, daß er an diesem Morgen seine Glatze noch nicht mit „Sozocom" einge-schmiert habe. Es war schon die höchste Zeit, nach dem Gerichtsgebäude zu gehen, wenn er nicht Gefahr laufen wollte, zu spät zu kommen; dennoch aber eilte er die Stufen der nach dem Schlafzimmer führenden Treppe hinauf. Da die Vorhänge noch nicht in die Höhe ge-zogen waren, herrschte in demselben ein ziemlich be-trächtlicher Grad von Dunkelheit, so daß er die Flaschen in dem Wandschrank, welchen er hastig aufriß, nicht deutlich zu unterscheiden vermochte. Rasch goß er aus der Flasche, die er für den „Sozocom"-Flacon hielt, eine entsprechende Menge Flüssigkeit auf einen Schwamm und rieb sich die Kopfhaut tüchtig damit ein.

Ein unglücklicher Zufall nun hatte dem berufseifrigen Herrn die Lackflasche, welche die zum Putzen von Frau Harsch's Lack-Stieseletten nothwendige Flüssigkeit ent-hielt, in die Hand gedrückt. Anstatt also mit „Sozocom," hatte er sich die Kopfhaut mit schwarzem Lack bestrichen, ohne seines Fehlgriffs inne zu werden. Hastig — um ja nicht zu spät zu kommen, — hatte er den Hut auf den Kopf gestülpt und war die Treppe hinunter und dann aus der Hausthür hinausgestürzt, um nach dem Schwurgerichtssaal zu eilen. Es war ein eisig kalter Morgen, und ehe Harsch an Ort und Stelle angelangt

war, war der Lack so steif wie Stein gefroren. Er
fühlte, daß es ihm nicht recht behaglich am Kopfe war,
und versuchte nun, den Hut abzunehmen. Zu seiner
namenlosen Bestürzung aber gelang ihm dies nicht.
Der Hut war fest an die Kopfhaut angepappt, und
jeder Versuch, ihn von da zu entfernen, bereitete ihm
gräßliche Schmerzen.

In diesem Augenblick hörte er auch bereits seinen
Namen vom Assessor ausrufen, und mußte also in den
Saal treten, um sich als gegenwärtig zu melden. Er
war in heftiger Aufregung; die Ahnung eines bevor-
stehenden Unheils stieg in ihm auf. Nichtsdestoweniger
aber nahm er seinen Platz auf der Geschworenen-Bank
ein, mit dem Entschlusse, dem Gerichtshofe bei der ersten
passenden Gelegenheit die nothwendige Aufklärung zu
geben. Während er so mit schuldbeladener Seele auf
seinem Platze in der Bank saß, kam es ihm vor, als
werde sein Hut mit jeder Minute größer und größer,
bis er ihm beinahe so groß zu sein dünkte, wie ein
Pulverthurm. Und jetzt kam auch das Bewußtsein über
ihn, daß die Advocaten ihn mit starren Blicken in's Auge
faßten. Der Gerichtsschreiber wandte jetzt ebenfalls sein
drohendes Gesicht nach ihm um und schrie: „Hut ab im
Gerichtssaal!" — worauf Herr Harsch zinnoberroth wurde.
„Hut ab im Gerichtssaal!" ertönte es wieder mit Stentor-
stimme vom Tische des Gerichtsschreibers her, und Harsch
wollte eben eine Erklärung geben, als Herr Gerichtsrath Amadeus Watschler eintrat und, seine Augen auf
den Mann mit dem Hute richtend, rief:

„Im Gerichtssaal müssen die Hüte vom Kopfe genommen werden!"

„Euer Ehren werden entschuldigen, aber ich hab'
meinen Hut aufbehalten, weil —"

„Gleichviel," warf Watschler dazwischen, „jetzt müssen Sie ihn abnehmen."

„Ich sage Ihnen aber, daß ich ihn aufbehalten muß, weil —"

„Es ist nicht nothwendig, den Gegenstand zu argumentiren, mein Herr! Nehmen Sie sofort den Hut vom Kopfe!" rief Watschler.

„Sie lassen mich ja aber gar nicht zu —"

„Entfernen Sie sofort den Hut, Herr!" rief Watschler mit Zornesstimme. „Wollen Sie mir vielleicht widersprechen, Herr? Entblößen Sie sogleich Ihr Haupt!"

„Herr Richter! wenn Sie mir nur einen kurzen Augenblick Gehör —"

„Das ist nicht länger mehr auszuhalten!" rief Watschler, dessen Zorn keine Grenzen mehr kannte. „Wollen Sie das Gericht beleidigen? Herr! wollen Sie diesen heiligen Tempel der Gerechtigkeit mit unzeitgemäßem Witz entweihen? Den Hut vom Kopfe, Herr! sonst laß' ich Sie wegen Mißachtung des Gerichtshofes strafen. Verstehen Sie mich?"

„Das ist doch aber recht hart, daß ich nicht ein einziges Wort zu meiner Entschuldigung hervor—"

„Jetzt ist's zu viel!" rief Watschler. „Herr Gerichtsschreiber! dictiren Sie dem Manne 50 Dollar Strafe! Und jetzt, Herr Harsch! den Hut vom Kopfe!"

„Herr Gerichtsrath! Das ist ungerecht! Ich —"

„Sie wollen noch immer nicht?" fragte der Richter wüthend. „Sie frecher Wicht, ich hätte große Lust, Sie zu — Herr Gerichtsschreiber! noch weitere 100 Dollar Strafe für dieses Menschen Frechheit! — Und Sie, Herr Linde, gehen Sie an die Geschworenenbank und entfernen Sie den Hut mit Gewalt vom Kopfe dieses Mannes!"

Hierauf nahte sich Gerichtsdiener Linde dem Herrn
Harsch, dessen Zorn im Verlaufe der Scene fast bis zur
Raserei gestiegen war, und schlug mit seinem Stabe
nach dem Hute. Dieser aber wankte nicht von seinem
Platze. Darauf schlug Gerichtsdiener Linde zum zweiten
Male mit kräftigerem Hiebe nach dem Hute, so daß derselbe eingedrückt wurde; aber noch immer blieb er fest
auf Harschens Kopfe sitzen. Beim dritten Schlage gelang es ihm, den Hut vollständig breit zu drücken, und
eben wollte er zum vierten Male ausholen, als Harsch
plötzlich von seinem Sitze auf und über die Geschworenen-
bank hinüber in den Saal hinab sprang, auf Linde
zulief, ihm die Faust unter die Nase hielt und zorn-
entbrannt ausrief:

„Du heillose Canaille! ich hätte große Lust, dich nieder-
zuschlagen! Wenn jener Esel dort oben“ — dabei deutete
er auf Gerichtsrath Watschler — „nur ein wenig Grütze
im Schädel hätte, so müßte er sehen, daß der Hut festgeklebt ist. Ich kann ihn nicht vom Kopfe herunter-
nehmen, wenn ich's auch wollte, und würde ihn jetzt
nicht herunter nehmen, wenn ich's auch könnte!“

Darauf hob der Richter die dem pp. Harsch dictirte
Strafe wieder auf und entschuldigte sich, während letzterer
heimwärts pilgerte. Eine ganze Woche lang hat er sich mit
dem Hute auf dem Kopfe schlafen legen müssen, und
als derselbe endlich abgelöst werden konnte, da sah die
Kopfhaut so schwarz aus wie schlecht gewichstes Schuh-
sohlen-Leder. —

Was indessen Gerichtsrath Watschler zu streng ist,
das ist die Gefängniß-Verwaltung von Blechlingen zu
milde. Davon habe ich selbst Beispiele erlebt, wovon
ich eines in Kürze erzählen will.

Eines Tages wollte ich einen Mann dingen, um

mir etwa ein Dutzend Schubkarren voll Schutt aus dem
Garten zu fahren; und nachdem ich mich eine Zeitlang
umgesehen hatte, fand ich einen zerlumpten Menschen
unten am Ende der Landungsbrücke sitzen und angeln.
Als ich ihn fragte, ob er die Arbeit für mich verrichten
wollte, antwortete er mir folgendermaßen:

„Ich kann wirklich nicht; 's thut mir leid, aber ich
bin gerade auf sechs Monate im Gefängniß wegen Dieb=
stahl — bin im letzten December erst verurtheilt wor=
den. Ich mache mir zwar nicht viel d'raus, aber das
Eine muß ich sagen, im Zuchthaus drüben handeln sie
nicht recht an mir. In der ersten Woche meines Dort=
seins wollte Frau Schwadekrach, das ist des Gefängniß=
wärters Frau, putzen und aufräumen, und in Folge
dessen haben sie mich an die Luft gesetzt, und mehr als
eine Woche lang hab' ich mich heimathlos herumschlagen
müssen. Kurz darauf, als ich mich grade behaglich ein=
gerichtet hatte, trat Mangel an Mundvorräthen ein, und
Schwadekrach versuchte es nun, von mir Geld zu pum=
pen, um die Gefangenen füttern zu können; und da ich
keins zu verborgen hatte, mußte ich wieder hinaus auf
die Straße. Nach zwei Wochen stellte ich mich wieder
ein, und Alles war gemüthlich und freundlich einge=
richtet, als Schwadekrach's Tante das Zeitliche segnete.
Und was thut der Esel darauf? Er setzt mich wieder
an die Luft, schließt das Zuchthaus zu, hängt Flor an
die Thürklinke und geht fort zum Begräbniß.

„So mußte ich natürlich draußen herum vegetiren
und mir Mahlzeiten suchen, wo ich gerade welche finden
konnte; manchmal habe ich eine Kleinigkeit im Wirths=
hause verzehrt, zuweilen bei einem Freunde zu Nacht
gespeist. Nun, das ging übrigens auch vorbei. Kaum
aber war das alte Weib eingescharrt und ich wieder in

meiner Zelle mit dem behaglichen Gedanken, nun wieder
'mal eine Heimath zu haben, so sagt der Schwadekrach,
er und seine Frau müßten nach der Stadt hinunter
reisen, um ein Dienstmädchen zu miethen; und als ich
mich weigerte, fortzugehen, packt er mich beim Kragen,
setzt mich auf die Straße, und ruft mir zu, er würde den
Hund auf mich hetzen, wenn ich noch lange Scandal
machen wollte. Ich trieb mich nun ein paar Tage lang
obdachlos herum, und als ich mich wieder im Zuchthaus
einstellte, da sagte mir ein Junge, daß Schwadekrach
noch nicht zurück sei, und daß ich noch einmal vor=
sprechen sollte. Als ich in Folge dessen später wieder
kam, schrie mir der Junge vom Fenster aus zu, daß
er beschäftigt sei und jetzt nicht mit mir sprechen könne.
Schwadekrach ist also, scheint es, noch immer auf der
Jagd nach einem Dienstmädchen. Achtmal bin ich hin=
gelaufen, und immer hatte man irgend eine nieder=
trächtige Ausrede, mich nicht hereinzulassen; ich weiß
nicht, ob es mir je wieder gelingen wird, hineinzu=
kommen. Vorgestern Abend warf ich mit einem Ziegel=
stein ein Fenster ein und versuchte, durch das Loch
hineinzuschlüpfen, aber der Junge schoß mit einer Flinte
nach mir und sagte, daß, wenn ich nicht warten wollte,
bis Herr Schwadekrach zurück käme, er mich wegen Ein=
bruchs arretiren lassen würde.

„Meiner Ansicht nach ist mir recht erbärmlich mit=
gespielt worden. Ich habe das Recht dazu, im Zucht=
hause zu sein, und es ist sehr schofel von einem Men=
schen, wie dieser Schwadekrach, mich in solchem Wetter
hinauszustoßen. Ich bin entschlossen, meine sechs Monate
jetzt oder später in jenem Zuchthause zu wohnen,
ob es Schwadekrach gefällt oder nicht. Es kommt mir
nicht drauf an, einmal ein paar Unannehmlichkeiten auf

mich zu nehmen, wenn ich einem Freunde dadurch ge=
fällig sein kann, aber niederträchtig beschummeln lasse ich
mich nicht, das ist aus und vorbei.

„Es will mir scheinen, als ob das überhaupt keine
Art und Weise wäre, ein ordentliches Zuchthaus zu leiten.
Da ist zum Beispiel Fritz Schrick, der hat neun Jahre
Zuchthaus wegen Meineid abzusitzen, und Schwadekrach
hat — Sie können mir's glauben — diesen Gefangenen
so oft an die Luft gesetzt und ihn gezwungen, seinen
Lebensunterhalt sich selbst zu erwerben, daß Schrick
schließlich den Muth verloren, und eine Stelle als flie=
gender Agent einer Lebensversicherungs=Gesellschaft ange=
nommen hat, — und jetzt streift er durch das ganze
Land herum und sucht wenigstens so viel zu verdienen,
daß er Kleider auf dem Leibe hat, während er doch
heiter und vergnügt im Zuchthause sitzen sollte. Aber
auf so etwas lasse ich mich nicht ein! Wenn das Gesetz
mich gefangen hält, so muß es mich auch ernähren;
das sagt der Fritsche auch. Den soll man 'mal dabei
ertappen, daß er arbeitet! Der hat vier Jahr bekom=
men wegen Körperverletzung, und wenn sie den aus
dem Zuchthause hinaussetzen, so geht er in das erste
beste Hotel und läßt dann die Rechnung für Alles, was
er dort verzehrt und gebraucht hat, an Schwadekrach
schicken.

„Schwadekrach nimmt überhaupt auf seine Gefan=
genen gar keine Rücksicht. Sie müssen wissen, im Zucht=
haushofe treibt er Hühnerzucht. Kurz nach Weihnachten
nun waren ihm eine Menge Truthühner übrig geblieben,
und — würden Sie's glauben, Herr! — dieser Mensch
hat uns wahrhaftig länger als einen Monat mit nichts
als mit Truthühnern gefüttert; hat sich geweigert,
irgend etwas Anderes früher herzugeben, als bis sie

aufgegessen waren.   Ich hatte halb und halb im Sinne,
ganz aus dem Zuchthause fort zu bleiben.   Ich war
empört.   Und Fritsche sagte: wenn das die Art und
Weise sei, wie man Gefangene behandeln wollte, dann
sei Civilisation eine hohle Phrase.   Während der ganzen
Fastenzeit hat er uns auch nicht eine einzige Auster zukom=
men lassen, hat uns mit Rindfleisch und derartigem Schund
gestopft, obgleich Schrick sagte, er hätte sich ein der=
artiges Vergehen gegen den religiösen Brauch noch nie
vorher zu Schulden kommen lassen, da seine Eltern
sehr streng gewesen seien.   Dieser gottlose Mensch hat
uns sogar nicht zweimal in der Woche Fisch=Pasteten
geben wollen! Aber was macht sich Schwadekrach daraus?
Der ist ganz hingerissen, wenn er einem anständigen
Menschen auf die Zehen treten und ihm alles moralische
Gefühl auspressen kann.

„Und Frau Schwadekrach ist um kein Haar besser.
Jeden Tag, wenn sie zu Hause ist, ladet sie mir ihr
kleines Kind auf den Arm, zwingt mich, den Zeterbengel
in seinem Wägelchen spazieren zu fahren, und wird
rasend vor Zorn, sobald er einmal herausfällt, während
ich mich auf ein paar Minuten mit einem meiner vielen
Bekannten und Freunde unterhalte.   Ich hätte den Balg
schon längst in den Fluß hineingefahren; aber ich weiß,
daß sie mich dann auf Lebenszeit verurtheilen würden;
und dann müßte ich am Ende die Verfolgungen von
Herrn und Frau Schwadekrach noch vierzig Jahre hin=
durch aushalten, und das — fürchte ich — würde mich
frühzeitig unter die Erde bringen.   Auf Ehre! dieser
Mensch ist allzu gefühl= und rücksichtslos.

„Es war seine Gewohnheit, mir den Zuchthaus=
schlüssel zu geben, wenn er einmal zu Madritzki's hinüber=
ging, um einem Hahnenkampfe beizuwohnen, oder Kegel

zu schieben. Eines Tages aber verlor ich diesen Schlüssel; darob fing nun Herr Schwadekrach einen fürchterlichen Spectakel an, und sogar Schrick hatte mich deßhalb auf den Strich bekommen, weil wir die Gassenjungen nicht mehr draußen halten konnten, die nun schaarenweis hereinkamen und Schrick mit Strohhalmen kitzelten, wenn er in seiner Zelle ruhig schlief.

„Ich glaube, man erwartet Schwadekrach übermorgen zurück; aber ich weiß schon, daß ich nicht viel Muße bekommen werde, wenn er zurückkehrt. Er wird schon wieder irgend eine Ausrede finden, mich auf's Neue hinauszustoßen, sobald ich mich in meinem alten Quartier wohnlich eingerichtet haben werde. Wenn er das wieder thun sollte, so hätte ich große Lust, ihn zur Nachtzeit einmal auszusperren, und das Zuchthaus einige Zeit lang selbst in Verwaltung zu nehmen, damit ich endlich doch auf eine kurze Zeit Ruhe kriege. Man kann das Cujoniren nachgerade zu weit treiben!

„Entschuldigen Sie einen Augenblick, mein Herr! Ich glaube, es hat ein Fisch angebissen."

Darauf wandte ich dem privatisirenden Zuchthäusler den Rücken und sah mich nach einem Manne um, der mir die nothwendige kleine Handarbeit verrichten sollte. Ich merke recht wohl, daß die in Blechlingen bestehende „Gesellschaft zur Hebung der Leiden von Gefangenen und Sträflingen" noch eine große Arbeit zu verrichten haben wird.

Dreiundzwanzigstes Capitel.
Ein Hunde-Capitel.

In jedes Menschen Brust liegt eine gewisse Theilnahme für das Thier, — so auch in der Brust des Herrn Baldamus Bohnenstengel, dem die wohlgeneigten Leser dieser Blätter des Oefteren schon begegnet sind. Bisher ist ihnen dieser biedere Bewohner Blechlingen's vornehmlich nur in seiner Eigenschaft als Pferde-Liebhaber vor Augen getreten. In diesem Capitel nun soll ein Histörchen erzählt werden, das seinen Ursprung der nicht weniger lebhaften Neigung dieses Herrn für Hunde verdankt.

Es war an einem Mittwoch Abend, als ich Freund Bohnenstengel auf der Straße begegnete. Er führte einen mächtigen Bullenbeißer an der Kette bei sich und sagte mir, daß es ein sehr werthvolles Thier sei und daß ihm sehr viel daran liege, dasselbe wohlbehalten zu sich nach Hause zu führen. Da er aber noch den im nächsten Augenblick abfahrenden Zug nach Eberfurt einholen wolle, weil er dort ein günstiges Geschäft, das sich ihm unterwegs geboten habe, abschließen könne, zu dem es aber am folgenden Tage zu spät sein würde, so bat er mich, ihm den großen Gefallen zu erweisen und den Bullenbeißer mit zu mir nach Hause zu nehmen. Wenn er von Eberfurt zurückkehre, was in wenigen Stunden der Fall sein würde, so wolle er sich den Hund dann von mir abholen. Ich war nicht sonderlich erfreut über diese Zumuthung; da ich aber Bohnenstengel für verschiedene Dienste zu Dank verpflichtet war, so willigte

ich ein. Bohnenstengel gab mir also das Ende der
Kette in die Hand, worauf ich mich, den Bullenbeißer hinter mir herziehend, raschen Schrittes entfernte.

Zu Hause angelangt, sperrte ich den riesigen Hund
mit größter Mühe in den Keller ein. Etwa eine
halbe Stunde später erhielt ich ein Telegramm von
Bohnenstengel, in welchem er mir mittheilte, daß ihn
die Verhältnisse genöthigt hätten, nach Louisiana zu reisen,
und daß er vor Ablauf einer Woche nicht würde zurück-
kehren können.

Dies geschah am zwölften Juni, und bis dahin
hatten nur zwei Personen meinen Keller betreten: das
Dienstmädchen, um den kalten Braten zu holen, und, -
als dasselbe blutend und mit zersetzten Kleidern herauf-
kam, ich selbst, um das wüthende Thier zu bändigen.
Dies gelang mir jedoch so wenig, daß ich mich entschließen mußte, mich während der Dauer von Bohnenstengel's Abwesenheit ohne Keller zu behelfen.

Bohnenstengel aber schrieb mir, daß er vorerst noch
an seiner Heimreise behindert sei. Nachdem der Hund
nun alles Eßbare im Keller gefressen und in jeder
Nacht entsetzlich geheult und gebellt hatte, stürzte er
endlich am zweiten Juli die Treppe herauf nach der Küche
und nahm vom Hinterhofe Besitz. Wir konnten von
nun an nur noch durch die Vorderthüre in unser Haus
gelangen. Der Bullenbeißer bekam in regelmäßigen
Zwischenräumen Krampf-Anfälle und heulte und winselte
dann, daß uns Allen die Haare zu Berge standen.

Bohnenstengel kam noch immer nicht zurück, und unsere
Lage wurde immer bedenklicher. Denn eines Morgens,
als das Dienstmädchen auf einen kurzen Augenblick die
Läden des Hinterfensters zur guten Stube geöffnet
hatte, sprang der Hund, der im Hofe umhergestrichen

war, plötzlich durch die Scheiben hindurch und vertrieb uns nun auch aus diesem Raume. Alle Versuche, das Thier auf den Hof zurückzujagen, blieben erfolglos; nur wilder und wüthender hatten wir die Bestie dadurch gemacht.

Auch meine weiteren Versuche, den Hund durch vergiftetes Fleisch um's Leben zu bringen, schlugen fehl. Er fraß das Fleisch entweder gar nicht, oder fraß vorsichtig um das Gift herum, und fühlte sich nach solchem Mahle behaglicher als früher. Als ich ihn dann erschießen wollte, duckte er sich stets im kritischen Augenblick, so daß ich allerhand werthvolle Gegenstände zertrümmerte, aber niemals die Bestie traf.

Endlich kehrte Bohnenstengel wieder nach Hause, und sein erster Ausgang war zu mir, um sich seinen Bullenbeißer zu holen. Er trat kecklich in die Stube und versuchte den Hund zu packen, aber dieser sprang wüthend auf ihn los und biß nach ihm. In meinem ganzen Leben habe ich mich nie über eines Mitmenschen Mißgeschick gefreut, da aber zuckte plötzlich eine freudige Regung durch mein Inneres. Baldamus aber wurde wüthend, packte den Hund mit Riesenkraft, hob ihn vom Boden auf und warf ihn durch die Spiegelscheiben des Vorderfensters hindurch auf die Straße hinaus; das kühlte meine Freude bedeutend.

Gendarm Gimpel hat Bohnenstengel's Bullenbeißer dann für toll befunden und ihm mit einer wohlgezielten Kugel den Garaus gemacht.

* * *

Der geneigte Leser wird es der zur Zeit überall vorherrschenden Tendenz, „auf den Hund zu kommen," zu gute halten, wenn ich in Nachstehendem noch einige weitere interessante Episoden, die sich in Blechlingen mit Bezug auf besagte Thiere zugetragen, zum Besten gebe.

Ein Mann, auf dessen Gesichtszügen der Ausdruck tiefer Nachdenklichkeit lag, sprach eines Tages in des Doctor Klauber's Kanzlei vor und begann, nachdem er von Klauber zum Sitzen eingeladen worden war, wie folgt:

„Herr Doctor, mein Name ist Ziegele. Ich bin gekommen, Sie in einer Angelegenheit zu Rathe zu ziehen, die mir den Kopf verwirrt macht. Vielleicht können Sie etwas Licht darauf werfen. Sie werden ja aus den einschlägigen Gesetzes-Paragraphen zu entnehmen vermögen, ob es sich der Mühe verlohnt, dieserhalb klagbar zu werden oder nicht.

„Sehen Sie, Herr Doctor! Der Abele und ich, wir haben uns miteinander einen Hund gekauft, einen Vorstehhund, und Abele und ich theilten uns in denselben und zwar so, daß wir abwechselnd mit ihm auf die Jagd gingen. Es war genau zwischen uns festgestellt worden, welche Hälfte ihm und welche mir gehören sollte. Aber es wollte mir in meinem Sinne bedünken, als ob das hintere Theil dem Ziegele — also mir — und das vordere dem Abele gehörte. Die Folge davon war, daß, wenn der Hund bellte, ich immer sagte: ‚Da macht sich Abele's Ende einen Spaß!' — und wenn der Hund mit dem Schwanze wedelte: ‚Da macht sich Ziegele's Ende ein Vergnügen!' So war es denn natürlich, daß, wenn eines der mir gehörenden Hinterbeine eines der dem Abele zugewiesenen Ohren kratzte, ich ganz zufrieden war, — erstens, weil diese Procedur dem ganzen Hunde zu gute kam, und zweitens, weil es sich dadurch wieder ausglich, wenn Abele's Kopf herumlangte und

einen Floh an meinem Hinterbeine zerbiß oder nach einer
dort stechenden Fliege schnappte.

„Die Sache ging in dieser Weise ganz ruhig eine
Zeit lang ihren Gang, bis eines Tages der Hund anfing, nach seinem Schwanze zu haschen. Es war der
verrückteste Hund, Doctor, den ich jemals gesehen habe.
Der Köter jagte sich mit seinem Schweif herum und herum,
bis er so schwindlig wurde, daß er nicht mehr bellen
konnte. Ich fürchtete nun, daß dies Gebahren der Gesundheit des Hundes nachtheilig werden möchte; und da
Abele nicht gewillt zu sein schien, seine Hälfte davon
abzuhalten, daß sie in der Verfolgung nach der meinen
in Einem fort sich abhetzte, so entschloß ich mich kurz
und bündig, dem Hunde den Schweif abzuhacken, weil
ich die Hoffnung hatte, daß dann der Köter sich bessern und
anständiger aufführen würde. Am letztvergangenen Sonnabend also nahm ich den Hund mit auf Lilienstengel's
Farm, da dieser immer die schärfsten Instrumente hat,
und Gracchus Zwiebel, der eben anwesend und, wie
es schien, in sehr erregter Stimmung war, erbot sich,
da ich selbst dergleichen nicht thun kann, mit Lilienstengel's Hülfe die Amputation vorzunehmen. Dieselbe
hatte Statt, und im nächsten Augenblick rannte die Bestie,
wie eine ganze Schiffsladung von Wildkatzen heulend,
im Hofe umher. Gerade da kam Abele, der auf einem
Spaziergang begriffen war, hinzu und fing alsbald an
zu schimpfen, wieso ich dazu käme, dem Hunde den
Schweif abzuhacken. Ein Wort gab das andere, und
nach kurzer Zeit hetzte Abele den Hund auf mich —
meine eigene Hälfte ebenfalls mit, merken Sie wohl,
Doctor! — hetzte die Bestie so lange, bis der Hund
mich in's Bein biß. Sehen Sie her, Herr Doctor!
Sehen Sie sich einmal das Bein an! Etwa ein halbes

Pfund Fleisch minus — und das hat unser Hund
verspeist.

„Was ich nun von Ihnen zu wissen wünschte, wäre:
Kann ich von Abele Schadenersatz wegen thätlichen An-
griffes verlangen? Was ich abgehackt habe, gehörte mir
zu eigen — das ist doch klar. Mir gehörte eine un-
getheilte Hälfte besagten Vorstehhundes, von der Spitze
seines Schweifes an bis hinauf zu seiner dritten Rippe;
mir stand das Recht zu, so viel davon abzuhacken, als
mir beliebte, — während Abele als alleiniger Eigenthümer des Kopfes dafür verantwortlich ist, wenn die
Bestie Jemand beißt oder in der Nacht bellt oder heult.“

„Hm! ich weiß nicht ganz genau, ob ich Ihnen da
Recht geben kann oder nicht,“ entgegnete Notar Klauber.
„Es ist bisher noch nicht in einer völlig analogen Streit-
sache ein Urtheil gefällt worden, die Präcedenz fehlt also.
Was sagt denn Ihr Partner, Herr Kosmos Abele, dazu?“

„Abele meint,“ fuhr Ziegele fort, „daß ich den
Hund in der falschen Richtung getheilt hätte; er behauptet, die ganze Querhälfte des Hundes, von der
Mitte seiner Nase an den ganzen Rücken entlang bis
hinab zur Schweifspitze, gehöre ihm, so daß also mir
ein Vorder- und ein Hinterbein zufielen wie ihm, und
er dagegen Mitbesitzer des Schweifes gewesen wäre.
Er sagt auch, daß, wenn ich meine Schweifspitzen-
Hälfte abgehackt hätte, er dagegen nichts einzuwenden
gehabt haben würde; was ihn aber so sehr in Harnisch
gejagt hätte, sei, daß ich mit seinem Eigenthume rücksichtslos, ohne ihn zu fragen, verfahren wäre. Diese
Theorie aber erscheint mir ein wenig sehr weit her-
geholt. Und wenn Abele dieselbe gesetzlich durchzu-
führen im Stande sein sollte, so will ich weit lieber
meinen Antheil mit Verlust verkaufen, ehe ich unter

19

solchen Umständen Theilhaber desselben sein will. Was denken Sie über diese Sache, Herr Notar?"

„Es ist mir nicht möglich," entgegnete Klauber, „so ohne Weiteres eine dermaßen gewichtige Frage zu be= antworten. Auf den ersten Blick jedoch scheint mir der richtige Rechtsstandpunkt der zu sein, daß Sie sowohl wie Abele den ganzen Hund besitzen. Wenn der Hund also Sie beißt, Herr Ziegele, so ist Herr Abele nicht dafür haftbar. Das Einzige, was Sie thun können, um zu Ihrem Rechte zu kommen, ist, den Hund nun Ihrerseits auf Abele zu hetzen. Was den Schweif an= belangt, so gehört er dem Hunde nicht mehr zu eigen, sobald er von ihm losgetrennt ist. Es lohnt sich also nicht, darüber noch zu streiten."

„Sie meinen also," fragte Ziegele, „daß ich den Abele nicht verklagen kann?"

„Ich glaube kaum," antwortete Klauber.

„Und ich soll keinen Schadenersatz dafür beanspruchen können, daß der Hund in Folge von Abele's Hetzen ein Stück Fleisch aus meinem Bein gebissen hat?" fragte Ziegele weiter.

„Scheint mir nicht thunlich," antwortete Klauber.

„Verfluchte Geschichte," wetterte Ziegele. „Und da will man von amerikanischer Civilisation sprechen, von Tempeln der Gerechtigkeit und dergleichen Schund mehr! Na, mir auch recht! Lassen wir's also! Aber mir soll nur Jemand kommen und behaupten wollen, daß das Gesetz den Menschen in seinem Rechte schütze! Guten Morgen, Herr Doctor Klauber!"

„Einen Augenblick noch, Herr Ziegele!" rief dieser dem auf die Thüre Zuschreitenden nach. „Sie haben vergessen, die mir für Consultation schuldige Gebühr zu entrichten."

„Ge—bühr!?" fragte Ziegele verdutzt. „Sie werden doch nicht etwa Honorar begehren, wenn ich nicht klagbar werde — oder doch?"

„Ei gewiß! Für den Rath, den ich Ihnen gegeben. Die Gebühren betragen zehn Dollar."

„Zehn Dollar! — zehn Dollar!" rief Ziegele, wie versteinert. „Aber, Herr Notar! Das ist ja gerade, was ich für meine Hundehälfte bezahlt habe. Ich habe kaum fünfzig Cents, und wenn Sie mich auf den Kopf stellen. Aber wissen Sie, was ich thun will? Mein Anrecht auf jenen Vorstehhund will ich an Sie übertragen, dann können Sie zu Kosmos Abele gehen und mit diesem die Sache ausfechten. Und wenn der Hund mich dann wieder beißen sollte, so verklage ich Sie und Abele zusammen, — so wahr ich Ziegele heiße!"

*   *   *

Ein weiterer Fall war ernsterer Natur. Eines Nachmittags kam ein Mann auf Krücken in Klauber's Notariats-Kanzlei gehumpelt. Er trat auf einen leeren Stuhl zu, und nachdem er aus verschiedenen, zerstreut umherliegenden Zeitungsblättern sich eine Art Kissen zurechtgemacht hatte, setzte er sich überaus behutsam nieder, legte sein mit Bandagen umwickeltes linkes Bein auf einen zweiten Stuhl und sagte:

„Herr Notar Klauber! mein Name ist Pfummel. Ich möchte Ihre Ansicht über einen Rechtsfall hören. Angenommen, Herr Doctor! Sie wohnten etwa eine halbe Meile von hier an der Chaussee draußen neben einem Manne Namens Rummel. Ferner nun angenommen: Sie — Pfummel — ließen sich mit ihm — Rummel — in einen Disput ein über den menschlichen

Verstand, und Sie — Pfummel — würden zu ihm —
Rummel — sagen, daß eine hohe Ueberlegenheit des mensch=
lichen Geistes sich in dem Umstande bekunde, daß das
Menschenauge die Macht besitze, die Wuth eines reißenden
Thiers zu bändigen. Angenommen weiter: er — Rummel
— würde Ihnen — Pfummel — entgegnen, das sei
einfach leeres Gerede, weil in Wirklichkeit kein Mensch
im Stande sei, ein wildes Thier mit seinem Auge im
Banne zu halten, und Sie — Pfummel — würden
dem entgegen behaupten, daß Sie das wildeste Thier,
welches jemals geboren worden sei, zu bändigen ver=
möchten, sobald Sie ihm nur mit dem Blicke begegnen
könnten.

„Angenommen nun, Rummel würde Ihnen eine
Wette anbieten von hundert Dollar, daß er ein zahmes
Thier zur Stelle bringen wolle, welches Sie — Pfummel
— nicht mit Ihrem Auge im Banne zu halten ver=
möchten; und Sie würden die Wette annehmen, worauf
Rummel die Aufforderung an Sie richten würde, behufs
Entscheidung der Wette mit ihm nach seiner Wohnung
zu gehen. Angenommen nun, Sie fügten sich diesem
seinem Willen, und sobald Sie also mit Rummel vor
dessen Hause angelangt wären, würde Rummel hinter
sein Haus herumgehen und nach kurzer Zeit mit einem
Hunde zum Vorschein kommen, der viermal so groß wäre,
wie sonst gewöhnliche Hunde sind. Und angenommen
nun, Rummel ließe den Hund laufen und hetzte ihn,
so daß die Bestie wüthend auf Sie — Pfummel —
losspringt, wie etwa eine sechzehnzöllige Bombe aus einer
Haubitze. Sie — Pfummel — aber bekämen Angst
und versuchten nun wohl, den Hund mit den Augen zu
bannen, vermöchten es indessen nicht und zögen es vor,
in Rücksicht darauf, daß gerade Ihr Auge vielleicht nicht

angethan sein könnte zur Bändigung gerade eines der=
artigen Hundes, sich nach einem nahestehenden Pflaumen=
baum hin zu begeben — Sie verstehen, nicht wahr?

„Gut also! Angenommen nun, Sie — Pfummel —
wendeten bei Gelegenheit dieses Bemühens einen Mo=
ment lang Ihren Blick von dieser Bestie ab, während
Jener — Rummel — merken Sie wohl! sie fortwäh=
rend hetzt und dabei über die Maßen lacht, so daß
Ihnen schließlich nichts übrig bleibt als Kehrt zu machen,
auf den Baum loszurennen und mit der denkbar mög=
lichsten Schnelligkeit an ihm entlang zu klettern. Und
nun angenommen, Rummel's Hund packte Sie — Pfummel
— beim Beine, wie Sie gerade drei Fuß vom Erd=
boden entfernt sind, und hielte Sie fest wie in einem
Schraubstocke und schüttelte Sie, so daß Sie fast Ihren
Halt verlören. Und angenommen, Rummel stünde dabei
und riefe Ihnen höhnisch zu: ‚Na, Pfummel, verstehst
du jetzt den Rummel? nun banne doch den Köter mit
deinem Auge! Warum bringst du denn nicht „die Macht
des menschlichen Geistes" in Anwendung?‘ Und ange=
nommen, er — Rummel — ließe die Bestie so lange
an Ihnen 'rumbeißen, bis Sie geschworen hätten, die
Wette bezahlen zu wollen, und müßte dann zu guter
Letzt das Vieh mit einem glühenden Schürhaken von
Ihrem Beine losdrängen, wobei er gleichzeitig etwas von
Ihrem Fleische mit wegrisse, so zwar daß Sie auf einer
Bahre nach Hause getragen und ein paar Aerzte ge=
rufen werden müßten, um Sie vom Sterben an der
Maulsperre zu erretten: Alles dieses angenommen, Herr
Notar, möchte ich nun wissen, ob Sie — Pfummel —
unter sothanen Umständen ihn — Rummel — auf
Schmerzensgeld, Erstattung der Curkosten u. s. w. u. s. w.
verklagen könnten? Das möchte ich gern wissen."

Herr Notar Dr. Klauber überlegte einen Augenblick und sagte hierauf:

„Ganz offen gesagt, mein lieber Herr Pfummel! Es wird sich nicht viel gegen diesen Rummel machen lassen. Wenn ich — Pfummel — mich bereit erklärt hätte, daß er — Rummel — den Hund auf mich hetzen darf, so bin ich — Pfummel — ein an der Handlung Betheiligter und kann gegen ihn — Rummel — nicht klagbar auftreten."

„Und damit wollen Sie also sagen, daß das Gesetz diesen elenden Patron von Rummel nicht dafür in Strafe nehmen wird, daß er seinem Hunde gestattet hat, mich beinahe zur Hälfte aufzufressen?"

„Ich glaube kaum — vorausgesetzt, daß Ihre Darstellung des Falls richtig ist."

„Also keine Strafe — was?" rief unter krampfhaftem Gelächter Herr Pfummel. „O sehr gut! sehr gut! Ich glaube, daß wenn dieser Hund mich ganz zerkaut und dann ausgespuckt hätte, so wäre das dieser constitutionellen Republik ganz gleichgültig gewesen. Aber hängen will ich mich lassen, Doctor Klauber! hängen, verstehen Sie wohl? — wenn ich nicht Genugthuung bekomme. Ich — Pfummel — werde diesen Kerl, diesen Rummel, todtschlagen, seine Hunde-Bestie vergiften und dann nach einem Lande auswandern, in welchem die Rechte der Bürger besser bewahrt und geschützt sind. Das geschieht, oder ich müßte nicht Pfummel sein!"

Hierauf hat Herr Pfummel seine Krücken ergriffen und ist zur Thüre hinausgehumpelt. Er aber, wie sein Gegner Rummel, sind heute noch würdige Stützen des Blechlinger Gemeinwesens.

*   *   *

Eines Tages vor wenigen Wochen sprach ein ver=
kommen aussehender Bummler in meinem Hause vor,
während ein schwächlicher Köter zweideutiger Race hinter
ihm herlief. Ich trat auf die Veranda heraus, um ihn
am Eintreten in das Innere des Hauses zu verhindern,
und er rief mir entgegen:

„He! Sie da, Kamerad, ich habe gehört, daß Sie einen
Hofhund kaufen wollen, und da hab' ich hier einen her=
gebracht. Was Wachsamkeit anbelangt, so ist Ihnen
noch nie ein Hund, wie dieser, vor Augen gekommen.
Sie können dem Hund irgend welches x=beliebige Ding
zur Bewachung anvertrauen und können Ihr Leben
darauf wetten, daß er sich hinsetzen und es im Auge
behalten und hüten wird, bis er stockblind ist. Ich
will Ihnen jetzt also sagen, um welchen Preis —"

Ich schnitt seine Beredsamkeit mit dem Bemerken ab,
daß ich keinen Hund zu kaufen wünsche, und daß, wenn
ich wirklich einen Hund brauchte, nichts auf der Welt
mich dazu bewegen könnte, den sonderbaren Köter, den
der Mann bei sich führte, zu kaufen.

Der Vagabund drehte mir daraufhin den Rücken
und trollte sich die Straße hinunter. Wahrscheinlich nun
mußte er sich in der Thür geirrt haben, und in der
Meinung, in ein anderes Haus zu treten, zum Hofthore
wieder in das meinige gekommen sein, denn nach einigen
Minuten kam die Köchin zu mir auf die Veranda hinaus
und sagte, daß in der Küche ein Mann sei, welcher mich
zu sprechen wünsche. Als ich in den Flur trat, sah
ich denselben Mann mit demselben Hunde wieder, dem
ich erst vorhin den Laufpaß gegeben hatte. Der Vaga=
bund erkannte mich nicht oder wollte mich nicht erkennen,
und sobald ich näher getreten war, rief er mir zu:

„Hören Sie, Herr! 's hat mir Jemand gesagt, daß

Sie einen Hofhund kaufen wollen. Hier bring' ich Ihnen nun einen Wächterhund, der lieber wacht als frißt. Geben Sie diesem Hunde irgend etwas, worauf er seinen Blick richten kann, — ganz gleichgiltig, was es ist: von 'nem Chlinderhut an bis zu 'ner Schlittschuh-Bahn — und Sie werden sehen, daß seine Augen so unverwandt darauf gerichtet bleiben, als ob sie mit einer Zugkette daran festgebunden wären. Nun will ich Ihnen sagen, was ich —"

Darauf gab ich dem Bummler kurz angebunden und in sehr deutlichen derben Worten zu wissen, daß mich nichts dazu bewegen könne, in diesem Augenblick einen Hund zu kaufen, schob den Kerl zur Thüre hinaus und schloß dieselbe hinter ihm.

Dann ging ich zu Baldamus Bohnenstengel hinüber, um diesen bekannten Agronomen Blechlingen's wegen des Abgrasens meiner Rasenfläche zu Rathe zu ziehen. Er war gerade ausgegangen, und so setzte ich mich auf einen an der Veranda seines Hauses stehenden Stuhl, um auf ihn zu warten. Einen Augenblick darauf kam der Hunde-Vagabund zum Gartenthor hereingeschlürft, der Hund dicht hinter ihm her. Als er bei der Veranda angelangt war, begann er wieder, ohne mich zu erkennen:

„Hören Sie, mein Lieber, der Mann in dem Hause dort über der Straße drüben" — (auf das meinige deutend) — „hat mir gesagt, daß Sie einen guten Wächterhund kaufen wollten, und so bin ich denn gleich mit diesem prächtigen Thier da herüber zu Ihnen gekommen. Schauen Sie sich nur dieses Pracht-Exemplar an! Noch niemals haben Sie ein solches Auge an einem Hunde gesehen! Nicht wahr? Wenn dieser Hund einmal etwas in's Auge gefaßt hat, so verliert er's nicht wieder daraus. Er wendet den Blick nicht einen einzigen kurzen Moment ab. Weder Erdbeben, noch Feuer, noch Fackelzüge, weder Fleisch, noch Knochen, noch sonst 'was können ihn bewegen, seine Augen von dem ihm zur Bewachung angewiesenen Gegenstande weg=zuwenden. — Und nun will ich Ihnen sagen, zu welchem Spottpreise ich Ihnen diesen Hund —"

Da stand ich auf, ohne ein Wort zu sagen, ging langsamen Schrittes auf die Straße hinaus und ließ den Vagabunden stehen. Als ich das Trottoir erreichte, sah ich, daß Baldamus Bohnenstengel in Dr. Klauber's Notariats=Kanzlei hineinging, die sich am andern Ende der Ochsengasse befindet. Ich eilte ihm nach, während der Vagabund mit dem Hunde in der entgegengesetzten Richtung davontrollte.

Bohnenstengel war bei dem im Hinterzimmer amti=renden Klauber, und da das Vorderzimmer leer war, so setzte ich mich auf einen Stuhl, um zu warten, bis Bohnenstengel seine Geschäfte mit dem Herrn Notar in Ordnung gebracht haben und herauskommen würde.

Nach einigen Minuten klopfte es an der Thüre. Ich rief: „Herein!" Die Thüre öffnete sich langsam, und ein Hund kroch in das Zimmer. Hinter ihm erschien zum vierten Male der unverdrossene Vagabunde.

„Sie, alter Kamerad — Ihren rechten Namen weiß ich nicht — ich möchte einen Wachthund verkaufen, — diesen hier; — und da ich dachte, daß es Ihnen viel=leicht darum zu thun wäre, ein werthvolles, wirklich wachsames Thier in Ihren Besitz zu bringen, so ent=schloß ich mich, herüberzukommen und Ihnen den Hund da, von dem ich mich freilich nicht gerne trenne, um den Spottpreis von —"

„Ich will das Vieh um keinen Preis!" rief ich ärgerlich.

„Was! Nicht wollen?" fragte der Vagabund. „Sie
wollen keinen Hund, der ein Auge hat so groß und
scharf wie ein zweizölliger Bohrer? der vierzig Jahre
lang auf einem Flecke sitzen bleiben und einen und
denselben Gegenstand bewachen würde, so man es ihm
hieße? Sie wollen keinen derartigen Hund?"

„Nein! ganz gewiß nicht!" antwortete ich.

„Na, hören Sie, das ist sonderbar!" meinte kopf=
schüttelnd der Vagabunde. „'s scheint in diesem Neste
keine sonderliche Nachfrage nach guten Wachthunden zu
sein, nicht wahr? Sie sind jetzt schon der vierte Mann,
dem ich diesen kräftigen Hund da zum Kauf antrage.
— Wollen Sie das Thier wirklich nicht?"

„Nein! ich hab's Euch ja schon gesagt!" rief ich.

„Sie wollen gar keinen Hund — auch nicht einen
guten Wurf junger Leonberger, oder einen weißen —
schneeweißen Pudel?" fragte der nicht loszuwerdende
Vagabund wieder, indem er sich einen Stuhl suchte.

„Nein," rief ich. „Nein!"

„Nun," sagte jetzt der Vagabund, seine Hand aus=
streckend, „dann haben Sie vielleicht die Güte, mir fünf
Dollar auf diesen Hund zu leihen? Ich gebe sie Ihnen
morgen zurück."

„Kann ich nicht!" antwortete ich.

„Wollen Sie ihn auch nicht als Geschenk annehmen?
Ich schenk' Ihnen die Bestie, wenn Sie mir dafür ein
Päckchen guten Kautabak geben!" sagte der Strolch,
näher tretend.

„Ich kaue nicht Tabak!" rief ich.

„Sonderbar," brummte der Vagabund nachdenklich;
„'s ist auch gar kein Zurechtkommen in dieser Welt für
einen ehrsamen, fleißigen Menschen! Ist's also ganz
sicher, daß Sie den Hund nicht haben wollen? Es

wird Ihnen vielleicht leid thun, daß Sie mich abgewiesen haben, wenn ich zur Thüre hinausgetreten bin." Und wieder trat er einen Schritt näher zu mir heran.

„Ach! hol' Sie der Geier! Ich mag Ihren Hund unter keiner Bedingung!" rief ich und drehte dem Manne den Rücken.

„Dann mach', daß du hinaus kommst, du höllische vermaledeite Bestie! — Marsch! troll dich!"

Und der Vagabund versetzte dem armen Hunde einen so heftigen Tritt, daß derselbe unter kläglichem Gewinsel bis in die Mitte der Straße hinüberflog, und zog sich dann ebenfalls zurück.

Mir ist weder Vagabund noch Hund je wieder vor's Gesicht gekommen; aber ich hörte später, daß Leberecht Schmalz den Hund gekauft hat und mit sich auf die Jagd nimmt.

Vierundzwanzigstes Capitel,

in welchem Griesgram's Leiden zum andern Mal Erwähnung finden.

Daß jedweder Zeitungs-Redacteur von Reimschmieden und Dichterlingen heimgesucht wird, ist eine zweifellose Thatsache; und die am schwersten heimgesuchten aus dieser Berufsklasse dürften vielleicht berechtigt sein, zum Schutze vor derartiger Gewaltthat aller nur erdenklichen Mittel sich zu bedienen. Daß es aber jemals dem Redacteur des „Hochwächter für Intelligenz und Handel", Herrn Typophil Griesgram, in den Sinn kommen könne, einem Dichterling im Drange der Selbst-

vertheidigung das Hirn auszublasen, wage ich nicht zu
vermuthen. Der Redacteur der „Elektrischen Abend=
post" hat zwar zu unterschiedlichen Malen schon die
Behauptung aufgestellt, daß Typophil Griesgram „ein
blutdürstiger Wütherich" sei; ich war jedoch immer der An=
sicht, daß dies mehr auf Concurrenz=Neid zurückzuführen ist.

In dieser Meinung wurde ich dieser Tage auf das
Entschiedenste bestärkt durch eine Mittheilung, welche mir
besagter Widerpart Griesgram's bei einer Tasse Caffee
machte und welche offenbar den Zweck hatte, letzteren in
meinen Augen herabzusetzen. Ich that als ob ich diesen
Verleumdungen ein williges Ohr schenkte, nahm mir aber
vor, Griesgram Kenntniß davon zu geben, mit welchen
Mitteln man ihm zu schaden versuche. Folgendes ist, was
mir der Redacteur der „Elektrischen Abendpost" erzählte:

„Eines schönen Wochentages sandte Herr Typophil
Griesgram seinen ersten Reporter Giftmichel zum
Districts = Polizeimeister Herrn Pythagoras Schafskopf
mit dem Ersuchen, ihm auf ein paar Stunden einen
Polizisten zur Verfügung zu stellen. Herr Schafskopf
beorderte den Gendarmen Gimpel; und als dieser bei
Herrn Griesgram eintrat, schloß der letztere die Thüre seines
Sanctuariums ab und lud ihn ein, Platz zu nehmen.

„„Herr Gimpel', begann er, ,Ihr Beruf bringt Sie
nothwendigerweise mit Verbrechern aller möglichen Klassen
zusammen und macht Sie mit denselben vertraut. —
Darum habe ich nach Ihnen gesandt. Mein Geschäft
mit Ihnen ist durchaus privater Natur, und ich ver=
traue auf Ihre Ehre, daß Sie dasselbe als ein Ihnen·
anvertrautes Geheimniß wahren werden. Sehen Sie,
mein lieber Herr Gimpel, ich möchte nämlich wissen,
ob Sie unter den Ihnen bekannten Verbrechern mir
einen professionellen Meuchelmörder nennen können, einen

solchen nämlich, der sich an irgend Jemand dazu ver=
dingt, einen ihm bezeichneten Nebenmenschen unschädlich
zu machen. Kennen Sie eine solche Person?'

„‚Ich weiß wirklich nicht,‘ antwortete Herr Gimpel,
indem er sich bedächtig am Kinn kratzte, ‚es herrscht
gegenwärtig nicht viel Nachfrage nach Mördern.‘

„‚Nun,‘ sagte hierauf Redacteur Griesgram, ‚es
wäre mir lieb, wenn Sie die Augen offen hielten und
zusähen, ob Sie einen solchen Mann finden und ihn be=
wegen könnten, ein kleines Geschäft für mich zu besorgen.
Ich muß einen solchen Schlächter haben, der mir eine
gewisse Person, die ich ihm bezeichnen werde, aus dem
Wege schafft. Auf welche Weise er dies thut, ist mir
völlig gleichgültig: er mag ihn erstechen oder ersäufen,
erschlagen oder erschießen — ganz wie er will. Ich
zahle ihm das Gleiche für jede Todesart, wenn sie nur
wirksam ist. Können Sie mir einen solchen Mann ver=
schaffen?‘

„‚Es wäre wohl möglich. Ich will mich wenigstens
darum bemühen,‘ antwortete Gimpel.

„‚Unter uns gesagt,‘ fuhr der Redacteur fort, ‚der
Bursche, welchen ich meuchelmorden lassen will, ist ein
Dichter — ein Kerl, der noch dazu einen Doppel=Namen
hat und sich Wurster=Höllenstein schreibt. Seine Frau
ist nämlich eine geborene Höllenstein. Seit acht Monaten
sendet mir dieses Subject Tag auf Tag für den „Hoch=
wächter‘ Gedichte ein. Ich habe nie bisher eine Zeile
von ihm abgedruckt, aber er schickt in Einem fort seine
Reimergüsse, ganz als ob er der Meinung ist, ich legte das
Zeug auf der Bank an und hätte Zinsgenuß daraus.
In der letzten Zeit nun ist die Geschichte so arg ge=
worden, daß ich sie nicht mehr zu ertragen vermag.
Ich kann des Nachts kein Auge mehr zuthun, kann bei

Tage keinen ruhigen Gedanken fassen, derart summt mir des
Menschen Unsinn im Kopfe herum. Mit jedem Tage
werde ich magerer, werde trübsinnig und abgespannt.
Und alles dies in Folge der Poëtastereien, die mir
dieser Einfaltspinsel schickt. Lange kann ich das nicht
mehr aushalten, lieber Gimpel, denn schon jetzt fängt
mein Verstand an zu wanken. Erst heute Morgen
wieder erhalte ich ein Gedicht von dem Menschen, betitelt: „Meiner Hanne diese Zeilen!" Sind Sie
ein Freund von Gedichten, Herr Gimpel?'

„„Hm, ich wüßte nicht, daß ich mich viel um dergleichen Zeug scherte.'

„„Nun, damit Sie sehen, was es für ein Schund
ist, will ich Ihnen eine Strophe von diesem Gereimsel
„An Hanne" vorlesen.

„Wurster spricht also zu seiner Hanne: —

> „Im Schatten der Trauerweiden
> Singt Vöglein süß und lieblich,
> Die Mägdelein rings sich kleiden
> So hold: — warum nur grübl' ich?"

„„Sehen Sie, Gimpel, das ist's, was ich nicht ver-
dauen kann. Was, zum Henker! frägt denn das Publicum darnach, ob Herr Wurster-Höllenstein grübelt oder
ob er besoffen ist? Was frägt Hanne, „seines Sanges
süße Fee," wie er sie nennt, darnach? Es giebt kein Mensch
einen rothen Heller darum. Denken Sie nicht auch so?'

„„Nicht einen rothen Heller, Sie haben ganz Recht!'
antwortete Gimpel.

„„Und dennoch schickt mir besagter Wurster ein weiteres Gedicht, betitelt „Verzweiflung," in welchem er fleht:

> „O, bettet mich tief in dem Ocean blau,
> Wo die rauschenden Wellen grimm lachen;
> O, werft mich hinaus in die tobende See,
> Wo Delphine Ragout aus mir machen!"

„„Ich bitte Sie, Herr Gimpel, wenn Sie einen zu=
verlässigen Meuchelmörder finden können, so würde ich
an Ihrer Stelle es mir zur Aufgabe machen, besagten
Herrn Wurster diesem zur gütigen Abfertigung zu über=
weisen. Ich möchte den Dichter nicht in der tobenden
See begraben wissen. Sie könnte ihn am Ende wieder
ausspeien, da seine specifische Schwere, seinen Gedichten
nach zu schließen, entschieden leichter als Wasser ist.
Anstatt der rauschenden Welle thut's auch ein Bach,
wenn nur dafür gesorgt wird, daß die „Quelle seiner
Lieder" verstopft wird. Auch wird es wohl keinen
großen Unterschied machen, ob ihn Delphine verspeisen,
oder Aale und Hechte. Ich meine, Herr Gimpel, es
bleibt sich das am Ende doch ganz gleich. Wollen Sie
das Ihrem Mörder gefälligst sagen, wenn Sie mit ihm
reden? Jetzt will ich Ihnen auch zeigen, Gimpel,
warum ich über diese Reim=Geschichte so ganz und gar
den Kopf verloren habe. In einem seiner Gedichte,
welches dieser Wurster „Sehnsucht" betitelt hat, bedient
er sich der folgenden Sprache:

„O Liebste mein! sing' mir ein Lied heut' Abend,
Das süßeste von allen Erdenliedern,
Das wunde Herz mit sanften Klängen labend,
Die kranke Seele neu mir zu befiedern.

„Dieweil du singst, bad' ich im Zauberschimmer
Der Augen dein, und geb' dir Mund an Munde
Und Lipp' an Lipp' im schweigsam dunklen Zimmer
Vom Schmerz des Abschieds bange Flüsterkunde."

„„Sie sehen's jetzt selbst, Gimpel! Nicht wahr? Wie
kann denn das Frauenzimmer singen, dieweil er sie küßt,
und wie kann denn er gleichzeitig küssen und eine Flüster=
kunde geben? Ist das nicht ein gräßlicher Unsinn?
Sagen Sie selbst! Und dann, wenn das Zimmer dunkel

iſt, möchte ich wiſſen, wie dieſer Wurſter im „Zauber-
ſchimmer ihrer Augen baden“ will, abgeſehen davon, daß dies
eine ganz abſonderliche Art von Bade-Anſtalt iſt! Mein
lieber Gimpel! ſo viel iſt mir ganz klar, entweder iſt
dieſer Wurſter-Höllenſtein ein Narr, oder ich, Typophil
Griesgram, bin einer. Und wenn der Meuchelmörder,
den Sie mir beſorgen ſollen, dieſen Wurſter erſtechen
will, ſo würden Sie mich zu Dank verpflichten, wenn
Sie ihn dahin anzuweiſen die Güte hätten, daß er ihn
ja recht tief ſchlitze und ihm vielleicht noch etwas Gift
in die Wunde träufeln möchte, damit er auch ganz gewiß
todt iſt, denn was er für Gedichte machen würde, wenn
er vollends noch große Gefahren beſtanden hätte, iſt
gar nicht abzuſehen.

„Als er mir das Gedicht über „Den Unbekannten“
ſchickte, da kann ich mich erinnern, daß ich es zerglie-
derte, mikroſkopiſch unterſuchte, und ſodann einem
Chemiker überſchickte mit der Bitte, es analyſiren zu
wollen; aber — ich laſſe mich hängen, wenn ich bis
jetzt noch herausgefunden habe, worauf er eigentlich ab-
zielt, wenn er ſagt:

> „Die geſpenſterhaften Blitze von den wildgetrag’nen
> Klängen
> Kamen rauſchend ob dem Rande düſt’rer Sümpfe, die
> dort hängen
> Gleich betintenfärbten Schleiern, wo der Rabe Rund-
> ſchau hält
> Und der ſtarkbetrunk’ne Hindu ſo lang ſtolpert, bis
> er fällt.“

„Iſt das nicht — ſagen Sie ſelbſt! — iſt das nicht
das greulichſte Wirrſal von Gedanken, das je in einem
Irrenhauſe zur Welt gekommen iſt?‘

„Es iſt das Gräßlichſte, was ich noch gehört habe,‘

sagte Gimpel, der jedoch an dieser ganzen Unterhaltung kein sonderliches Gefallen zu finden schien.

„‚Nun, und von poetischen Producten dieser Sorte bekomme ich achtzehn Stück in jeder einzelnen Woche des Jahres! — Da soll Einer nicht närrisch werden! Dies Zeug hält mein Gehirn in einem beständigen Strudel. — Gimpel! Gimpel! dieser Mensch muß sterben. Selbsterhaltung ist das erste Naturgesetz. Ich habe Frau und Kinder; ich gebe eine große Zeitung heraus; ich veredle die öffentliche Meinung. Mein Leben ist dem Vaterlande unersetzlich. Beseitigen Sie diesen Dichter=ling, und zukünftige Geschlechter werden Ihren Namen preisen. Er muß ausgewischt, ausgerottet, von der Erd=oberfläche vertilgt werden! Tödten Sie ihn, todt — mausetodt muß er sein — und begraben Sie ihn tief, tief unter der Erde, so daß er nicht wieder auferstehen kann. Dann bringen Sie mir die Rechnung für Ihre Bemühungen inclusive Leichenstein. Sie brauchen mir nicht zu sagen, daß Sie die That vollbracht haben. Sobald die Gedichte aufhören, an mich zu gelangen, werde ich wissen, daß er todt ist. Das genügt mir. Und nun — guten Morgen, mein lieber Herr Gimpel — guten Morgen! Bringen Sie mir bald gute Nachricht!‘“

Man nimmt in Blechlingen an, daß Herr Ambrosius Wurster = Höllenstein vom Gendarm Gimpel verwarnt worden ist; denn die Zufuhr von Wurster'schen Gedichten an die Redaction des „Hochwächter" hörte plötzlich auf. Es würde jedoch eine mangelhafte Kenntniß dichterischer Charaktere verrathen, wollte der geneigte Leser hieraus den Schluß ziehen, daß Herrn Wurster's Effusionen damit überhaupt aufgehört hätten. Nur scheint er einen anderen Canal aufgesucht zu haben, um den Waldbach

20

seiner Gefühle dem Stillen Ocean des öffentlichen Be=
wußtseins zuzuführen.

,　　　*　　　*

Der Bevölkerung der Vereinigten Staaten wohnt
ein ganz wunderbarer Erfindungsdrang inne. Alle Welt
will dort etwas erfinden, von der riesigsten Dampf=
hebel=Presse an bis hinunter zum winzigsten Schreibfeder=
Stahlgestell — alle Welt will patentirt sein, und alle
Welt bestürmt die Zeitungs=Redactionen nach Reclamen,
empfehlenden Notizen, u. s. w. u. s. w. Der freund=
liche Leser dieser Blätter wird es daher nicht verwun=
derlich finden, wenn Herr Typophil Griesgram mehr als
ihm lieb sein mag, von derlei Erfinder=Besuchen geplagt
ist. Da zudem, wie männiglich bekannt, die Hüter der
öffentlichen Meinung in der Zeitströmung der Gegenwart
eine hervorragende Rolle spielen, so entspricht es voll=
ständig der sonstigen Wahrhaftigkeit dieser Aufzeich=
nungen, daß die wesentlichsten Ereignisse, die auf
Blechlingen im Besonderen und auf die Menschheit im
Allgemeinen einen Einfluß zu üben berufen sind, sich
vor Allem in der Seele des getreuen Redacteurs des
„Hochwächter für Intelligenz und Handel" wiederspiegeln.
Es war an einem entsetzlich heißen Juni=Tag. Herr
Typophil Griesgram saß vor seinem Schreibpult und
schrieb — schrieb, daß ihm die Schweißtropfen in zahl=
loser Menge von Stirn und Glatze niederrannen — an
dem Schlusse des Leit=Artikels „Ueber das System der
Ausgaben=Versicherung," der in der nächst erscheinenden
Nummer des „Hochwächter" Abdruck finden sollte und
den die Setzer seiner Druckerei bereits ungestüm be=
gehrten. Da wurde plötzlich laut und kräftig an die

Thüre geklopft, und herein trat ein Mann mit einem
mächtig großen Cylinder auf dem Kopfe, der ohne Zö=
gern nach einem Stuhle griff und sich dicht neben dem
Schreibpulte des emsig weiter arbeitenden Redacteurs
niedersetzte. Hierauf begann er mit kreischender Stimme:

„Mein Name ist Machilo. Ich bin gekommen, mein
Herr, um Sie mit einer kleinen Erfindung, die mir ge=
lungen ist, bekannt zu machen.“

„Hab' keine Zeit, sie anzusehen. Bin beschäftigt,“
rief Griesgram und schrieb weiter, ohne den Besucher
nur eines Blickes zu würdigen.

„Das merke ich,“ erwiderte Machilo. „Nur eine
einzige Minute werde ich Ihre sicherlich kostbare Zeit
in Anspruch nehmen.“ Nach diesen Worten nahm er
seinen Hut vom Kopfe und fuhr dann fort:

„Schauen Sie sich diesen Hut an, mein Herr, und
sagen Sie mir, was Sie davon halten.“

„Ach, lassen Sie mich ungeschoren! Ich habe für
den Augenblick durchaus kein Interesse an Hüten,“
schrie Typophil.

„Das merk' ich wohl, aber was ich Ihnen hier zeige, ist
auch kein Hut. Dieses hutartige Möbel ist vielmehr
Machilo's ,Sommersonnenhitzeverminderungsapparat.‘ Er
ist eine ganz eigenartige Vorrichtung, sieht äußerlich
genau so aus wie ein Cylinderhut, — nicht wahr? Was
muß der Mensch nun bei so heißem Wetter am frü=
hesten haben?“

„Ich für meinen Theil,“ rief Griesgram, „möchte
am frühesten haben, daß Sie sich hinauspacken!“

„Was Jedermann braucht und wünscht, ist Kühlung,
Erfrischung — natürlich! Und wie fängt man es an,
um diese zwei Factoren zu finden? Wenn Sie wissen
wollen, was Behaglichkeit ist, so können Sie es durch

dieses hutartige Möbel erfahren. Wie aber? Ich will's
Ihnen erklären.   Wenn man Luft so lange zusammen=
preßt, bis ein namhafter Druck erzeugt ist, und sie dann
plötzlich freigiebt, so verursacht die schnelle Ausdehnung,
daß die Luft Hitze aufnimmt und daß somit ein merk=
licher Grad von Kälte erzeugt wird.   Das wissen Sie
aber selbst — natürlich."

„Ich wünsche, daß Sie Ihre Luft comprimiren
und dann in anderer Leute Ohren, nicht in den mei=
nigen, ausdehnen möchten," ertönte es von Griesgram's
Pult herüber.

„Bei dieser meiner Erfindung des ‚Sommersonnen=
hitzeverminderungsapparates' habe ich mir dieses herr=
liche Naturgesetz in einer Weise nutzbar gemacht, welche
bestimmt ist, eine unermeßliche Wohlthat für das Menschen=
geschlecht zu werden.   Dieser Hut ist in Wirklichkeit aus
dünnem Kesselblech gemacht und mit Seide überzogen.
Die comprimirte Luft ist im Innern desselben enthalten.
Im gegenwärtigen Augenblicke ist er einem Drucke von
achtundsiebzig Pfund auf den Quadratzoll ausgesetzt.
Wenn dieser Hut explodiren sollte, während ich hier
sitze, so würde er das Dach vom Hause sprengen."

„Wenn Sie dabei umkämen, so würde ich das nicht
im Entferntesten bedauern," rief Griesgram.

„Nun also, diese wundervolle Vorrichtung wird in
der folgenden Weise gehandhabt: Die Luftpumpe ist auf
meinem Rücken unter meinem Rock verborgen.   Eine
Röhre verbindet sie mit dem Reservoir in meinem Hut,
während eine Art von Hebel in meinem rechten Hosen=
bein hinabläuft und an meinem Stiefel befestigt ist, so
daß die bloße Bewegung des Laufens Luft in das Re=
servoir pumpt.   Wie aber stelle ich das Kühlungsver=
fahren her? Hören Sie: Eine weitere Röhre leitet aus

dem Reservoir heraus und mündet in eine Art eisen=
blechernen Unterhemdes, das durchlöchert ist und das
ich unter einem Oberhemde trage —"

„Wenn Sie etwas über diesem Hemde tragen würs=
den, um den Schmutz desselben zu verdecken, so würden
Sie um vieles appetitlicher erscheinen," warf der wü=
thende Redacteur dazwischen.

„Angenommen also, wir haben einen heißen Tag.
Ich gehe mit dem in Bewegung gesetzten Hebel die
Straße entlang. Das Reservoir ist voll Luft gepumpt.
Ich will mich abkühlen. Ich ziehe also die Schnur,
welche durch meinen linken Aermel läuft; die Luft strömt
aus dem Reservoir, dehnt sich plötzlich um meinen Kör=
per herum aus und führt mir kalte Luft in so reichem
Maße zu, daß ich wünschte, ich hätte meinen Ueberzieher
mitgenommen."

„Ich wünsche, Herr, daß Sie heimgingen und sich
ihn holten!" ließ sich Griesgram's Stimme wieder hören.

„Sie sehen also, daß diese Erfindung von äußer=
stem Werth und von hoher Wichtigkeit ist. Die Absicht
meines Besuches war, Ihnen Gelegenheit zur Namhaft=
machung und Beschreibung desselben in Ihrer Zeitung
zu geben. Sie sind der einzige Redacteur, dem ich
bisher das wichtige Geheimniß anvertraut habe. Ich
dachte bei mir, ich will Ihnen die erste Gelegenheit
geben, ein Wohlthäter der Menschheit zu werden."

„Ich bin einer jener Wohlthäter, mein Herr," rief
Griesgram, „die einen Dollar pro Zeile für derartige
Philanthropie berechnen."

„Um sich nun zu versichern, Herr Redacteur, daß
die Maschine perfect ist, müssen Sie dieselbe vorher ein=
mal selbst versuchen. Stehen Sie einmal auf und ziehen
Sie den Rock aus. Dann will ich Ihnen den Hut auf=

setzen, Ihnen die Pumpe am Rücken festschrauben und
den übrigen Mechanismus an Ihrem Bein entlang in
Ordnung bringen."

„Da würde ich Sie früher hängen sehen, Sie un=
verschämter Flegel!" wetterte Typophil, welcher nun
die Geduld verlor.

„Nun denn, so will ich selbst sie anlegen und Ihnen
meine Erfindung ad oculos demonstriren. Sie sehen
diesen Stab hier in meinem Hosenbein? Dies, Herr, ist
die Luftpumpe, gerade oberhalb meiner Hosenträger=
Knöpfe. Der Hut enthält jetzt etwa sechs Druck=Atmosphä=
ren. Jetzt bin ich bereit, zu gehen. Sehen Sie? Be=
merken Sie, wie das Ding arbeitet? Das einzig hörbare
Geräusch ist ein leises Klappen des Pumpen=Ventils.
Noch ein paar Stöße, dann halten Sie Ihre Hand an
meinen Hemdkragen und überzeugen sich, wie nahe dem
Gefrierpunkte derselbe ist. Ich will den Druck auf hun=
dert Pfund steigern, bevor —"

„Bu-u-uu-m! bum! bum!" donnerte es plötzlich
durch das Zimmer — dann ein entsetzliches Gepolter und Ge=
prassel — ein Aufschrei — und dann war Alles still.

Sobald Herr Typophil die Eigenthümlichkeit der
Situation, in die er urplötzlich gerathen war, sich klar
zu legen vermochte, kroch er mühsam unter seinem um=
geworfenen Schreibpult hervor, wischte sich den Inhalt
des Tintenfasses mit Hilfe des unbeendigten Manuscripts
zu dem Leitartikel „Ueber das System der Ausgaben=
Versicherung" von Kopf und Gesicht und blickte sodann
um sich. Herr Machilo lag, einen zerschmetterten Tisch
über den Beinen, mit dem Kopfe im Spucknapfe, wäh=
rend Bruchstücke seines geplatzten „Sommersonnenhitze=
Verminderungs=Apparates" aus mächtigen Rissen in
Hosen und Rock hervorschauten, dicht an der Wand in

der entgegengesetzten Ecke des Zimmers. Sein eisen=
blechernes Unterhemd stak in zerrissenen Spitzen durch
ein Dutzend Löcher seiner Weste heraus.

Als Griesgram Machilo am Beine packte, um
ihn unter den Trümmern hervorzuziehen, schlug der
verunglückte Erfinder mühsam die Augen auf und
ächzte:

„Fürchterlicher Schlag das! — nicht wahr? Sie
sollten einen Blitzableiter auf dem Dache haben. Ich
bin vom Blitze getroffen worden — nicht wahr?"

„Sie unverbesserlicher Esel Sie!" rief Griesgram,
während Secretär und Reporter herbeigestürzt kamen
und Machilo wieder auf die Beine halfen. „Das war
kein Blitzschlag. Jene Höllenmaschine war es, die Sie
mir auf den Kopf setzen wollten. Wenn die Explosion
Sie vierzig Klafter tief unter die Erde geschleudert hätte,
so hätt' ich mich gefreut, selbst wenn das Gebäude dabei
zu Schaden gekommen wäre."

„Was? Das Reservoir ist geplatzt!? Ei, ei, ei! Das
ist wirklich Schade! Donnerwetter, ich dachte, es wäre
stark genug, um den doppelten Druck auszuhalten. Da
muß ich mich in meinen Berechnungen getäuscht haben,"
sagte Machilo, indem er seine Kleider nothdürftig zu=
sammenflickte und sein Taschentuch an seine blutende
Nase drückte, „ich werde ein anderes machen lassen und
dann wieder herkommen, um Ihnen den Mechanismus,
wie er richtig functionirt, zu zeigen."

„Wenn Sie sich bei mir noch einmal sehen lassen,
so schlage ich Ihnen mit meinem Tintenfaß den Schädel
ein," rief Herr Typophil Griesgram, worauf Machilo
langsam zur Thüre hinausschritt.

Griesgram ließ den Leitartikel „Ueber das System
der Ausgaben-Versicherung" fallen und wählte dafür das

Thema „Die Nothwendigkeit vergrößerter Narrenhäuser," ein Artikel, der viel böses Blut in Blechlingen ge= macht hat.

*   *
*

Der „Hochwächter für Intelligenz und Handel" hat in jüngster Zeit eine bedeutende Thätigkeit entfaltet, um eine Zusammenkunft mit dem „Ewigen Juden" zu er= langen. Der geneigte Leser kann seinen eigenen Maß= stab an die Wahrheit oder Unwahrheit des Berichtes anlegen, welcher im „Hochwächter" vor einigen Wochen über diese Angelegenheit veröffentlicht worden ist:

„Gestern verbreitete sich," meldet also der ‚Hochwächter‘ „das Gerücht in Blechlingen, daß der ‚Ewige Jude‘ drüben in Eberfurt gesehen worden sei. Ein Berichterstatter wurde sofort von uns dorthin abgesandt, um ihn aufzusuchen und zu „inter= viewen", sobald er ihn gefunden haben würde. Nach langwie= rigem Suchen sah unser Berichterstatter eine Person auf dem obersten Riegel eines Zaunes dicht vor dem letzten Hause in Eberfurt sitzen, deren Anblick ihm das Gelingen seiner Mission zu versprechen schien, und die damit beschäftigt war, Zwieback und Käse zu verspeisen. Der Berichterstatter trat auf ihn zu und redete ihn auf's Geradewohl mit den folgenden Worten an:

„‚Prächtiger Tag, Ahasvere!‘ [Diese Familiarität erschien nothwendig, denn wenn der „Ewige Jude" auch einen Geschlechts= namen haben sollte, so ist dieser, wie bekannt, doch noch nie in die Oeffentlichkeit gedrungen.]

„‚Glücklicher Sterblicher! Woher kennst du mich?‘ rief der Jude.

„‚O, ich weiß nicht; etwas in Eurem Aeußeren ließ mich errathen, wer Ihr seid. Es freut mich übrigens ungemein, Euch zu treffen. Wann seid Ihr hier angekommen?‘

„‚Gestern, wißbegieriger glücklicher Sterblicher. Ich war in Coronado,*) da hörte ich von Eurer hundertjährigen Jubel=

---

*) Das große, ursprünglich zu Kansas gehörende Territorium führte Jahr= hunderte lang seit seiner Entdeckung durch die Spanier unter Capitän Coro= nado den Namen seines Entdeckers Coronado. Erst die in den Goldfieber= Jahren 1858—59 aus dem Osten kommenden Pioniere tauften den Staat in „Colorado," zu deutsch „das Hochrothe."   H. A.

feier hier zu Lande, und da entschloß ich mich, hierher zu kommen und mir das Ding auch anzusehen.   Ich habe immer noch
die geheime Hoffnung, daß Ihr es noch dahin bringen werdet,
durch Eure Cultur-Fortschritte sogar mir das Leben unmöglich
zu machen.   Und doch, indem ich dich betrachte, Glücklicher, der
du sterben darfst . . . welches Handwerk betreibst denn du?'
    „Ich bin Journalist,' versetzte Giftmichel.
    „O du Beneidenswerther, da hast du herrliche Aussichten,
bald zu sterben,' erwiderte Ahasverus mit tiefer Melancholie.
„Apropos, junger Mann, wer hat deine Stiefel gemacht?'
    „Giftmichel blickte verwundert auf; erst allmählig erinnerte
er sich, als der Alte mit großem Eifer Giftmichel's Fußbeklei-
dung einer sehr geringschätzigen Kritik unterzog, daß der Alte
einstens Schuster gewesen.   Schier zwanzig Jahrhunderte hatten
die geringschätzige Ansicht des Mannes von der Arbeit anderer
Schuster nicht zu verwischen vermocht.
    „Ahasver hatte sich jetzt wieder auf den Zaun gesetzt: seine
Füße, die in großen Gummischuhen staken, ruhten auf dem
dritten Riegel von unten.   Seinen Schirm hielt er unter dem
Arm, tiefe Furchen durchzogen sein Gesicht und sein langer
weißer Bart tanzte auf und nieder, während er gierig seinen
Imbiß verschlang und hin und wieder nach weiterem Eßbaren
in seinem Quersack suchte.   Der Berichterstatter sagte, daß
er befürchte, ein so reichhaltiges Mahl von Käse möchte dem
nicht sehr kräftig aussehenden Mann am Ende nicht bekommen;
aber der Alte erwiderte:
    „Ei warum denn nicht, mein Söhnchen? Siebenzehn Jahr-
hunderte lang schon durchwandere ich die Erde, um etwas zu
finden, das mir nicht bekäme.   Das ist's ja gerade, wonach ich
mich sehne.   Wenn ich mir nur einmal den Magen verderben
könnte, so dürfte ich doch hoffen, daß es mir schließlich gelingen würde mich zu ruiniren.   Aber es hilft mir Alles nichts.
Ich könnte ein Pfund Nägel verzehren, und mir wäre so wohl
dabei wie einem Säugling nach einer Flasche Milch.   Das ist
so eine meiner Eigenheiten.   Wissen Sie, Söhnchen, nichts
belästigt, nichts beschwert mich.   Ich bin schon aus Vulcanen
— hinausgeschleudert worden, Dutzende von Malen schon —
und nicht ein einziges Mal ist es mir gelungen, dabei versengt
zu werden.   Fast jedes Jahr, wenn die kühle Witterung kommt,
gehe ich nach Italien hinüber und treibe mich innen im Vesuv
herum.   Dann kommt vielleicht wohl einmal ein Ausbruch,

bei dem ich einige hundert Meilen weit geschleudert werde; aber immer ohne Erfolg. Seit der Verschüttung von Pompeji habe ich noch jede Mobilmachung im Vesuv als Freiwilliger mitgemacht. Ich habe mit dem verstorbenen Admiral Fitzgerald, der die Stürme auf dem Meer hat vorhersagen können, in Privat-Correspondenz gestanden und unterhalte seit dessen Tode einen Briefwechsel per Correspondenz-Karte mit Professor Dove in Berlin.

„Ich habe, seit das barometrische Minimum aufgetaucht ist, mich diesem auf's Intimste angeschlossen; allein es nützt alles nichts. Ich habe mich von den berühmtesten Aerzten behandeln lassen, hab' die fortgeschrittensten Resultate der Hygienik verwerthet, — Alles ohne Erfolg. So muß ich denn leider meine Reisen fortsetzen.'

„Wie reiset Ihr denn gewöhnlich, Ahasvere?' fragte unser Reporter.

„O, auf verschiedene Weise. Ich bin schon auf den gefährlichsten Bahnen gefahren und war fast bei jedem Zusammenstoß von Bedeutung, welcher vorgekommen ist; im Allgemeinen ziehe ich aber das Laufen vor. Ich habe nie Eile, und halte gerne meinen eigenen Weg ein.'

„Wie werdet Ihr denn von den Leuten im Allgemeinen behandelt?'

„Nun, ich kann nicht klagen. Manchmal werde ich wohl als ein Landstreicher angefahren, oder höre ich, daß unliebsame Bemerkungen über mich fallen; im Ganzen komme ich aber recht gut durch. Die Leichenbesorger machen mir am Meisten zu schaffen. Diese Herren sagen, ich übte einen deprimirenden Einfluß aus auf ihr Geschäft, indem ich den Leuten mit schlechtem Beispiel voranginge; und erst vor fünfzig Jahren sagte mir einer von dieser Zunft drüben in Constantinopel, daß ein Mensch, der etwa vierhundert Generationen von Leichenbesorgern defraudirt habe, sich in sein Gesicht hinein schämen und gebildeter Gesellschaft fern bleiben sollte. Aber, mein lieber Giftmischer — o welch' süßer Name!'

„Giftmichel: ‚Giftmichel, Ahasvere!'"

„Ahasver: ‚Giftmichel meinetwegen, wenn nur Gift dabei ist. . . Ja, mein lieber Giftmichel, es ist ganz natürlich, daß diese Leute so denken, ist es doch ihr Geschäft!'

„Darf ich Euch eine Cigarre anbieten, wenn Ihr gespeist habt?' fragte ihn unser Berichterstatter.

„,Nein, danke bestens. Der Benjamin Franklin hat gewünscht,
daß ich das Rauchen lernen sollte, als ich in Virginien mit
ihm zusammentraf; aber ich habe kein Vergnügen daran gefun=
den. Du erinnerst dich natürlich seiner! Doch nein; ich ver=
gesse ganz, wie jung du bist, glücklicher Sterblicher! Benjamin
ist ein ganz lieber Mann gewesen, nur ein wenig zu sangui=
nisch. Columbus war mir lieber, viel lieber. Und vollends
Nero, schade daß du den nicht gekannt hast, Jüngling! Das
war ein Mann, der für Euch Zeitungsmenschen gepaßt hätte.
Unter ihm ist fast jeden Tag ein Mord vorgekommen. Und
dann das Feuer in Rom, das er mit eigener Hand angezündet
hat! Das hätte einen schönen Zeitungsbericht für Euch abge=
geben, nicht wahr? Aber zu bedauern ist er doch gewesen,
der Nero. Ich hab' ihm zugesehen, wie er seine Mutter
ertränkt hat; er hat die alte Frau über Bord geworfen und
hat sie forttreiben lassen, als ob sie ein Stück Holz wäre.'

„,Da wir gerade von Zeitungen reden,' warf unser Bericht=
erstatter ein, ‚wäret Ihr nicht geneigt, als reisender Corre=
spondent für den Hochwächter thätig zu sein?'

„,Nun, es würde mir nicht darauf ankommen, Ihnen hie
und da eine Correspondenz zu schicken, aber ein festes Engage=
ment würde ich nicht eingehen mögen. Sehen Sie, ich habe
seit achtzehnhundert Jahren eigentlich wenig geschrieben, und
in einer so großen Zeit verliert man die Uebung etwas. Ich
schreibe überdieß auch eine sehr schlechte Handschrift. Nein, ich
glaube nicht, regelmäßige Beiträge liefern zu können. Ich habe
schon gedacht, daß ich ein wenig als Colporteur für eine Buch=
handlung thätig sein könnte, vielleicht daß mir die Grobheiten,
die man dabei bekommt, ein Gallenfieber zuziehen könnten.
Aus dem gleichen Grunde dachte ich schon daran, Minister
zu werden, allein ich habe jeden solchen Gedanken immer wieder
aufgegeben.'

„,Waret Ihr einmal verheirathet? Habt Ihr je eine Frau
gehabt?' fragte ihn unser Reporter, der entschlossen war, aus
dieser Unterredung möglichst viel Capital zu schlagen.

„,Mann mit dem süßen Namen! ich habe dir doch nie
ein Leids gethan, warum weckst du so trübe Erinnerungen in mei=
nem achtzehnhundertjährigen Busen? Meine Alte starb Anno 73
in Aegypten, und mein einziger Trost auf dieser weiten mühseligen
Wanderung besteht darin, daß sie nicht bei mir ist. Sie wurde als
Mumie einbalsamirt, und ich setzte es durch, daß eine Pyra=

mide über sie gebaut wurde, um sie festzuhalten. Das genügte mir. Es ist dies der einzige befriedigende Gedanke, den die Vergangenheit für mich hat.'

„Ist Euer Gedächtniß im Allgemeinen gut?'

„Nun, so mittelmäßig. Ich erinnere mich, daß ich vielfach Petrarca mit St.=Peter verwechselt und daß ich einige Male Plutarch's als des Gottes der Hölle erwähnt habe. Personen verwechsle ich leicht. Ganz merkwürdig! Wissen Sie auch, daß ich einmal im Gespräch mit Benjamin Franklin den Marcus Antonius mit dem heiligen Antonius verwechselt und wahrhaftig des Heiligen Rede an der Leiche Cäsar's citirt habe? Wirklich wahr! Ich will Ihnen sagen, wie ich manchmal die Sachen von einander unterscheide. Ich sage z. B. von einem bestimmten Vorfalle: „Das ist in dem Jahrhundert geschehen, wo ich milzsüchtig war," oder „Jenes hat sich in dem Jahrhundert zugetragen, wo ich Gelenk=Rheumatismus hatte." In dieser Weise stelle ich die Zeit fest. Im Jahre 134 habe ich einmal ein Tagebuch zu führen angefangen, aber nachdem ich einen vierhundert Fuß hohen Stoß von Manuscripten angehäuft hatte, hab' ich's wieder aufgegeben, denn ich konnte den ganzen Stoß nicht mit mir herumschleppen, und Verleger gab's damals noch nicht so viel wie heute.'

„Ich vermuthe, daß Ihr eine Menge gefeierter Persönlichkeiten kennen gelernt habt?'

„Gerade genug — gerade genug. Warte einmal, Jüngling mit dem süßen Namen, hat dir schon einmal Jemand gesagt, daß du dem Muhamed ähnlich siehst? Ja wohl, dem siehst du ähnlich! Merkwürdige Aehnlichkeit sogar! Ich sage dir, das war ein alter Gauner, der vollkommenste „Gründer," den die Welt getragen. Im Jahre 598 hab' ich diesem Menschen ein Paar Stiefeln geliehen, die er nie zurückgegeben hat. Die Stiefeln haben mir leid gethan zwölfhundert Jahre lang.'

„Ist es Euch noch nicht eingefallen, Vorlesungen zu halten?' fragte ihn unser Reporter.

„O ja, das hab' ich mir auch schon überlegt. Aber ich glaube kaum, daß ich's thun werde. Siehst du, glücklicher Sterblicher, ich bin mit Kenntnissen so sehr vollgepfropft, daß ich einen Vortrag, den ich begänne, kaum früher als in zwei, drei Jahren zu Ende bringen könnte, und das ist doch zu lang für eine Vorlesung — nicht wahr? Da könnte ich — da capo gerufen werden, was nicht eben angenehm ist, wenn man fort

will, und so denke ich, laß ich's lieber bleiben. Nein, ich werde
weiter machen im alten Geleise.'

„Und während der Alte noch weiter schwatzte, stieg er vom
Zaune herunter, schulterte seinen Schirm, und zusammen
gingen die beiden seltsamen Gestalten — unser Berichterstatter
und Ahasver — der Fähre zu. Ahasver sagte, er wolle sich
einen neuen Anzug kaufen; den, welchen er trage, habe er im
Jahre 1807 in Deutschland gekauft, und jetzt fange derselbe
denn doch an, etwas fadenscheinig zu werden. Unser Bericht=
erstatter geleitete den alten Israeliten über einen Fluß, brachte
ihn in einen Pferdebahn=Wagen, bat ihn, seine Adresse in's
Redactions=Büreau zu schicken; und der alte Pilger drückte sich
in einen Ecksitz, stellte seinen Quersack auf den Fußboden und
war rasch unter dem Widerhalle der vom Kutscher gegen einen
irländischen Packträger ausgestoßenen Flüche aus unseres Bericht=
erstatters Gesichtskreis verschwunden."

<hr />

Fünfundzwanzigstes Capitel.
Wie man in Blechlingen einem Charlatan heimleuchtet.

Es wäre kaum gerecht, wollte man sagen, daß Herr
Doctor Ferblantier, ein früherer Bürger unseres Blech=
lingen's, ein Quacksalber sei. Man könnte ihn vielmehr
in gewisser Hinsicht als „wilden Mediciner" oder „Natur=
arzt" kategorisiren. Denn er gehörte keiner der aner=
kannten Schulen und deren Richtungen an, sondern
behandelte seine Patienten nach gewissen Theorien, wie
er sie sich aus sich selbst heraus entwickelt hatte.

Herr Dr. Ferblantier hatte die Gewohnheit, merk=
würdige Geschichten über die von ihm erzielten ärztlichen
Erfolge zu erzählen, und die wunderbarste dieser Erzäh=
lungen behandelt einen Versuch, den er einst an einem

Manne, Namens Kick, gemacht hatte. Zweck dieses Experiments war gewesen, Schwindsucht mittelst Transfusion von Blut zu heilen. Herr Dr. Ferblantier hatte nach seiner eigenen Aussage den Entschluß gefaßt, dem schwindsüchtigen Kick gesundes Blut in die Adern einzuspritzen. Da sich nun kein menschliches Individuum finden ließ, welches sein Blut für Kick vergießen wollte, so zapfte Dr. Ferblantier eine Ziege an; und nachdem er Kick eine Ader geöffnet hatte, spritzte er diesem etwa zwei Quart Ziegenblut ein. Kick's Zustand fing sogleich an, besser zu werden; aber — so sonderbar dies auch klingen mag, kaum hatte er seine Kräfte wieder erlangt, als er auch aus dem Bett aufsprang und seinen Kopf nach der Weise der Ziegen drehte und wendete, und verschiedene wilde Versuche machte, den Doctor Ferblantier zu stoßen. Dieser zog sich, nachdem Kick's Kopf zu verschiedenen Malen in unsanfter Weise mit seiner Magengegend in Berührung gekommen war, schleunigst in ein Nebenzimmer zurück; woraufhin Kick seinen Kopf mit aller Macht gegen die Thür stieß, die er auch voraussichtlich eingedrückt haben würde, wenn nicht in jenem Augenblick gerade seine Schwiegermutter eingetreten wäre, und seine Aufmerksamkeit in hohem Maße in Anspruch genommen hätte. Ein wohlgezielter Stoß Kick's mit seinem Kopfe streckte die alte Frau zu Boden; und während sie dalag und schrie, hüpfte Kick wie ein echter Ziegenbock im Zimmer umher und machte allerhand kühne Versuche, die grünen Blumen aus dem Zimmerteppich herauszufressen. Nachdem man den Knecht hereingerufen und Kick mit dessen Hilfe im Bett festgebunden hatte, versuchte man es, mit ihm zu sprechen; die einzige Antwort aber, die er auf alle an ihn gerichtete Fragen: wie er sich befinde, wenn er seine Medicin

einnehmen wolle u. s. w., gab, war ein dem Ziegen-
laute ganz ähnliches „Meck-meck." Zur Abwechslung
gab er sich dann wieder die größte Mühe, ein Loch in
das Kopfende seiner Bettlade zu stoßen. Der Zustand
des Patienten ward so besorgnißerregend, und Frau
Kick war so empört, daß Dr. Ferblantier den Entschluß
faßte, das Uebel, wenn irgend möglich, wieder gut zu
machen. Er ließ deshalb dem Kick tüchtig zur Ader,
und nachdem er dem irländischen Knecht seines Patienten ein gutes Trinkgeld in die Hand gedrückt hatte,
entzog er diesem frisches Blut und spritzte es Kick zum
zweiten Male ein. Der Kranke wurde nun wieder
gesund, versetzte aber seine Gesinnungsgenossen durch
einen unwiderstehlichen Drang, für den gegnerischen
Candidaten zu stimmen, in Bestürzung und ärgerte
seine Schwiegermutter fortwährend dadurch, daß er in
einem stark irländischen Dialekt sprach.

Dem Dr. Ferblantier wollte es indessen nicht gelingen,
sich eine Praxis in Blechlingen zu erwerben; in Folge
dessen, und um seiner drückenden Lage abzuhelfen, entschloß er sich eines Tages, eine Patent-Medicin zu
erfinden. Nach einigem Hin- und Hersinnen kam er
zu der Ueberzeugung, daß die beiden am häufigsten
vorkommenden und am wenigsten beliebten Krankheiten
„Kahlköpfigkeit" und „gelähmte Leberthätigkeit" seien;
er mischte also zwei Mixturen, welche in der Pharmakopöe als Heilmittel empfohlen wurden, um diese dem
Publicum zu verkaufen. Die eine derselben nannte er
„Dr. Ferblantier's Haar-Beleber," und die andere
„Dr. Ferblantier's Leber-Regulator." Nachdem er eine
große Anzahl zierlicher Flaschen und bunter Etiketten
gekauft hatte, füllte er seine Medicinen in dieselben
hinein und erließ Anzeigen en masse, denen Beschei-

nigungen über imaginäre, von ihm bewerkstelligte Curen
— die ihm von einem Freunde geschrieben wurden,
dessen Leberthätigkeit nichts zu wünschen übrig ließ,
und dessen Haarboden sich völliger Gesundheit erfreute,
— in fetten Lettern beigedruckt waren.

Es ist gar nicht unwahrscheinlich, daß Dr. Fer=
blantier mit diesem Unternehmen Erfolge erzielt haben
würde, wenn nicht ein fataler Umstand eingetreten wäre.
Er war nämlich mit der Wirkung seiner Präparate nur
in so weit bekannt, als ihn die Pharmakopöe darüber
belehrte. Beim Einfüllen derselben nun in die Flaschen
wollte es das Unglück, daß er die Etiketten des „Leber=
Regulator“ auf die Flaschen des „Haar=Beleber,“ und
die Etiketten des letzteren auf die Flaschen des ersteren
klebte. Natürlich waren die Resultate schreckenerregend;
und da Dr. Ferblantier die Leidenden aufgefordert hatte,
ihn von den, durch Anwendung seiner Mittel erfolgten
Curen in Kenntniß zu setzen, so hatte er noch kaum ein
paar hundert Flaschen von beiden Medicinen verkauft,
als er auch schon von den Käufern derselben die haar=
sträubendsten Dinge zu hören bekam.

Eines Tages, als er aus seinem Bureau trat, fiel
ihm ein Mann in's Auge, der auf der anderen Seite
der Straße auf einem Holzkloß saß und eine Schrot=
flinte in der Hand hielt. Ein Donnerwetter stand dem
Manne auf der Stirn geschrieben. Es war ein kahl=
köpfiges Individuum, und seine Kopfschwarte war mit
einer sonderbar glänzenden Masse überzogen. Als der
Wartende des Dr. Ferblantier ansichtig wurde, pfefferte
er eine Ladung Vogeldunst in des ärztlichen Erfinders
Beine, und stand schon im Begriffe, die Ladung des
zweiten Laufes gleichfalls auf ihn abzuschießen, als Dr.
Ferblantier eiligst in das Bureau zurückhinkte und die

Thüre hinter sich abschloß. Der Mann eilte hinter ihm her und versuchte, die Thür mit dem Flinten= kolben einzuschlagen. Es gelang ihm jedoch nicht, und Dr. Ferblantier fragte hinaus, was dieser mörderische Anfall denn eigentlich zu bedeuten habe?

„Kommen Sie nur 'raus, dann will ich Ihnen schon zeigen, was er zu bedeuten hat, Sie — Gauner!" rief der Mann. „Lassen Sie sich nur einen Moment lang blicken, so schieße ich Ihnen den Kopf dafür herunter, daß Sie mir einen Haar=Beleber verkauft haben, der mein Haar so verkleistert hat, daß ich keinen Hut tragen und nicht schlafen kann, ohne am Kissenüberzuge hängen zu bleiben. Das verfluchte Zeug hat meinen Schädel ganz grün und roth gefärbt. Stecken Sie nur Ihren Kopf zu jener Thür heraus, so gebe ich Ihnen mehr Belebungsmittel, als Sie brauchen können, Sie — Narr! Sie verwünschter Narr! Das Zeug wird wohl gar noch in den Kopf steigen und mich umbringen."

Daraufhin setzte sich der Mann wieder auf den Holz= kloß, und nachdem er den abgeschossenen Lauf seines Ge= wehres wieder geladen hatte, legte er ein frisches Zünd= hütchen auf und lauerte. Dr. Ferblantier blieb im Innern seines Hauses und schickte den Laufburschen zur Hinter= pforte hinaus, um die Post für ihn zu holen.

Der erste Brief, welchen er nach Rückkehr des Jungen öffnete, kam von einer Frau Ochs, welche wie folgt schrieb:

„Mein Mann hat eine Dosis Ihres Leber=Regu= lators genommen und sofort heftige Krämpfe bekommen. Seit vier Tagen hat er jede Stunde Krampfanfälle ge= habt. Sobald er gestorben ist, komme ich nach Blech= lingen gereist, um das Ungeheuer umzubringen, welches ihn vergiftet hat."

Ein Geistlicher Namens Hadermann schrieb aus einem

21

weitentfernten Staate und erkundigte ſich, was denn
eigentlich die Beſtandtheile des „Ferblantier'ſchen Leber=
Regulators" ſeien. Er fürchte, daß in demſelben Etwas
nicht ganz richtig ſein müſſe, indem ſeine Tante die
Medicin nur zweimal genommen, dann ſich auf dem
Boden herum gewälzt und in der beſtürzendſten Weiſe
geſchrieen habe. Ihr bewußtloſer Zuſtand hätte fünf=
zehn Stunden lang gedauert.

Ein Mann, Namens Matthieſen, ſchrieb einige Zeilen
an Dr. Ferblantier, um dieſem mitzutheilen, er habe,
nachdem er den Haar=Beleber aufgetragen, ſeinen Kopf
gegen eine Stuhllehne geſtützt und müſſe nun ſchon ſeit
zwei Tagen in jener Stellung verharren, da er nicht
mehr loskommen könne. Er fürchte, daß er ewig auf
dem Stuhle werde kleben müſſen, wenn er denſelben nicht
zerſchlagen und ein Stück davon beſtändig auf dem Kopfe
herum tragen wolle. Er werde ſich die Ehre geben,
Herrn Dr. Ferblantier urſächlich dieſer ſonderbaren An=
gelegenheit zu beſuchen, werde ſich jedoch gleichzeitig er=
lauben, den Herrn Doctor mit ſeiner Bulldogge „Faßan"
bekannt zu machen.

Ein Herr Heulmann ſchrieb, daß ſein Sohn ſich
etwas von dem Haar=Beleber in's Geſicht geſchmiert habe,
um ſeinen Schnurrbart zum Wachſen zu bringen, und
daß bis zum gegenwärtigen Augenblick des Knaben Lippe
an ſeiner Naſenſpitze feſtgeklebt ſitze. Das Geſicht des
armen Jungen ſähe aus, als ob es mit grünem Lack
angeſtrichen wäre.

Es waren noch etwa vierzig weitere Briefe ange=
kommen, welche ſämmtlich die Einzelheiten verſchiedener
fürchterlicher Leidensfälle, und wüthende Drohungen und
Mordpläne gegen Dr. Ferblantier enthielten. Und als
Herr Dr. Ferblantier dieſe Epiſteln ſämmtlich geleſen hatte,

öffnete ſich die Hinterpforte, ein Freund kam athemlos zur Hinterthür hereingeſtürzt und rief aus:

„Beim Styx, Ferblantier, es iſt am Beſten für dich, wenn du hinten über den Zaun kletterſt und die Stadt, ſo ſchnell wie du kannſt, verläſſeſt. Der Teufel iſt wegen deiner Patent=Medicinen los. Die alte Frau Katzenmeier iſt deinem Leber=Regulator zum Opfer gefallen, nachdem ſie eine Woche lang aus einem Krampfe in den andern gefallen iſt. Schlagintweit's Dienſtmäd= chen liegt in den letzten Zügen. Vier von Braun's Familie haben vom Anwenden des Haar=Belebers die gräßlichſten Kröpfe, die du je geſehen haſt, und etwa ein Dutzend anderer Leute ſind eben im Polizei=Bureau, um Verhaftsbefehle gegen dich zu erwirken. Man ſpricht davon, dich zu lynchen, oder zu theeren und zu federn; und die Menge läßt einen halb grün=, halb rothköpfigen Mann, der eine rieſige Schrotflinte trägt und fortwäh= rend ruft, er werde dir den Kopf herunter ſchießen, hoch leben. Folge meinem Rath und ſuche das Weite! Es iſt gleichbedeutend mit raſchem plötzlichen Tod, noch länger unter dieſen Umſtänden hier zu weilen. Fort! fort! Und ſchnell! — Das iſt deine einzige Rettung!"

Daraufhin kletterte Herr Dr. Ferblantier über den Gartenzaun und lief, was er konnte, um den nächſten Zug nach Eberfurt noch zu erreichen. Eine Stunde ſpäter drang der Pöbel in Ferblantier's Wohnung ein und zerſchlug deſſen ganzen Vorrath von Medicinen. Ferblantier ſelbſt lebt jetzt in Canada, wo er unter ſeinem richtigen deutſchen Namen „Blechſchmied" in einer Sägemühle arbeitet. In Blechlingen hat er ſich nie wieder blicken laſſen.

Sechsundzwanzigstes Capitel,

worin des Blechlinger Milizen = Generals Löwentritt erstaunliche Kriegsfahrten bei Friedenszeiten vermeldet werden.

Der hervorragendste Kriegsmann in unserem Ge= meinwesen ist General*) Löwentritt, der Befehlshaber unserer Districtsmiliz. Der General hat die Feldzüge im Süden und im Westen mitgemacht und ist ein wackerer Soldat. In den dermaligen glücklichen Zeiten des Friedens aber wird ihm nur in seltenen Aus= nahmefällen Gelegenheit geboten, sein Feldherrn = Talent

---

*) In den Vereinigten Staaten läßt sich mit Vorliebe ein Jeder, der einmal einem militärischen Verbande angehört hat, sei es der Regulären= (Regulars), der Freiwilligen= (Volun- teers) Armee oder der Miliz (Militia), und einen höhern Offiziersrang (von captain bis zu general) bekleidet hat, bei dem ihm gebührenden militärischen Titel nennen. Die Regu- lars sind die Linien=Armee, deren Offiziere Berufssoldaten sind und die Kriegsschule zu West = Point absolvirt haben müssen, während das Gros aus Freiwilligen, mit vierjähriger Präsenz= zeit im Heere, gebildet wird. Die Volunteers werden nur in Kriegsfällen durch Aufruf und Anwerbung formirt. Offiziere werden entweder aus der Mitte des jeweiligen Corps gewählt, oder ein Privatmann formirt aus eigener Initiative eine Schaar und commandirt dieselbe unter Bekleidung desjenigen Ranges, den die Zahl der zusammengebrachten Köpfe bedingt. Sämmtliche Volunteers = Offiziere müssen vom Präsidenten, welcher der Höchst = Commandirende der Armee und Flotte ex officio ist, patentirt werden. — Die Miliz (Militia) ist nur zum Heimschutz gegründet und braucht nur dem Aufruf des Gouverneurs des jeweiligen Einzel=Staates (welcher stets der Höchst = Commandirende der Miliztruppen desselben ist) Folge zu leisten. Die Miliz = Offiziere werden durchgängig aus der Mitte der einzelnen Corps selbst gewählt, müssen aber vom Gouverneur patentirt werden.   H. = A.

leuchten zu lassen. Nichtsdestoweniger ereignet es sich
auch jetzt noch gar häufig — vornehmlich wenn er in
Harnisch gejagt worden — daß der Mann des Schwertes
in Löwentritt sich geltend macht und er blutlechzend und
kampfeswüthig in Blechlingen's Marken, oder wo er
eben gerade weilt, umherwandert.

Im letztverflossenen Sommer nun hatte General
Löwentritt Veranlassung, eine Reise nach einem Seebad
zu unternehmen. Am Mittwoch Abend kam er daselbst
an und stieg im Hotel „Zur doppelten Kreide" ab.
Am Nachmittag desselbigen Tages nun waren zwei junge
Handelsreisende, die Herren Hecht und Lachs, wovon
der eine in Strumpfwaaren, der andere in Leder machte,
im nämlichen Hotel abgestiegen und hatten vom Oberkellner zwei ineinandergehende Zimmer angewiesen bekommen. Hecht war ein lustiger Kumpan, der allerhand
Raupen im Kopfe hatte, und der sich keine Gelegenheit
zu einem Schabernack entgehen ließ. Gegen sechs Uhr
nun, während Lachs die landschaftlichen und anderen
Schönheiten der Badestadt in Augenschein nahm, war
Hecht nach seinem Zimmer hinaufgegangen, hatte aus
seinem Reisekoffer eine lange Schnur genommen, die
er unter der nach seines Freundes Zimmer führenden Thüre entlang zog und dann an Lachsens Deckbett
festknüpfte.

Der Zweck dieser Procedur war, seinem Freunde
Lachs, sobald sich dieser recht wohl und behaglich im
Bette fühlen würde, die Decke vom Körper zu ziehen.

Aber — General Löwentritt war dazu ausersehen,
dem losen Cujon Hecht einen Querstrich zu machen.
Als der Herr Milizen-General nämlich am Abend anlangte, waren alle Zimmer im Hotel bereits besetzt;
und um dem Gaste nicht die Thüre zu weisen, ersuchte

der Oberkellner den Herrn Lachs, bei seinem Freunde
Hecht Quartier zu nehmen und dem Herrn General das
ihm angewiesene Zimmer einzuräumen. Das geschah
denn auch.

Hecht hatte entweder keine Zeit mehr gefunden,
die Schnur von dem nunmehr zum Schutz der körper=
lichen Hülle des Herrn Generals bestimmten Deckbett zu
lösen, oder er hatte derselben beim Wechsel der Si=
tuation nicht weiter mehr gedacht, — kurz, die Schnur
blieb an Löwentritt's Deckbett festgeknüpft. Um zehn
Uhr begaben sich Hecht und Lachs, und kurz nach ihnen
auch Löwentritt zur Ruhe.

Gegen Mitternacht ungefähr kroch aus einer nie=
mals genau festgestellten Ursache Lachsens Hund von der
einen Zimmerecke in die andere, verfitzte sich mitten auf
seiner Wanderung in die am Boden liegende Schnur
und zerrte in seinem Weiterlaufen langsam dem im
Zimmer nebenan schlafenden Kriegsmanne die Bettdecke
weg. General Löwentritt erwachte, wetterte darüber,
daß die Bettdecke heruntergefallen sei, legte dieselbe
wieder zurecht und schlief — in Folge der großen Er=
müdung, die ihm die weite Reise verursacht hatte, —
bald wieder ein.

Wenige Augenblicke später gewahrte Lachsens Hund
eine große Ratte und sprang nach ihr. Wieder fiel die
Bettdecke des Herrn Generals zu Boden. Da entbrannte
der Kriegsmann in heftigem Zorn. Weil er aber noch
immer nichts Böses ahnte, so begnügte er sich mit einigen
energischen Flüchen, legte die Bettdecke zum andern Male
zurecht und versuchte, wieder in Schlaf zu kommen.
Aber kaum noch hatte er sich wieder zurechtgelegt,
als Lachsens Hund draußen einen Kameraden bellen
hörte und hurtig an das Fenster sprang, dabei wieder

die Schnur mit sich fortzerrte und dem General zum dritten Mal die Bettdecke herunterriß.

Jetzt witterte Löwentritt Unrath, untersuchte das Bett sowohl als auch die Decke und hatte bald die verhängnißvolle Schnur entdeckt. Wüthend zog er nun seinen Revolver, schnallte über sein nächtliches Gewand den Säbel, fuhr in die Pantoffeln und forderte mit lauter kräftiger Stimme die Herren Hecht und Lachs auf, die Thüre zu öffnen. Hecht warf einen raschen Blick durch das über der Thür befindliche Querfenster in des Generals Zimmer, und als er diesen also bewaffnet hinter derselben stehen sah, sprang er rasch zur Erde nieder, packte geschwind seinen Koffer und kletterte mit seinem Freunde Lachs die Wasserrinne entlang am Hause hernieder. Beide eilten sodann schleunigst zum Bahnhofe und reisten mit dem um fünf Uhr Morgens abfahrenden Zuge nach Hause.

Die Art und Weise, wie der schlachtennarbige Veteran am folgenden Tage sich im Hotel geberdet hat, soll erschrecklich gewesen sein; und als später sich das Gerücht verbreitete, Hecht und Lachs hielten sich in einer benachbarten Handelsstadt auf, so reiste er flugs dahin ab und soll zwei Tage darauf verwendet haben, sie daselbst ausfindig zu machen, was ihm jedoch nicht gelungen ist. Als dann mit der Zeit sein Zorn sich wieder legte, fing er an, den Vorfall von der lächerlichen Seite anzusehen, und war schließlich froh, daß er die beiden jungen Männer nicht getroffen hatte.

*   *   *

Vor einigen Jahren befand sich General Löwentritt auf einem Feldzug gegen die Indianer. Einer der seinem

Commando unterstellten Offiziere war der Major Nest=
küken. Das Kriegsgeschick fügte es, daß besagter Major
in die Hände der Rothhäute fiel. Der General Löwen=
tritt, dem dieser Unfall sehr zu Herzen ging, lag es
ob, nach Beendigung des Feldzuges diese Trauerkunde
der Frau Majorin zu überbringen. Während er sich
mit seiner Mannschaft auf dem Rückmarsche befand,
muß, wie es scheint, die Frau Majorin Nestküken in
ein anderes Haus gezogen sein. Der General mag
von diesem Wohnungswechsel keine Kunde erhalten haben;
er richtete also seine Schritte nach der alten Woh=
nung, deren nunmehrige Besitzerin ein Fräulein Locken=
wald war.

Der General Löwentritt beauftragte das auf sein
Läuten den Kopf zur Thüre heraus streckende Dienst=
mädchen, seiner Herrschaft ihn anzumelden, nahm hierauf
auf dem Sofa Platz und besann sich, wie er der un=
glücklichen Frau die traurige Kunde am Füglichsten und
Schonungsvollsten mittheilen könnte. Als Fräulein Locken=
wald in's Zimmer trat, begrüßte der General die Dame
mit kummervoller Miene, und nachdem dann Beide Platz
genommen hatten, entspann sich zwischen ihnen das fol=
gende Gespräch:

„Gnädige Frau, ich war mit dem Major befreundet
von meinen Kinderjahren an. Wir haben, als wir
Knaben waren, fast beständig mit einander gespielt. Ich
reiste mit ihm zum Mannesalter heran, beobachtete mit
Stolz seine tapfere und erfolgreiche Laufbahn; ich freute
mich, als er sich das liebe Weib heimführte, welches jetzt
hier vor mir sitzt, — und ich marschirte mit ihm nach
dem Westen. Brauche ich Sie erst zu versichern, daß
ich ihn liebte? Ich liebte ihn kaum weniger, wie Sie
es thun!"

„Ich verstehe Sie nicht, mein Herr," sagte Fräulein Lockenwald. „Von wem sprechen Sie?"

„Nun, vom Major. Ich gebe zu, daß Ihre Liebe für ihn größer als die meinige gewesen sein mag; ich bin —"

„Ihre Worte sind mir ein räthselhaftes Geheimniß. Ich bin mir keiner derartigen Neigung bewußt."

„Nennen Sie es, wie Sie wollen, Madame. Ich weiß, wie innig das Band zwischen Ihnen und dem Major geschlungen gewesen, wie tief die Liebe war, welche seine und Ihre Seele in völliger Harmonie umfangen hielt. Und da ich dieses weiß, so empfinde ich natürlich um so tiefer die Schwierigkeit der Aufgabe, das eine dieser Herzen durch die Mittheilung des dem andern zugestoßenen Unheils mit Schmerz und Kummer zu erfüllen. Es ist dies eine Aufgabe, vor welchem auch ein Mann meines Schlages wohl zurückschrecken darf. Aber ich habe eine Pflicht zu erfüllen — eine traurige Pflicht. Was würden Sie dazu sagen, meine sehr geschätzte Frau, wenn ich Ihnen mittheilte, daß der Major ein Bein verloren hat? Was würden Sie dazu sagen?"

„Das weiß ich nicht. Wenn ich einen Major kennen würde, der ein Bein verloren hat, so würde ich ihm wahrscheinlich rathen, ein hölzernes zu kaufen," antwortete Fräulein Lockenwald.

„Leichtmüthig wie immer," sagte der General. „Grade so, wie er Sie mir geschildert hat. Arme Frau! Sie werden all' Ihre Kraft des Geistes noch nothwendig haben. Aber, meine verehrte Dame, angenommen, der Major hätte nicht nur ein, sondern beide Beine verloren — beide Beine, verehrte Frau — hätte nicht so viel Bein mehr an sich, wie eines Zeltpflocks Umfang

beträgt, um seinen Körper darauf zu tragen — was
würden Sie dann sagen?"

„Wahrlich, mein Herr, dies fängt an, lächerlich zu
werden. Ich kümmere mich gar nichts darum, ob Ihr
Major so viel Beine wie ein Tausendfuß, oder gar
keine hat. Wenn Sie irgend etwas ernsterer Natur mit·
mir zu reden haben, so muß ich Sie bitten, sich zu
beeilen."

„Madame, dies ist ein viel zu ernstes Gespräch, als
daß es mir einfallen sollte, zu spaßen. Der Major hat
nicht nur seine Beine, sondern auch seine Arme ver=
loren. Er hat absolut keine Gliedmaßen mehr. Das
ist so wahr, als ich hier sitze. Ich bitte Sie, bekommen
Sie keine hysterischen Zufälle."

„Das habe ich durchaus nicht im Sinn, mein Herr,
und sehe auch gar keine Veranlassung dazu."

„Nun, Sie nehmen es recht leicht, das muß ich sagen.
Aber noch habe ich Ihnen nicht das Schlimmste gesagt.
Alle seine Rippen sind fort, seine Nase ist verschwunden,
er hat nur noch ein Auge und nur noch ein halbes
Schulterblatt. Ich versichere Sie auf Ehre, daß ich die
Wahrheit spreche. Ich glaube kaum, daß er sich wieder
erholen wird."

„Wenn er in einem solchen Zustande ist, so dürfte
freilich die Wahrscheinlichkeit, daß er wieder gesundet,
keine sehr große sein; aber ich vermag mit bestem Willen
nicht einzusehen, inwiefern mich dieser Fall interessiren
soll."

„Sie nicht interessiren! Nun, das ist erstaunlich!
Nicht in— Aber, mein Gott, Weib, das ist noch nicht
einmal die Hälfte von dem, was ich Ihnen zu sagen
habe. Die Kopfschwarte des Majors ist abgelöst; er
hat nicht so viel Flaum mehr auf dem Kopfe, als zu

einem Tuschpinsel nothwendig sein würde. Ein Pfahl ist ihm durch den Leib geschlagen, und so lange ist er an diesem geröstet worden, bis er zu einem harten festen Knoten zusammen geschrumpft war. Meine Privat= Ansicht ist, daß er höchst wahrscheinlich niemals wieder losgemacht und ausgeglättet werden wird. Wenn das Sie nicht rührt, so müssen Sie ein Herz von Stein haben."

„Das thut mir für den armen Menschen sehr leid; aber persönlich berührt mich die Angelegenheit nicht im Geringsten."

„Nun denn, da Sie so gleichgültig sind, so will ich Ihnen in dürren Worten sagen, daß der Major so todt, wie Julius Cäsar ist! Die Indianer haben ihn erschlagen, verbrannt und zersetzt. Das ist die ungeschminkte Wahr= heit, und seine letzten Worte zu mir waren: ‚Theile das Schreckliche meiner Mathilde in schonender Weise mit.‘ Sie sehen, wie der Mann Sie geliebt hat. Er hat Sie höher geschätzt, als Sie ihn zu schätzen scheinen. Er hätte den Tod mit Freuden begrüßt, wenn er gewußt hätte, daß er Ihrer Liebe verlustig ist."

„Was sagten Sie, daß seine letzten Worte gewesen seien?"

„Gerade, als seine Seele sich zu jenen lichteren Höhen, zum ewigen Leben aufschwang, da lispelte er mir noch etwas in's Ohr. Das flößte mir Kraft ein zu einem gewaltigen Sprung, und ich entfloh den Wil= den, um Ihnen seine letzte Botschaft zu bringen. Jene Botschaft lautete: ‚Theile es meiner Mathilde in scho= nender Weise mit!‘ Das sagte der Major mit sterbenden Lippen."

„Nun, warum theilen Sie denn dies jener Ma= thilde nicht in schonender Weise mit?"

„Madame, ein solcher Flattersinn ist in hohem Grade ungeziemend. Ich habe es Ihnen, der Majorin Nest= küken, mitgetheilt — in schonendster Weise mitgetheilt — Sie haben Alles gehört."

„Glauben Sie denn, daß ich die Gattin des Major Nestküken bin?"

„Gewiß," rief Löwentritt.

„Nun, so muß ich Ihnen sagen," rief lachend Fräu= lein Lockenwald, „die Frau Majorin ist am letzten December in die Marktstraße gezogen. Am Ende dürfte es gut sein, wenn Sie die Dame dort aufsuchten."

Der General blickte Fräulein Lockenwald einen Augen= blick lang ernst an; dann sagte er, daß er nach ihrem Rathe handeln wollte. Er erhob sich und wünschte Fräulein Lockenwald einen guten Morgen, und ging nach der Marktstraße, um die verwittwete Frau Majorin Nestküken aufzusuchen. Als nun diese die Trauer=Nachricht vernahm, war sie tief bewegt und schluchzte in der herz= erschütterndsten Weise. Sie legte Trauerkleider an, und die Lebensversicherungs=Gesellschaft zahlte ihr die auf den Major fällige Prämie aus. Die Freimaurer=Loge, wel= cher der Major angehörte, beschloß Beileids=Kundgebungen, seine Familie theilte sich in seine Hinterlassenschaft und die Gemeinde gab sich der vollkommenen Ueberzeugung hin, daß der Major für immer und unwiederbringlich todt sei.

Etwa ein Jahr darauf erschien Major Nestküken plötzlich in der Stadt, ohne vorher seine Ankunft angemeldet zu haben. Die Indianer hatten ihn einfach gefangen gehalten, und im Laufe des Herbstes war es ihm gelungen, zu entfliehen.

Als der Major nun nach seinem Hause ging, fand er seine Frau mitten auf der Veranda mit Herrn Sproß=

berg — dem Manne, welchem sie sich neuerdings ver=
lobt hatte — in traulichem Gekose sitzen. Die Scene,
welche nunmehr folgte, war noch ergreifender, als sie
im gleichen Falle von den zahlreichen Dramatikern und
Operntext=Dichtern, welche denselben Gegenstand schon
behandelt haben, geschildert worden ist. Der Major
ergriff die ungetreue Mathilde noch heftiger als Edgar
die treulose Lucia, worauf Sproßberg Mathildens Partei
ergriff und dem Major den Sachverhalt klar zu machen
versuchte. Darauf ergriff der Major den ihm zunächst=
stehenden Stuhl und zerschmetterte denselben an dem
Haupt des demonstrativen Nebenbuhlers, welcher schein=
bar entseelt zusammensank. Mathilde ergriff die Gele=
genheit, um in eine Ohnmacht zu fallen, und dem Major
blieb unter solchen Umständen nichts übrig, als die Flucht
zu ergreifen.

So erzählt wenigstens General Löwentritt, wenn er
etwas angeheitert ist, die Geschichte und fügt mit leich=
tem Blinzeln des linken Auges bei, Major Nestküken
sei zwar noch am Leben und betreibe eine Weinhand=
lung in New=York, habe es aber für gut befunden, den
Eintrag in's Blechlinger Todtenregister nicht annulliren
zu lassen.

*　*　*

Die eigenen häuslichen Angelegenheiten des Gene=
rals Löwentritt befinden sich in einem verhältnißmäßig
recht günstigen Zustande. Wie er selbst des Oefteren
betont, ereigneten sich der „Scenen" in seiner Ehe nur
sehr wenige, denn seine Gattin Flora sei ein muster=
haftes Weib. Nur ein einziges Mal habe sie ihm —
freilich ohne ihre Schuld — Ursache zu Angst und

Bestürzung gegeben.   Das war, nach Löwentritt's
eigener Erzählung, folgendermaßen zugegangen:

Löwentritt hatte in Amtssachen eine Reise nach
Quarzstetten antreten müssen. Kurz nach seiner Ankunft
daselbst packte ihn eine namenlose Unruhe. Er hatte
seine theure Flora „in interessanten Umständen" daheim
gelassen, und eine unbestimmte Ahnung sagte ihm, daß
sich ein „freudiges Ereigniß" vorbereite. Kurz entschlossen,
wie Herr Löwentritt es immer ist, hatte er sich auf
den Schnellzug gesetzt, war nach Blechlingen gedampft
und unvermuthet in seinem theuren Heim angelangt.

Inzwischen hatte nun seine Frau Schwiegermama
an ihn das folgende Telegramm gesendet:

„Ein weiteres Töchterlein soeben angekommen. Flora nicht
ganz wohl. Komme gleich zurück!"

Das Telegramm war in Quarzstetten richtig einge=
troffen, war aber, da Löwentritt bereits wieder abge=
reist war und im Hotel seine Rückkehr auf den folgenden
Tag festgesetzt hatte, einfach zurückgehalten worden.

Nachdem der General sich über die glückliche Ver=
mehrung seines Familienhaushaltes Beruhigung verschafft
hatte, war er am folgenden Morgen nach Quarzstetten
zurückgereist, ohne indessen von seiner Frau Schwieger=
mutter, die in wichtigen Sachen niemals unnöthige
Worte machte, von dem an ihn gesandten Telegramme
unterrichtet worden zu sein.

Kaum hatte nun Löwentritt sein Zimmer im Hotel
wieder betreten, als der Telegraphen=Beamte mit dem
bewußten Telegramm sich einstellte. Löwentritt öffnete
dasselbe mit bestürzter Miene und las:

„Ein weiteres Töchterlein soeben angekommen. Flora nicht
ganz wohl. Komme gleich zurück!"

Der General wußte sich vor Verwunderung und
Bestürzung nicht zu fassen. Die ganze Nacht hindurch
marschirte er ruhelos in seinem Zimmer auf und nieder,
und je mehr er einen Schlüssel zu dem sonderbaren
Vorfall zu finden suchte, desto größer wurde seine
Unruhe. Mit dem in der Frühe abgehenden Eilzuge
reiste er also zum andern Male nach Blechlingen zurück,
und war während der Fahrt in einem Zustand der
fieberhaftesten Aufregung. Am Blechlinger Bahnhofe
fand er zum Glück den ihm als Milizsoldat bekannten
Lohnkutscher Jonas, und dieser fuhr ihn in rasender
Eile nach seiner Wohnung. Als seine Schwiegermutter
ihn in athemloser Hast die Treppe heraufgestürzt kommen
sah, verfiel sie vor Schreck in Krämpfe.

Als Löwentritt in der Kinderstube nur einen ein=
zigen Säugling bemerkte, wurde es ihm leichter um sein
geängstigtes Vaterherz; und alle Sorge und Kümmer=
niß verschwand aus demselben, sobald er erfahren, auf
welche Weise das ganze Mißverständniß hervorgerufen
worden war. Den Telegraphen=Beamten in Quarz=
stetten hätte er freilich gern seinen Zorn fühlen lassen
dafür, daß derselbe das Datum eigenwillig um einen
Tag später auf der Depesche angegeben hatte. Dieser
aber hatte, in der Ahnung des sich über seinem Haupte
zusammenziehenden Unwetters, einen längeren Urlaub
nachgesucht und erhalten, und bis zu seiner Zurückkunft
hatte sich des im Grunde doch gutmüthigen Generals
Zorneswuth bereits wieder gelegt.

Siebenundzwanzigstes Capitel.
Mancherlei geniale Erfindungen des Hans Linsenmeier.

———

Hans Linsenmeier ist den verehrlichen Lesern und Leserinnen dieser Blätter nicht unbekannt; seinem Hirn entsproß ja bei Gelegenheit der Blechlinger Canal-Schifffahrts-Enquête der seltsamlich kühne Gedanke, in Taucher-Ausrüstung gekleidete Esel als Schiffs-Zugthiere auf dem Grunde des Wassers entlang traben zu lassen. In diesem Capitel sollen nun einige weitere Erfindungen des nämlichen scharfsinnigen Mannes auf anderen Gebieten registrirt werden.

Seit Langem schon hatte Linsenmeier die Nothwendigkeit erkannt, den vielseitigen Wirrnissen, in welche die Menschheit durch die große Veränderlichkeit der Witterung gebracht wird, ein Ziel zu setzen. Um dieses Vorhaben zu erreichen, hatte er eine Anzahl Barometer, Hygrometer und andere Instrumente dieser Art in seiner Wohnung aufgehäuft und vermeinte nun, durch aufmerksames Notiren von deren Ausweisen, wie durch Beobachtung der Wolken und Winde nach seiner eigenen Theorie den Stand der Witterung drei Tage im Voraus bestimmen zu können. In der Mitte des Wonnemondes hatte Herr Placidus Klopfer im Sinne, mit seiner Knaben-Schulanstalt einen Ausflug nach den nahen Wäldern zu machen; und da nun Linsenmeier nach Maßgabe seines neuen meteorologischen Systems feststellte, daß am dritten Dienstage dieses Monats kein Regen fallen würde, so bestimmte Herr Placidus diesen Tag zu dem projectirten Jugend-Festtage. Beim Ausmarsch sah zwar der Himmel sehr bewölkt und regnerisch aus; da aber Linsenmeier

wiederholt versicherte, daß es an diesem Tage nicht
regnen könne, so fühlte man sich beruhigt und zog mit
fliegender Schulfahne, ausgerüstet mit Mundvorräthen
aller Art, aus dem Städtchen heraus. Zwei Stunden
später jedoch, nachdem die Gesellschaft an Ort und Stelle
angelangt war, fing es an zu regnen, erst nur schwach
und in spärlichen Tropfen, dann aber stärker und stärker,
bis endlich ein anhaltender stetiger Landregen niederfiel,
der so heftig wurde, daß alle Mundvorräthe verdarben
und Jedermann bis auf die Haut durchnäßt wurde.

Wenige Wochen nach diesem Ereigniß sollte die
Jahres-Ausstellung des Blechlinger Landwirthschaftlichen
Vereines abgehalten werden. Der zweite Mittwoch des
Junimonats war dazu bestimmt. Da aber Linsenmeier
voraussah, daß an jenem Tage ein schrecklicher Nordost=
Sturm sich einstellen würde, so schlug der Präsident
der Gesellschaft die Verschiebung der Feierlichkeit auf
einen günstiger prognosticirten Tag vor. Man leistete
diesem Vorschlage Folge, und — die Ausstellung konnte
in diesem Monat gar nicht mehr abgehalten werden,
denn jener Mittwoch war der einzig helle Tag im ganzen
Monat gewesen.

Am ersten April kündigte Linsenmeier an, daß bis
zum fünfzehnten kein Regen fallen würde, — und richtig an
jedem Tag, mit Ausnahme des zehnten, der uns leichten
Schneefall brachte, regnete es in Strömen.

Am fünfzehnten Juni sah Linsenmeier voraus, daß
der übrige Theil des Monats naß sein würde; statt
dessen aber hatten wir die größte Hitze und Dürre,
deren man sich in Blechlingen entsinnen konnte.

In den ersten Tagen des Juni fing Linsenmeier
an, gelinde Zweifel in die Richtigkeit seines verbesserten
Wetterprophezeihungs=Systems zu setzen, und gewann

22

schließlich die Ueberzeugung, daß dasselbe contradictorisch
functionire. Als ihn nun der Blechlinger Professor der
Pyrotechnik, Herr Brandstetter, fragte: ob es gerathen
sei, am fünften eine pyrotechnische Schaustellung zu ver=
anstalten, so consultirte Linsenmeier sein verbessertes
System und ersah aus demselben, daß für jenen Abend
Regenwetter angekündigt sei. Er hatte nun die Ge=
wißheit, daß es an jenem Tage hell sein würde, und
rieth dem Professor Brandstetter zum Abbrennen seines
Feuerwerks.

Am Abend des fünften Juli aber, gerade als der
Professor seine Raketen und Sonnen sämmtlich in Ord=
nung gebracht hatte, fing es an zu regnen, und bald
darauf trat ein solches Unwetter ein, daß der Fluß bei=
nahe um zehn Fuß stieg. Da nahm Linsenmeier seine
sämmtlichen Hydro=, Hygro=, Baro= und Thermometer
und warf sie zum Fenster hinaus; die Stange, auf
welcher der Wetterhahn saß, zerhackte er, und das an=
gefangene Manuscript zu dem Buche, welches er zur
Erklärung seines Systems drucken lassen wollte, über=
lieferte er den Flammen. Er hält sich von nun
an wieder, wie vordem, an die im „Hochwächter"
allwöchentlich veröffentlichten „Meteorologischen Beobach=
tungen."

*   *   *

Als Linsenmeier's Gattin Natalie ihr erstes Kind=
lein gebar, war es des zärtlich besorgten Ehemannes
und Vaters erste Obsorge, eine selbstschaukelnde Wiege
für den jungen Weltbürger zu construiren. Er stellte
die Triebkraft zur Ingangsetzung der Maschinerie aus
einem alten Uhrwerke her, welches durch eine riesige
Stahlbandfeder in Bewegung gesetzt wurde, die stark

genug war, um 'einen Pferdebahnwagen eine ganze
Woche lang fortzutreiben, ohne daß man sie hätte aufzu=
ziehen brauchen. Sobald der Bau der Wiege vollendet
war, legte er den zarten Sprößling auf einem Kissen
in dasselbe hinein, und ließ nun die Maschine laufen.
Sie arbeitete vortrefflich, und nachdem er eine Zeit lang
sein Werk mit Befriedigung betrachtet hatte, legte er sich
in einem glückseligen Bewußtsein zu Bette.

Gegen Mitternacht aber hörte er auf einmal, wie
etwas „Schnur-r-r-r-r! Sur-r-r-r-r! Bum-m! bum-m!“
machte, wie die Spindel oder etwas derartiges im Uhr=
werke nachgab; und ehe noch Linsenmeier aus dem
Bette springen konnte, machte die Wiege bereits neunzig
Umdrehungen in der Minute, sprang im Zimmer herum
und rannte gegen die Möbeln an in einer Weise, die
gräßlich anzuschauen war.

Der erste und einzige Gedanke des Erfinders war
nun, wie er das Kind aus der Wiege herauskriegen
sollte. Nach einem momentanen Besinnen tauchte ein
glücklicher Gedanke in ihm auf. Er nahm eine Leiste
aus der Bettlade und hielt diese unter die Wiege.
Bei der nächsten Abwärts = Bewegung hielt dieselbe
mit einem Ruck inne — das Kind flog gleich
einem, aus einer Wurfmaschine geschleuderten Steine
gegen den Waschtisch — die Maschine aber fuhr fort
im Zimmer umherzusurren, sobald die Leiste entfernt
wurde; und selbst nachdem Linsenmeier, von Wuth
gepackt, sie zum Hinterfenster hinaus in den Garten
geschleudert hatte, drang dieser schreckliche Laut noch immer
zu seinen Ohren. Am folgenden Morgen wurden Be=
schwerden über den seltsamen Lärm, der in der letzten
Nacht von Linsenmeier's Garten her ertönt sei, in der
ganzen Nachbarschaft laut, und Linsenmeier sah sich,

um nur Ruhe zu bekommen, schließlich genöthigt, die Maschine zu seiner selbstschaukelnden Kinderwiege in den nahen Fluß zu versenken.

*   *   *

*

Auf den Rath seiner Frau Natalie wandte sich Lin= senmeier nach diesem verunglückten Wiegen=Experiment wieder demjenigen Fache zu, in welchem er schon mehrfach, und nicht ganz ohne Erfolg, thätig gewesen war, nämlich dem Schifffahrtswesen. Bei Gelegenheit der Construction jener Taucher = Ausrüstung für Esel war ihm bereits der Gedanke gekommen, daß sich eine Vorrichtung erfin= den lassen müsse, mittelst deren ein Mensch auf der Oberfläche des Wassers entlang zu laufen vermöchte. Er entschloß sich nun, an die praktische Ausführung dieses Gedankens zu schreiten, und construirte ein Paar leichter, schmaler Boote, die sehr flach und nur vier Fuß lang waren, und die sich derjenige, welcher über das Wasser zu laufen gesonnen wäre, an die Beine festzuschnallen hatte. Er gab seiner Erfindung den Namen „Linsenmeier's Wasser = Perambulator," und stellte die Behauptung auf, daß Jedermann mit Hilfe dieses „Perambulators" ohne erhebliche Vorübung ebenso leicht und schnell über die Fläche eines Teiches oder Flusses dahingleiten könne, wie ein Schlittschuhläufer über das Eis; ja, Linsenmeier ging noch weiter, er sagte, daß diese neueste seiner Erfindungen zweifellos dazu berufen sei, eine Umwälzung in dem gesammten Schifffahrtswesen hervorzurufen: denn wenn die Menschen durch diese seine Erfindung das alte Sprichwort, daß „Wasser keine Balken habe," Lügen zu strafen ver= möchten, so sei bis zur gänzlichen Abschaffung von Per=

fonen=Dampf= und Segelschiffen nur noch ein kurzer
Schritt. Der Tag, wo ein reiselustiger Wanderer sich
„Linsenmeier's Wasser=Perambulator" unter die Füße
schnalle und über den Ocean nach Indien seinen Cours
nehme, sei jetzt durchaus nicht mehr fern.

Kurze Zeit darauf nun lud Hans Linsenmeier alle
seine Freunde und Bekannten — — — — — —
— — — — — — — — — — — — — —
— — — — — — — — — — — — — —

Extra=Blatt

des

„Hochwächter für Intelligenz und Handel."

Blechlingen, den 25. April 1877, 10 Uhr
25 Minuten Vormittags.

Nach einem soeben aus der Verlagsbuchhandlung des
Herrn Aug. Berth. Auerbach in Stuttgart eingetroffenen
Kabeljau=Telegramm ist zwischen Rußland und der Türkei der
Krieg erklärt worden.

Da hienach zu befürchten steht, daß das europäische Pu=
blicum in unmittelbarer Zukunft den Großthaten unserer bie=
deren Blechlinger nicht jene Aufmerksamkeit entgegenbringen
könnte, welche allein mit unserer Würde sich verträgt, so theilen
wir andurch zur allgemeinen Kenntnißnahme mit, daß nach
Rücksprache mit unserem verehrten Mitbürger, Herrn Hans
Hieronymus Munchhousen, die Schilderung fernerer
fortschrittlicher Errungenschaften unserer Mitbürger bis auf
Weiteres ausgesetzt bleiben wird.

Die Redaction
des „Hochwächter für Intelligenz und Handel":
Typophil Griesgram.

Blechlinger Adreßbuch

zu Nutz und Frommen der t. t. Leser.